U0946976

中国公共卫生立法研究

Study on Public Health Legislation in China

任　颖　著

人　民　出　版　社

国家社科基金后期资助项目
出版说明

后期资助项目是国家社科基金设立的一类重要项目，旨在鼓励广大社科研究者潜心治学，支持基础研究多出优秀成果。它是经过严格评审，从接近完成的科研成果中遴选立项的。为扩大后期资助项目的影响，更好地推动学术发展，促进成果转化，全国哲学社会科学工作办公室按照“统一设计、统一标识、统一版式、形成系列”的总体要求，组织出版国家社科基金后期资助项目成果。

全国哲学社会科学工作办公室

序　言

党和国家高度重视人民健康保障，习近平总书记强调“要始终坚持人民至上、生命至上”，“构建起强大的公共卫生体系”。① 党的二十大报告提出要“健全公共卫生体系”。新冠病毒感染疫情防控对公共卫生立法提出新的要求，也暴露出一些短板和不足。公共卫生立法是构建强大公共卫生体系的规范基础，是弥补公共卫生短板和不足的重要着力点。中国公共卫生立法研究具有必要性、紧迫性、重要性。

任颖这部《中国公共卫生立法研究》是丰富和完善公共卫生立法基础理论的重要成果。作者从法理学范畴的角度，对公共卫生立法的概念、内涵、外延进行分析，并从部门法理的角度界定了公共卫生立法与医事立法、生物安全立法、环境资源立法及民法典健康权规定的区别。从本体论、客体论、价值论范畴，论述了公共卫生立法领域的健康权、突发公共卫生事件应急权与参与权、公共卫生服务与公共卫生产品、健康公平与卫生健康服务可及性。从国内公共卫生立法的发展与贡献、国外公共卫生立法的主要模式角度，阐述“疑疠”报告、“疠病”隔离、“巡疗”、“上书言事”、饮食卫生、药品管理、热审及比照决狱避疫、“有疑传染病”处置与隔离检疫消毒等制度，以及公共卫生法典化、统一立法、地方立法模式，并区分单向影响阶段、双向互动阶段、中国参与和引领《大流行病条约》制定阶段，对国际公共卫生立法与国内立法的关系进行了论述，具有重要的学术价值。

书稿为弥补公共卫生立法短板提出系统化、体系化，并且具有可行性、可操作性的具体建议，是一部上承国家健康中国建设战略，下接疫情防控现实要求的优秀著作。作者提出理顺应急状态与常规状态的公共卫生职权配置的对策建议，以跨部门联动提升公共卫生应急管理能力，以公共卫生社会治理规则凝聚疫情防控合力的立法保障，为全生命周期健康保障、全过程应急响应、全社会联防联控的立法实践提供有力支持。同时提出了突发事件应对法与传染病防治法的职权配置及冲突解决，制定比例原则在公共卫生应急状态与常规状态的适用规则，以及志愿服务组织、第三方检测机构等参与疫情防控准则制定的具体建议，推动健康风险管理与人畜共患传染病协

① 《习近平谈治国理政》第四卷，外文出版社 2022 年版，第 108、331 页。

同防控制度建设，优化突发公共卫生事件应急管理与传染病防治体系，健全和完善常态化的公共卫生风险监管与评估程序，设置突发公共卫生事件应急处置与比例审查程序，建设跨部门、跨区域、跨行业公共卫生信息共享系统及预警程序，以及公共卫生事件后的涉法问题评估与救济程序，具有较强的创新性和应用价值。

《中国公共卫生立法研究》为公共卫生法典化提供智力支持，提出以公共卫生机构与组织立法、公共卫生行为与措施立法、公共卫生程序与标准立法作为公共卫生法典编纂的逻辑结构，具有重要的理论意义与实践意义。书稿作者在法学核心来源期刊（CLSCI）发表多篇公共卫生立法论文，在压制型、自治型、回应型公共卫生立法的理论论证基础上，提出从回应型到预防型立法的进阶、公共卫生统合式立法、公共卫生数据安全及智能医疗审查制度建设等主张，对于强化公共卫生法治保障具有积极作用。期望作者能够持续进行公共卫生立法研究，为人民生命健康保障贡献更多的智力成果。

陈云良

2022年12月

目　录

导　论

2022年10月，习近平总书记在党的二十大报告中强调“坚持人民至上、生命至上”，“推进健康中国建设”，明确了“把保障人民健康放在优先发展的战略位置”，提出“健全公共卫生体系”，建成世界上规模最大的医疗卫生体系。① 2021年，“十四五”规划纲要第四十四章专章论述“全面推进健康中国建设”，强调要“坚持预防为主的方针”，“织牢国家公共卫生防护网”，高效应对突发公共卫生事件。② 公共卫生立法是有效应对突发公共卫生事件的重要规范支撑。

“立法是国之大计”③，公共卫生立法是构建强大的公共卫生体系的法治保障。公共卫生立法涉及的法律关系及所面临的问题十分复杂，需要提纲挈领，深入分析立法结构优化的方法和路径，抓住公共卫生立法的体系化、系统化这一根本问题，克服公共卫生立法的碎片化问题。公共卫生是一个我为公共、公共为我的领域，公共卫生立法涉及的主体范围、规范类型、法律关系、工作内容极为丰富，仅靠一个机构或组织，较难完成公共健康保障的重任。公共卫生立法结构优化的路径选择，需要解决概念之间界分不清、主体之间定位不明、规范之间矛盾冲突、行为之间交叉重叠、程序之间衔接不力的问题。因此，书稿以公共卫生机构与组织立法、行为与措施立法、公共卫生程序与标准立法为线索，以期展望未来公共卫生法典化的可能路径，为人民生命健康安全保障提供对策建议。

一、研究背景

“健康中国”与“法治中国”建设密不可分。“公共福祉是最高的法律”④，公共健康是公共卫生立法的价值目标。中国的公共卫生立法经历了长期的发展过程，凝聚了无数学人辛勤的汗水，《基本医疗卫生与健康促进

---

① 习近平：《高举中国特色社会主义伟大旗帜　为全面建设社会主义现代化国家而团结奋斗——在中国共产党第二十次全国代表大会上的报告》，人民出版社2022年版，第3、48、49页。

② 《中华人民共和国国民经济和社会发展第十四个五年规划和2035年远景目标纲要》，人民出版社2021年版，第133页。

③ 杨学博：《筑牢公共卫生安全法治防线》，《人民日报》2020年4月28日，第5版。

④ ［美］乔治·罗森：《公共卫生史》，黄沛一译，译林出版社2021年版，第93页。

法》的颁布成为公共卫生立法的重要里程碑，指引了未来立法的方向与道路。新冠病毒感染疫情暴发以来，“暴露出一些短板和弱项”，需要进一步健全和完善公共卫生立法，“改革完善疾病预防控制体系”，“织牢国家公共卫生防护网”。①

从古至今，疫情被视为“屠杀”式的灾难，有观点指出疫情对于人类生存与发展的影响甚至超越了大规模的武装冲突。公共卫生立法与公共健康维护成为人类社会存续和发展的基本前提。进入21世纪，人类的生产生活条件有了极大的改善，人类应对突发事件与公共卫生危机的物质基础与医疗卫生技术有了极大的提升。但非典、禽流感、新冠病毒感染疫情的暴发，仍然给人类经济、人口、社会发展带来了巨大的影响，直接影响到人类社会发展的整体进程。2020年新冠病毒感染疫情在全球暴发，截至2022年9月全球累计确诊超过6亿例。2021年9月至2022年7月，西非连续两次暴发马尔堡病毒疫情。② 2022年7月，世界卫生组织（WHO）重新召集猴痘专家委员会，评估并宣布猴痘疫情构成“国际关注的突发公共卫生事件”（PHEIC）③。同时，腺鼠疫病例、儿童不明原因急性肝炎病例、脑炎、霍乱、麻疹、黄热病、循环的疫苗衍生3型脊灰病毒疫情、广泛耐药宋内氏志贺菌感染、1型野生脊灰病毒感染、甲型H5流感、拉沙热、登革热等病例报告持续出现。④ 公共卫生立法是有效预防和控制疾病的重要支撑。

2019年12月，《基本医疗卫生与健康促进法》正式颁布。这一综合性立法成为中国公共卫生立法史上的里程碑，为公共卫生法治保障及统一立法奠定了重要的现实基础。在提升公共卫生法治保障水平的过程中，《基本医疗卫生与健康促进法》开启了中国公共卫生立法的新篇章。随着新冠病毒感染疫情的暴发，公共卫生领域的诸多问题不断显现，公共卫生立法如何及时回应现实需求，解决群众最关切的难点问题，成为中国公共卫生立法优化的重要课题。在疫情防控过程中，公共卫生主管部门、基层社区采取的防控措施受到质疑，公共卫生立法的深层次问题显现出来。《中国公共卫生立法研究》深入分析公共卫生立法短板问题究竟如何解决。解决公共卫

① 《把保障人民健康放在优先发展的战略位置》，求是网，http://www.qstheory.cn/wp/2021-03/07/c_1127180546.htm，2022年1月12日访问。

② 《加纳宣布首次暴发高致命性马尔堡病毒病》，联合国网站，https://news.un.org/zh/story/2022/07/1106182，2022年7月20日访问。

③ 《世卫组织将评估猴痘疫情是否构成“国际关注的突发公共卫生事件”》，新华网，www.news.cn/world/2022-06/15/c_1128741722.htm，2022年7月20日访问。

④ 《突发事件：疾病暴发新闻》，世界卫生组织网站，https://www.who.int/zh/emergencies/disease-outbreak-news，2022年7月20日访问。

生立法问题，需要从哪些方面着手，形成体系化的解决路径、具体措施，并在已有基础上，展望公共卫生立法未来可能的发展趋势，为人民生命健康安全保驾护航。对于中国公共卫生立法的体系化、系统化研究，为健全和完善公共卫生立法奠定了重要基础，从而成为当下亟待完成的重要课题。

在指导思想方面，习近平总书记指出，要“构建起强大的公共卫生体系”①，为公共卫生立法的体系化提供根本指引。《中国公共卫生立法研究》为健全和完善公共卫生立法提供智力支持。在战“疫”过程中，中国共产党领导下的中国制度优势再一次得到了实践的检验，受到了广大人民群众的肯定。与此同时，党中央高度重视公共卫生法治建设，明确提出要补齐公共卫生领域的短板，为人民健康提供全方位的支持。在法治中国建设过程中，公共卫生立法是不可或缺的重要内容，更是直接关系到人类基本生存与发展的关键环节。公共卫生立法的优化，为公共健康维护提供了有力的法治保障，也为法治体系的健全和完善提供了有力支持。在具体贯彻落实“强化公共卫生法治保障”要求的过程中，需要统筹计议，选取科学的立法路径、立法结构，遵循新发传染病与再发传染病防控的不同原则，增强忧患意识，坚持预防为主，有效防控卫生健康领域的重大风险。

在实践方面，面对疫情，要有备无患。对公共卫生立法全面系统的梳理和提升，以“后果控制”向“风险规制”的立法模式转型为基础，以统一立法为路径，推动公共卫生立法的优化。公共卫生立法路径选择需要综合考量多种因素。从内容上看，公共卫生立法涉及的是不特定多数人的公共健康社会权利保护，公共卫生社会权利与民法典个体人身权利保护存在差异，亦形成了不同于绝对权与相对权分类的公共卫生立法类型化逻辑；同时，公共卫生立法与环境资源立法、生物安全立法也不完全等同，公共卫生立法包含了特定的应急、救治、预防、保障等多项内容。从形式上看，公共卫生立法涉及多项法律法规，公共卫生立法面临结构性、协调性等问题。公共卫生统一立法的缺位，不利于综合性、系统化的公共卫生立法布局的形成。从疫情防控实践看，中国的公共卫生立法所涉及的内容十分广泛，并且面临人口众多、地域差异大等诸多问题。如何从公共卫生法治保障的整体布局出发，通过制定公共卫生统一立法，系统解决公共卫生立法面临的一系列现实问题，补齐公共卫生立法短板，推动公共卫生法律体系的建立、发展和完善，是构成公共卫生法治建设的关键所在。

① 习近平：《构建起强大的公共卫生体系　为维护人民健康提供有力保障》，《求是》2020年第18期，第1页。

二、研究意义

中国公共卫生立法研究十分必要。公共卫生统一立法路径与立法体系优化,对于"全面提高依法防控依法治理能力"①,"将预防关口前移"②,"从源头上控制重大公共卫生风险"③,为构建强大公共卫生体系提供有力的法治保障,具有重要的理论意义与实践意义。公共卫生立法是推进"健康中国"战略的重要支撑。2016 年,《"健康中国 2030"规划纲要》发布,强调要"加强健康法治建设","促进健康的制度体系更加完善"。④ 公共卫生立法是健康法治的重要基础,是法治中国建设的重要组成部分。

1. 保障人民生命健康安全的重大需求

中国公共卫生立法研究与统一立法实践的终极目标,是保障人民生命健康。健康是人民的首要福祉,健康权保障是卫生法学学科发展的重要理论基础。人人享有获得公平的卫生资源和卫生服务,提高健康水平与生命质量的权利。人的生命健康是公共卫生立法最为核心的法益价值追求。公共卫生立法的形成和发展围绕健康权益保障展开,致力于建立公平、有效保障健康权益实现的法治理论体系。作为公共卫生立法出发点与落脚点的健康权益,是首要的人权。笔者对关系人民生命安全保障的公共卫生立法重要问题展开研究,提出系统的理论观点,为公共健康保障提供智力支持。在对公共卫生立法概念进行多维度分析的基础上,明确了公共卫生法与环境资源法、生物安全法的调整范围,归纳公共卫生立法的专门化、法典化及统合模式发展规律,⑤以实践需求指引立法方向,推动从回应型到预防型的公共卫生立法转型,在中国公共卫生立法基础理论研究方面取得突破性进展。人民健康至上思想在国家、政府、社会各个领域治理中的全面贯彻落实,不能局限于公共卫生专项立法,而需要将视野拓展到健康风险的市场源头监管领域,并分析不同单行法中授权性规范、准用性规范、引导性规范之间如何有效衔接。以公共健康维护为指引推动公共卫生立法的健全和完善,需要将公共健康立法宗旨作为公共卫生立法总则部分的核心,将已有的单行

---

① 习近平:《全面提高依法防控依法治理能力　健全国家公共卫生应急管理体系》,《求是》2020 年第 5 期,第 1 页。

② 施芳:《把健康嵌入城市整体规划》,《人民日报》2020 年 4 月 22 日,第 5 版。

③ 孙佑海:《运用法治手段防范重大公共卫生风险》,《人民日报》2020 年 3 月 10 日,第 9 版。

④ 《中共中央　国务院印发〈"健康中国 2030"规划纲要〉》,中国政府网,http://www.gov.cn/zhengce/2016-10/25/content_5124174.htm,2020 年 1 月 10 日访问。

⑤ 参见许安标:《完善公共卫生法律体系　强化公共卫生法治保障》,《中国人大》2021 年第 9 期,第 39 页。

法贯穿起来，迅速地凝聚立法合力的方法，推动公共卫生统一立法，促进健康入万策。

2. 应对突发公共卫生事件的现实需求

笔者围绕公共卫生立法展开研究，对国家公共卫生法治建设的巨大成就、疫情防控法律实践的重要经验等内容进行梳理，对公共卫生法治理论进行阐述，并提出公共卫生统一立法建议，集对策性、理论性于一体。《中国公共卫生立法研究》推动疫情防控法治理论、公共卫生预防型立法理论、公共卫生风险管控理论的发展，论证新发传染病与再发传染病防治遵循的不同原则，以人类卫生健康共同体理论为指引，论证中国公共卫生立法从"后果控制"到"风险规制"，以及从自由权利到公共卫生社会权利保护的理论转型，丰富和发展了公共卫生立法理论，具有理论意义与学术价值。同时，明确公共卫生立法协调的规范保障与创新路径，对立法结构优化在推动公共卫生法治保障过程中的作用进行分析，为公共卫生立法的系统优化提供对策建议，为公共健康维护提供有力的法治保障，具有社会价值与应用意义。本书提出公共卫生实体法与程序法优化的具体建议，提出增设强制性免疫申报制度、传染病疫情防控中的食品溯源规定、公共场所健康防护引导性规范、健康影响评估状况纳入市场审查范围、公共卫生事件后的涉法问题评估与处置程序等观点，得出了统一立法的结论与对策建议，对于满足应对突发公共卫生事件的现实需求，强化公共卫生法治保障有重要的应用价值。

3. 实现公共卫生立法体系化、法典化的必然要求

笔者以公共卫生机构与组织立法、行为与措施立法、程序与标准立法的体系化思维，为公共卫生统一立法及法典编纂提供智力支持。对中国公共卫生立法体例、立法结构优化、立法路径进行系统论证，对解决公共卫生立法重大理论问题具有重要的推动作用。公共卫生立法理论及实践的发展，对于"卫生法学科"发展具有基础性意义。① 本书在十分复杂的公共卫生问题当中抓住根本，提出系统弥补公共卫生立法短板与不足的可行性建议，从不同类型的规范、不同立法环节的衔接协调出发，对中国公共卫生立法的理论和实践进行新的系统论证，并将研究视野拓展到新发传染病"存疑从有"依法防治、公共卫生社会信息收集、特定场所公共卫生风险排查、公共卫生事件后涉法问题处置、基层一线疫情预警与应急授权冲突解决等研究相对薄弱的环节，针对疫情防控与经济社会发展长期协调的难点，丰富和发展了

---

① 参见石东风：《卫生法学理论与实践——相关基本问题辨析》，吉林大学出版社 2011 年版，第 231 页。

疫情防控法制建设理论,提出强化公共卫生法治保障的新见解新看法。以公共卫生立法体系化、系统化为核心,通过立法结构优化,推动公共卫生立法体系化的法理思考,明确其基本原则、功能定位,通过功能协同形成整体化、系统化效应,促进不同法律之间的功能互补与制度耦合。综合运用文献分析、规范分析、关联分析、逻辑分析、社会分析等多种方法,对公共卫生立法实践予以全面考察和综合评价。针对公共卫生立法的现实问题,论证立法体系化的发展趋势,针对疫情防控新的立法需求,致力于提出具有前瞻性、创新性的建议。通过对公共卫生立法发展历史与现实逻辑的系统分析,推动涵盖公共卫生管理机关及社会参与主体的综合性公共卫生法律体系建设。

4. 提升中国在全球公共卫生治理领域话语权的迫切需求

以人类卫生健康共同体理念为指引,中国的疫情防控实践为世界作出重大贡献,中国公共卫生立法为全球公共卫生治理提出中国方案,为人类健康安全保障提供制度支持。中国公共卫生立法不仅是强化国内公共卫生法治保障的规范基础,而且对大流行病条约制定具有重要的引领作用。中国公共卫生立法的国际影响力提升,对于中国参与、引领大流行病条约(Pandemic Treaty)制定进程具有重要意义。在新冠病毒感染疫情防控中,中国抗疫取得了重大胜利,公共卫生立法的制定和修改取得重大进展。随着公共卫生法治建设的深入推进与大流行病条约制定工作的启动,公共卫生立法面临新的课题。"全球化背景下的治理风险"加剧,①疫源的发现、防控、处置、清理均面临着较大的压力。中国公共卫生立法进程不仅直接关系到人民生命健康保障,而且对全球公共卫生治理具有重要的引领作用,对全球公共卫生治理的法治化、民主化具有重要意义。在补齐公共卫生短板与不足的过程中,还应看到公共卫生立法的结构优化面临理论与实践领域的新问题,国内公共卫生立法与全球公共卫生治理的衔接互动机制尚不健全,公共卫生治理具有较强的地域局限性。在抗疫实践的良好基础上,应当形成科学的国内公共卫生立法与全球公共卫生治理的衔接互动机制,将中国在抗击新冠病毒感染疫情中作出的巨大贡献更好地传播出去,并最大限度获得国际社会的广泛认同。如何通过国内法治与涉外法治的统筹推进,提升国内公共卫生立法的系统性与影响力,推动中国参与、引领大流行病条约制定进程,成为公共卫生立法研究的重要议题。

---

① 参见徐越倩:《全球化与国家治理》,中国发展出版社 2019 年版,第 65 页。

三、研究现状

以“公共卫生立法”为关键词进行检索，检索到中文著作1部，对中国控制被动吸烟地方立法进行研究（沈敏荣，2009）；检索到中文论文19篇，论证公共卫生立法的基本法理，明确公共卫生立法对生命健康保护的重要意义（孙梦爽，2020），研究中国公共卫生立法路径，论述预防型公共卫生立法模式建立的必要性（任颖，2020），梳理公共卫生立法修法的发展（施林等，2022），分析在公共卫生立法中的示范法制定（孟珺逸，2022），探讨古罗马公共卫生立法的主要特征（胡伟力等，2019）等。以“Public health legislation”为关键词，检索到34篇英文论文，总体上分析关于公共卫生的一般立法，从控烟立法出发，强调通过公共卫生立法，实现人人享有健康（S. Nadasen ed.，1999），从艾滋病隔离防疫制度出发，论述强制性公共卫生立法（Eric S.，1988），从历史发展角度梳理1865年至1920年路易斯安那州和威斯康星州的社会和公共卫生立法发展（Robert A. Buerki，1995），在具体实践中，通过立法探讨肥胖症的公共卫生方法（Elizabeth Benjamin，2007）。外文著作中与公共卫生立法相关研究包括权责视角（劳伦斯·高斯汀等，2020），以及伦理与治理视角的公共卫生法研究（约翰·科根等，2021）。从更为广泛的视角看，公共卫生立法的相关研究主要涉及以下四个方面。

卫生法学基础理论研究方面，以公共健康促进为理论基础，围绕疾病预防与健康保障推进法治理论与实践的发展进程，研究健全和完善医事法、公共卫生法、医疗保障法、健康产品法的科学路径，推动卫生法学原论研究（申卫星，2022）。卫生法学的主要研究内容为健康权保障相关法律制度及社会现象，旨在通过立法，更好地预防和控制疾病，保障人民群众的健康社会权利，使人们公平公正地享受医疗资源，促进健康平等权、紧急医疗救治权、健康资源获得权、医疗服务选择权等权利内容的实现（陈云良，2019）。卫生法学具有综合性特征（樊立华，2018），其中最为核心的内容包括三个方面：一是卫生法学的基本理论，二是公共卫生法律规范及制度研究，三是医疗卫生法律理论（杨芳等，2018）。以“护卫生命”（张静等，2008），促进健康为指引（吕高玉等，2009），研究卫生法律规范及其发展规律（A. Schwartz ed.，2008）。以卫生领域的行政法律关系、民事法律关系论述为基础，从有效保护人类健康这一具体而又复杂的社会系统工程高度（袁新秀等，2013），推动公共卫生监督管理，推进卫生防疫、医政管理、药政管理等领域积极预防原则的确立（赵敏等，2016）。在此基础上，学者分析了卫生法学与卫生管理学、卫生医学的区别，指出卫生医学是卫生科学的重要内容（杨淑娟,2018),卫生管理学是运用管理理论研究卫生管理事项的学科(P.Liamputtong ed.,2019),而卫生法学则以卫生法律规范为主要研究对象,以保障公共健康为核心(P.Kostkova,2015),旨在调整在公共健康活动中的各种社会关系,形成关于卫生法律规范、卫生法律意识、卫生法律职业、卫生法律行为等各种社会现象,以及卫生组织关系、卫生服务关系、卫生管理关系的科学认识(石超明等,2010)。

疫情防控与应急管理法治保障研究方面,面对突如其来的新冠病毒感染疫情,以习近平同志为核心的党中央提出了一系列科学判断,为疫情防控提供了重要指引。习近平总书记高度重视公共卫生法治保障,将疫情防控法制建设作为提升公共卫生应急管理能力的重要基础。针对新冠病毒感染疫情防控中暴露出的公共卫生立法短板,学者深入分析了其中存在的问题和不足(马怀德等,2015),详细阐述了公共卫生应急的理论和实践(朱凤才等,2017),强化公共卫生危机管理(张永理等,2015),提升疫情应急管理水平(何剑峰等,2008);从新发传染病与再发传染病防控角度,对现有的防控体系进行了剖析(巫善明等,2010),强调要在法治的路径上科学推动疫情防控进程(彭波,2020),完善传染病防控立法(Jos Dute,1993),强调公共卫生立法在公共卫生管理过程中发挥着重要的基础性作用,传染病防治又是其中的重中之重,需要明确公共卫生预警原则(解志勇,2021),同时也要注意到公共场所卫生管理相关法律法规(田侃等,2017),以及强制医疗相关规定的制定和修改(刘白驹,2015),确保传染病强制隔离规范化(高秦伟,2020),防范对于公民合法权益造成侵害现象的发生(张剑源,2020),并总结了传染病防治的基本法律原则(孟涛,2020),分析了新发传染病防治的注意事项(王岳,2020),为疫情防控与公共卫生治理现代化奠定了重要基础(张守文,2020)。在疫情防控中,还须关注个人信息保护问题(高志宏,2022),明确医疗数据权利配置(高富平,2020),解决传染病防治国际合作结构性机制失灵问题(魏庆坡,2020)。

健康权保障与公共卫生法律体系研究方面,要坚持人民健康至上,提高依法防控能力,健全和完善公共卫生法律体系与健康促进法律规定,为健康权法律化奠定重要基础(王晨光,2020),论述基本医疗卫生与健康促进法对卫生领域立法的基础性意义(宋华琳,2020),为卫生保健的法治化发展提供立法指引(顾昕,2019),探索公共卫生法典化路径(尾中普子,1986),阐述公共卫生法的行政法属性(爱德华·P.理查兹、李广德,2022),论述公共卫生法调整范围的拓展趋势(李筱永,2021)。在这一过程中,要建立常规公共卫生法律体系与紧急公共卫生法律体系(李广德,2020),加强国家、区域、世界范围内的公共卫生法治保障(张海斌,2022),集中解决医疗保险立法的碎片化(孙淑云,2018),以及疫情防控体制中的风险调查、评估及防控措施法律依据缺位问题(孙佑海,2020)。在这一阶段,公共卫生立法体系的健全和完善,需要以公共健康维护为指引(唐钧等,2019),推进国家和地方公共卫生体系的不断完善(曹树基,2006),并推动预防型医疗体制(左月燃等,2000),以及医院伦理委员会等机构建设(吴其等,2020),促进疾病预防(郭晓强,2018),以及公民健康素养的提升(汪求知,2020),突破公共卫生行政法研究范畴(李燕等,2014),将健康意识融入发展的全过程(施芳,2020),卫生健康行业法律顾问制度逐步建立(邓勇,2021)。在立法方式上,可以合理借鉴部分国家公共卫生基本法的研究及实践经验(杨杰等,2017),推动中国公共卫生立法的发展和完善。

公共卫生具体职权配置与权利保护实践研究方面,在判例法国家,公共卫生法研究侧重案例分析,如健康法案例集《卫生法:案例、材料和问题》(*Health Law*:*Cases*,*Materials and Problems*)被美国最高法院和许多其他法院引用。在36年之内,其经历了9版修改,第9版于2022年出版,分析了包括新冠病毒感染大流行引起的现实问题,以建立一个更加公正和公平的医疗保健系统为目标,期望将整个总体组织的公平和正义纳入公共卫生职权配置与权利保护实践。成文法系从具体实践出发,分析保护健康权的国家义务(邓海娟,2014),以及政府责任、国际义务、法律化及司法化(王晨光,2020),指出很多国家的宪法对健康权作出了规定(焦洪昌、张鹏,2009),完善突发公共卫生事件监测、预警、评估、预案体制(杨开峰,2020),阐明公共卫生领域的权力与权利设置在保障公共健康方面的作用(杨彤丹,2014)。其中,公共卫生职权配置是公共卫生立法的重要内容(劳伦斯·高斯汀等,2020),应当明确人权法与公共卫生的关系、公共卫生行政规制的基本进路(约翰·科根等,2021)。当前生物武器威胁给公共卫生立法及职权配置带来新的挑战(David P.Fidler,Lawrence O.Gostin,2007),公共卫生法律是健康保护的重要决定因素(Montrece McNeill Ransom ed.,2021)。公共卫生立法涉及质量监督、卫生服务、患者安全与保健等内容(Barry Furrow ed.,2013),公共卫生中的规范性分析十分重要(John Coggon,2012)。但法律对于公共卫生的重要作用不是从一开始就受到了应有的重视,在人类免疫机能丧失病毒(HIV)流行之前,公共卫生法在保护人口健康方面的作用并未受到充分重视(Lawrence O.Gostin ed.,2002)。无论是急性疾病还是慢性疾病(刘鑫,2021),无论公共卫生威胁是生物恐怖主义、大流行性流感、肥胖还是肺癌,通过法律进行职权配置与权利保护,都是解决这一问题的重要工具

(Wendy E.Parmet,2009)。

已有研究成果提供了重要思想资源。但总的来说,目前国内外的相关研究还需要进一步地深化和拓展:第一,对公共卫生立法的研究集中于具体制度分析等方面,侧重特定法律条文的优化,而法学视角下公共卫生立法的体系化、系统化,以及统一立法路径研究亟待细化。第二,从公共卫生立法总体布局与制度耦合宏观角度出发,对公共卫生统一立法乃至法典化趋势进行展望的系统研究亟待完成,需要对解决分散化立法问题的逻辑、路径、理念、原则等问题,进行系统化的分析和论证。第三,公共卫生立法研究在研究视角、逻辑思路、规制程序上,仍存在一定程度的碎片化现象,有待实现公共卫生机构与组织立法、行为与措施立法、程序与标准立法逻辑的有效衔接协调。中国公共卫生立法的体系化,是当前中国法治建设亟待解决的现实问题。

四、研究结构

以公共卫生机构与组织立法、公共卫生行为与措施立法、公共卫生程序与标准立法为逻辑结构,解决公共卫生立法的碎片化问题,展望公共卫生法典化发展趋势。以健康权利保障、突发公共卫生事件应急职权配置、参与权运行为结构,探索从压制型、自治型到回应型公共卫生立法的转变,分析公共卫生立法是否以对个体自由的单向度规制与管理为立法目标等问题,健全和完善隔离管控、应急预案等领域的实体性规范,以及密接者认定、比例审查等方面的程序性规范。研究结构主要包括两个方面、七个部分的内容,不同的部分具有不同的研究侧重。其中,前三章侧重公共卫生立法基础理论与基本路径的分析论证,具体包括公共卫生立法的概念与范畴、历史与发展、原则与路径;第四章分析公共卫生立法的主要问题;后三章在所分析的立法路径、立法逻辑、立法问题的基础上,具体提出公共卫生机构与组织立法、公共卫生行为与措施立法、公共卫生程序与标准立法的对策建议,并在结语部分展望公共卫生法典化发展趋势,在整体上形成体系化、系统化的公共卫生立法研究成果。具体研究思路与研究结构分析如下。

一是公共卫生立法的概念与范畴。这部分的主要内容包括:(1)通过公共卫生立法的概念辨析,明确公共卫生立法的范围与外延。与健康相关的立法,包括公共卫生立法、医事立法、生物安全立法、环境资源立法、民法典健康权规定。这些立法之间具有紧密的联系,共同构成健康保护的重要法律支持,但不能相互混淆,也不存在包含与被包含的关系,而是从不同领域、不同维度,为健康保障提供支持。因此,需要通过公共卫生立法的相近法律辨析,明确公共卫生立法的范围是什么。(2)界定公共卫生立法的内容构成。在明确公共卫生立法范围与外延的基础上,进一步界定公共卫生立法的内涵。公共卫生立法包括传染病防治立法、突发公共卫生事件应急管理立法、公共场所卫生立法、健康相关产品立法、特定行业公共卫生立法、特殊群体卫生保健立法。这一内涵界定,也是下述公共卫生立法具体对策建议的基本逻辑框架。(3)论证公共卫生立法的本体论、客体论、价值论三个范畴,提出健康权不仅是公共卫生立法的宗旨,而且是公共卫生立法的本体论范畴,突发公共卫生事件应急权不应归入客体论范畴,与此同时,公共卫生领域的参与权亦应当纳入其本体范畴,而公共卫生立法的客体论范畴既不是物也不是人格利益,而是公共卫生服务与公共卫生产品供给行为。

二是公共卫生立法的历史与发展,当前的公共卫生立法是在传统的"疑疠"报告等制度基础上演化而来的,也吸取域外公共卫生立法的有益之处,将国内公共卫生立法的发展融入国际公共卫生立法进程,提升中国参与、引领《大流行病条约》制定的话语权。这部分的内容包括:(1)国内公共卫生立法的发展与贡献。公共卫生立法并非舶来品,从中华优秀传统文化的创造性转化角度,对先秦时期的驱疫之制、秦律的"疑疠"报告制度、汉代的临时救治场所设置、《唐律》的"巡疗"制度、宋代的疫情信息"上书言事"及责任制度、《大明律》对疫情"应奏不奏"的惩处、清朝的"有疑传染病"处置与隔离检疫消毒制度进行梳理,并阐述新中国从公共卫生法制建设到全面推进公共卫生法治体系的发展。(2)国外公共卫生立法的主要模式及启示。本部分对域外模式的经验进行总结,从立法模式角度,将国外公共卫生立法区分为法典化模式、统一立法模式、地方立法模式,对其中的有益经验进行分析,梳理法国《公共卫生法典》编纂体例与准用性规则设置,论述英国《公共卫生法案》统合立法及对中国的启示。(3)国际公共卫生立法的发展历程及其与国内立法的关系。国别立法并不是孤立存在的,其与国际立法之间存在紧密的联系。国际公共卫生立法背景的变化,不仅对于全球卫生治理结构产生影响,而且对国内公共卫生立法的完善提供参考。

三是中国公共卫生立法的原则与路径。当前公共卫生立法存在的一个主要问题,即立法总则部分的缺失,新发传染病与再发传染病防治原则不明。针对这一问题,本部分从公共卫生立法的基础理论出发,对中国公共卫生立法的根本指引、基本理念、基本原则进行系统分析,论述"强化公共卫生法治保障""构建人类卫生健康共同体""以人民为中心""健康至上""防范化解卫生健康领域重大风险",在公共卫生立法中的重要作用及辩证关系。与此同时,中国公共卫生立法根本指引、基本理念之间具有紧密的内在逻辑联系，将理念分析与立法建议、立法路径论证衔接起来，真正将理念融入公共卫生立法的实践进程，确立健康优先发展与健康风险预防原则，并推动新发传染病“存疑从有”与再发传染病依法防治二重原则立法，明确正当程序与比例原则在公共卫生领域适用的特殊性，论证中国公共卫生立法的路径选择。在公共卫生立法过程中，更适宜采用“领域法”路径，以公共卫生组织法、行为法、程序法为立法逻辑，理顺公共卫生机构、组织、权限、标准；以预防型立法为导向，适当推动重点场所、重点人群等领域的公共卫生风险防控，将采取公共卫生措施的时间适度提前至传染病疫情发生之前；以统一立法为结构，探索公共卫生应急状态与常规状态统一立法的可行性与可操作性，推动突发事件应对法与传染病防治法的关系界定及立法统筹，从根本上解决公共卫生规范冲突与规范交叉问题。

四是公共卫生立法领域存在的主要问题。从立法内容、立法结构两个方面出发，对我国公共卫生立法要解决哪些问题进行分析。其中立法内容方面的问题，可以再次分为职权配置、社会参与、应急规定三个方面。(1)公共卫生职权配置问题。由于公共卫生统一立法尚未建立，立法规定相对较为分散，各项不同规定之间的冲突，是公共卫生立法亟待解决的重要问题。在公共卫生预警、应急预案等权限设定方面，突发事件应对法与传染病防治法的规定并不一致；疾控机构的法律地位并不明确，在疫情防控中的功能有待加强。如何通过跨部门的协同，推动应急演练、应急预案、食品及物流溯源的协同立法，直接关系到疫情防控整体合力的形成。(2)公共卫生领域的参与主体众多，但对其进行的引导和规范相对薄弱。基层群众性自治组织有权采取哪些公共卫生措施？公共卫生委员会的具体职能是什么？志愿服务组织等参与疫情防控需要遵循什么样的行为准则？如何加强对于疫情防控中公共卫生辅助服务人员的管理？针对这些问题补齐公共卫生立法短板，是提升公共卫生社会治理能力的重要着力点。(3)突发公共卫生事件应急立法仅有行政法规和一般规定，而无法律层级的特别规定。并且，在一般规定层面，突发事件应对法与传染病防治法的关系不明，疫情报告、疫区划定、流调溯源、检测救治、强制隔离、封闭管理、闭环管理、非传染性疾病救治、疫源消毒等立法需要加强，公共卫生立法的一些义务性规定没有对应的责任配置，不利于防疫措施的规范化推行。(4)公共卫生立法结构仍存在重救治、轻预防，重实体、轻程序，重应急、轻常态，重事中监管、轻事后处置等问题。在致病机理尚未确定的情况下，对于疑似新发传染病是否能够采取防治措施？预警、封控、征用等公共卫生行为标准是什么？如何对公共卫生措施进行合比例审查？怎样整合分散的公共卫生服务规定，推动防疫物资统一规定？怎样健全和完善涉及防疫信息相关问题的纠纷解决程序？这些方面的问题需要通过立法加以解决。

五是公共卫生机构与组织立法建议。(1)解决公共卫生职权配置问题，推动全生命周期健康保障。解决传染病防治法同突发事件应对法在应急预案、预警职权配置方面的冲突，明确突发公共卫生事件应急管理权限。解决疾控机构的法律地位不明问题，建议增加处罚建议权、预警权，强化疾控机构的法律职能。解决卫生行政机构、卫生监督机构、疾控机构之间的执法权行使问题，对决策权与执行权的分离进行分析，完善相关立法。(2)解决跨部门协同问题，以跨部门联动推动全过程应急响应。通过跨部门的公共卫生应急演练，多部门联动展开食品及物流溯源，强化公共卫生应急管理组织协调，推动卫生行政与应急管理部门协同。(3)解决公共卫生社会参与规则不健全问题，通过立法凝聚疫情防控的组织合力。明确基层群众性自治组织、志愿服务组织、第三方检测机构、公共卫生辅助服务人员等参与公共卫生治理的行为准则，细化对于公共卫生委员会的具体职能的配置，从立法层面保障全社会联防联控的规范化、法律化。

六是公共卫生行为与措施立法建议。提出公共卫生强制措施等方面的系统性、具体化立法建议，与前面的章节相衔接，有针对性地解决公共卫生立法问题，提升建议的科学性。(1)通过预防措施相关规定，解决重救治、轻预防问题，对法定预防措施作出明确规定。由于预防措施的本质在于法律介入阶段的提前，也即在没有明确、科学的传染病学依据的情况下，针对不确定的公共卫生风险采取相应的干预措施。因此，预防措施的采取，除了要满足法定要求之外，还要有明确的边界。也即，要避免预防措施使用的泛化，不能对所有领域、所有人群都预先采取介入措施。由此，本部分以重点场所、重点领域、重点行业监管为切入点，对于疑似新发传染病能够采取的法定措施、比例原则在公共卫生领域的适用、防范灾害等引发公共卫生事件，进行相应的法律制度设计。(2)通过应急措施相关建议，弥补突发公共卫生事件应急专项立法缺位问题。在已有《中华人民共和国突发事件应对法》《突发公共卫生事件应急条例》《国家突发公共卫生事件应急预案》规定的基础上，在法律层级，形成凸显突发公共卫生事件应急管理特殊性的专项立法，推动公共卫生事件直报、层报、强制报告及激励制度设计，明确疫点、疫区、“三区”、低中高风险区域之间的关系，确保流调信息最小化、个人信息要脱敏、使用权限要严控，以及病原的常规检测合理必要、规制方法合法适当，推进强制隔离、封闭管理、闭环管理的法定化，出台应急状态下的非传染性疾病救治与社会护理规则，实现疫源消毒方案人性化、主体资质专业化、消杀行为科学化,规定违反疫情报告、信息保护、密接者等管理规定的责任。(3)通过保障措施立法建议,解决重应急、轻常态问题,强化公共卫生服务、公共卫生产品供给等行为的立法保障,建议制定健康产品监督管理与防疫物资供应运输的统一规定,针对公共卫生设施、公共卫生教育规定存在的问题,提出相应的立法建议。

七是公共卫生程序与标准立法建议。本部分的程序立法建议,以解决重实体、轻程序问题为目标,与实体法尤其是公共卫生行为与措施立法部分相对应,提出实体法运行的程序法保障建议。在具体的立法建议方面,实体性和程序性立法之间的相互衔接,并不是一对一的机械化的呼应,而是以公共卫生治理效能的最大化、绩效的最优化为导向,展开具体的程序和标准设置,通过公共卫生实体法与程序法的配合,形成公共卫生治理的优化格局与总体效应。(1)与预防措施相对应,将公共卫生风险预防与常态化疫情防控要求,融入公共卫生程序立法当中,建立常态化的公共卫生风险监管、评估、防控程序,有效防范传染病疫情的发生。对于不明原因疾病、异常健康事件,需要从预防程序设定角度,严防传染病疫情的发生。人畜共患传染病风险监测评估,应当成为市场准入的必要程序,并通过职业卫生、食品安全、公共场所运营的健康影响评估程序,以及医疗机构特殊门诊等的风险防控程序建设,提升公共卫生风险防控效能。(2)与应急措施相对应,明确突发公共卫生事件应急处置标准,建立公共卫生应急措施实施的比例审查程序,确保封控标准合理,隔离管控适度,征用决策合理。(3)与保障措施相对应,解决重事中监管、轻事后处置问题,建立公共卫生事件后的涉法问题评估与救济程序,健全和完善涉及疫情防控强制措施、应急物资保障等问题的争端解决程序。在保障措施方面,对于公共卫生服务、公共卫生产品、公共卫生教育等方面的立法建议,主要以应急状态向常规状态转换的现实需求为出发点,是通过将原本的政策性规定转变为具体的立法规定,将原本分散的规定转变为具有体系性规则,以保障公共卫生社会权利的充分实现。与保障措施相对应的程序立法建议,主要以公共卫生事件后的救济与纠纷处置程序设置为核心。

在此基础上,结语部分以公共卫生组织法、行为法、程序法为脉络,展望公共卫生统一立法及法典化发展趋势,提出对策建议。

五、主 要 创 新

书稿从“统合式立法”“预防型立法”“精细化立法”出发,推动公共卫生立法基础理论创新与实践改革,提出公共卫生机构与组织立法、公共卫生行为与措施立法、公共卫生程序与标准立法建议。

（一）研究内容方面的创新

在公共卫生立法路径方面，提出公共卫生机构与组织立法、行为与措施立法、程序与标准立法的法典化思路，探析统一立法的可行性与可操作性。第一，通过公共卫生机构与组织立法，形成全生命周期健康保障的机构合力，凝聚疫情防控组织合力，推动公共卫生领域的公权力及私权利主体在依法行政与依法治理方面，形成依法防疫的总体效应。第二，通过公共卫生行为与措施立法，形成以预防措施、应急措施、保障措施为支撑的全过程防疫规定，以疫情报告、疫区划定、流调溯源、检测救治、隔离管控、疾病救治、疫源消毒为内容的全链条防疫立法。第三，通过公共卫生程序与标准立法，形成风险监测严密、市场准入严格、健康评估规范、封控标准合理、隔离管控适度、征用决策合理、事后处置周全的立法格局，贯彻落实强化公共卫生法治保障的重大现实需求。

在公共卫生立法原则方面，提出新发传染病与再发传染病防治应当遵循不同的原则，正当程序与比例原则在公共卫生领域适用具有特殊性。第一，"存疑从有"原则适用于新发传染病防治领域，即针对尚未认知的新型病原体这一致险因素，授权公共卫生行政管理机构采取相应的预防措施。对于已经列入传染病目录的再发传染病疫情，应当严格依照明确的法律授权，依法有序开展防控工作。第二，正当程序与比例原则在公共卫生领域的设置，与行政法领域存在差异。隔离管控等措施的实施过程，不仅有卫健委的决策、疾控机构的建议，而且有医疗机构、居委会、村委会、志愿组织、第三方机构等主体的广泛参与。公共卫生领域的正当程序与比例原则，应当扩充到所有参与公共卫生措施执行的主体，确保个人权利与公共健康保障的有效平衡。

在公共卫生立法理念方面，一是以"健康至上"理念为指导，以生存权、发展权的首要人权地位为依据，健康权保障应当优先于自由权等其他权利。二是以"强化公共卫生法治保障"理念为指导，形成覆盖市场监管、院感防控、生物恐袭、免疫申报、病原监测、隔离管控、疫源消杀、卫生产品、卫生教育、卫生服务等的立法链条，推动公共卫生立法的体系化。三是以"防范化解卫生健康领域重大风险"为指导，推动公共卫生回应型立法向预防型立法的转变，明确在致病机理不明的情况下，对疑似病例采取的法定措施，并形成与实体法上的预防措施相对应的程序立法，将公共卫生风险监测、评估、预防要求落实为具体的程序设置，切实贯彻织密防护网、筑牢防火墙的重要要求。

在公共卫生立法建议方面，以公共卫生法典化为导向，提出全链条、全过程防疫立法精细化的对策建议。第一，建议将突发公共卫生事件预警、报告、应急响应的启动权限下放给地方政府，并赋予疾控机构预警权，确保防控一线快速响应与人员物质保障的及时到位。第二，建议出台跨部门疫情防控协同规则，包括跨部门的公共卫生应急演练与应急预案规定，海关、市场监管、检验检疫等机构职能衔接规则，卫生行政与应急管理部门协同准则等。第三，建议制定基层群众性自治组织的公共卫生治理规范，明确公共卫生委员会的具体职能，出台志愿服务组织、第三方检测机构等参与疫情防控的准则，制定疫情防控中公共卫生辅助服务人员的管理规范，提升公共卫生社会治理的规范化、法治化水平。第四，建议以预防、应急、保障为脉络，统筹传染病防治与突发公共卫生事件应急管理的法定措施，制定比例原则在公共卫生领域的适用规则，建立重点群体强制免疫申报与疫苗接种制度，明确违反疫情报告、信息保护、密接者等管理规定的责任，整合散见于妇幼保健、疾病预防领域的卫生服务规定，增加自媒体平台涉及公共健康内容的发布规则。第五，明确公共卫生措施执行的法定程序与具体标准，出台不明原因疾病、异常健康事件的筛查与防控规程，将人畜共患传染病风险监测评估设置为市场准入的必要程序，建立公共场所运营等领域的健康影响评估程序，建议将相关评估结果纳入市场审查范围，健全突发公共卫生事件预警标准及四级应急预案适用规定，制定封控范围划定精准化、封控单元最小化、车辆及人员管控、隔离点设置及管理的相关标准，建立防疫措施的比例审查程序，细化疫情防控征用的程序性规定，完善公共卫生事件后的涉法问题评估与救济程序。

（二）研究方法方面的创新

1. 对公共卫生立法基础理论的宏观把握与范畴分析方法具有创新性。本成果并不局限于某一具体的制度规定，而是从推动公共卫生统一立法出发，系统论证公共卫生立法的基本原理，明确公共卫生立法与医事立法的差异，分析公共卫生立法与民法典健康权规定的不同出发点，为公共卫生立法与民法典的衔接提供智力支持。本书系统论述公共卫生立法的概念、内涵、外延，分析公共卫生立法的本体论范畴、客体论范畴、价值论范畴，以及公共卫生法律关系的权力与权利内容，并阐述中国公共卫生立法的理念、原则、路径及演进趋势，在公共卫生立法基础理论研究方面取得重要进展。

2. 对公共卫生立法历史规律的关联理论整合与模式分析方法具有创新性。本成果不局限于国内现行立法的梳理，而是从古今中外公共卫生立法梳理出发，展开公共卫生立法的关联理论整合，归纳和概括域外公共卫生立法的模式和路径，通过模式分析方法，分析公共卫生立法的基本规律及对当下立法的启示；从中华优秀传统文化的创造性转化出发，提出公共卫生立法并非舶来品，阐述新中国从公共卫生法制建设到全面推进公共卫生法治体系的发展；从国际立法对国内立法的单向影响、双向影响向引领作用的转变出发，论述《大流行病条约》制定背景下，提出中国公共卫生立法的国际影响力提升的参考建议，在公共卫生立法发展研究方面提出了新观点、新视角、新看法。

3. 对公共卫生立法逻辑的路径论证与建构分析方法具有创新性。本成果提出以组织、行为、程序为立法逻辑，以预防、应急、保障为立法脉络，以事前、事中、事后为立法结构，推动公共卫生统一立法为目标的对策建议，指出传染病防治法与突发事件应对法的冲突，在形式统一层面较难得到根本的解决。传染病防治法对于从轻到重的传染病疫情防治作出规定，突发事件应对法的立法对象则是产生严重影响的传染病疫情等事件。这两部立法必然存在交叉重叠之处。解决这一问题，需要探索统一立法的可行性，推动传染病防治与突发公共卫生事件应急管理立法统筹。在对新冠病毒感染疫情防控实践进行系统调研的基础上，结合实证分析方法，以组织法、行为法、程序法、预防措施、应急措施、保障措施、事前防范、事中监管、事后处置为立法逻辑与路径，以应急状态向常规状态转换的现实需求为切入点，展开公共卫生统一立法建构分析，形成公共健康保障的整体合力。成果不拘泥于既有立法模型，而是从解决公共卫生立法存在的现实难题出发，找到破解疫情防控法律困境的出路，具有较强的创新性。

第一章　公共卫生立法的概念与范畴

从词源上看，公共卫生在中国古代被视为“防卫其生”“卫全其生”①之道，即保障生存的方式和途径；《大英百科全书》将公共卫生（public health）视为预防疾病、延长生命、促进身心健康、卫生保障、传染病控制和组织卫生服务的艺术和科学。② 英文中“卫生”一词主要有三种翻译形式：一是“hygiene”，指保护健康的原则、规则、理论、实践；二是“sanitation”，侧重环境卫生，包括影响健康的因素、设施、条件、措施、环境，如“basic sanitation services”即指厕所等环境卫生设施及服务；③三是“health”，指卫生、健康、保健、医疗。

在翻译“公共卫生”时主要有“public health”与“public hygiene”两种方式。④ 从字面含义上看，这两个词译为公共卫生，1851 年第一届国际卫生大会（International Sanitary Conference）召开之后，1907 年在巴黎成立了第一个“国际公共卫生办公室”（International Office of Public Hygiene），即使用了“public hygiene”一词，这是世界卫生组织的前身。⑤ 但 1946 年，《世界卫生组织组织法》（Constitution of the World Health Organization）通过之时起，对各国政府“唯有采取充分的卫生”措施的责任作出规定。⑥ 在绝大多数情形下都使用了“health”一词。从内涵上看，“public hygiene”侧重公共健康保障；“public health”从预防疾病与保护健康有机结合出发，推进组织化、法律化的公共举措，并且推动公共部门与社会组织的有效合作，以最大限度地

---

① 《庄子》，汪鹏生等注评，暨南大学出版社 2003 年版，第 267 页。

② 《公共卫生》，大英百科全书网站，https://www.britannica.com/topic/public-health，2018 年 12 月 20 日访问。

③ Sanitation, World Health Organization's website, https://www. who. int/news - room/fact - sheets/detail/sanitation, visited on October 20th, 2022.

④ Mark A. Rothstein, Rethinking the Meaning of Public Health, *Journal of Law, Medicine and Ethics*, Vol.30, Issue 2, 2002, p.144.

⑤ *WHO Director-General's Opening Remarks at Groundbreaking Ceremony for the WHO Academy*, World Health Organization's website, https://www. who. int/director - general/speeches/detail/who - director-general-s-opening-remarks-at-groundbreaking-ceremony-for-the-who-academy---27-september-2021, visited on October 20th, 2022.

⑥ 参见王宇等主编：《中国公共卫生 · 理论卷》，中国协和医科大学出版社 2013 年版，第 324 页。

“促进公共卫生”。[①] 相应地，公共卫生法对应英文“public health law”一词，如联合国开发计划署、世界卫生组织等推进法律联合项目，分析“公共卫生法（public health laws）对人权的影响”，帮助各国对新冠病毒感染疫情做出及时反应，“一旦大流行得到控制后推进社会经济复苏工作”。[②] 国际卫生法被译为“international public health law”。因此，公共卫生立法，英文翻译为“public health law”，[③]即是从预防疾病、保护公共健康出发，通过公共卫生管理，实现健康保护的终极目的。

第一节　公共卫生立法的概念辨析

公共卫生立法的核心在于疾病预防与健康促进。涉及健康的立法，除公共卫生立法之外，还有医事立法、环境资源立法、生物安全立法、民法典等。如何对这些相近的立法进行概念辨析，是公共卫生立法研究的基本前提。本部分的概念辨析从异同辨析两个方面出发，在界定公共卫生立法的外延和边界过程中，既关注其与相近立法之间的区别，也分析公共卫生立法与其他立法的交叉重叠问题，并探析可行的解决办法。

一、公共卫生立法与医事立法

“医疗卫生”概念本身包括医疗服务、公共卫生两个方面，公共卫生立法与医事立法并不相同。基本医疗卫生与健康促进法，将公共健康立法分解为公共卫生立法、医事立法两个部分。在基本医疗卫生与健康促进法中，第二章基本医疗卫生服务，包括基本医疗服务与基本公共卫生服务两个方面的内容；第三章医疗卫生机构、第四章医疗卫生人员的规定，属于医事立法的内容；从总体上看，第五章药品供应保障、第六章健康促进的规定，属于

---

① Pharma, *Tech and Social Media Companies Join Forces with WHO to Launch the Tobacco Cessation Consortium during World Health Summit in Berlin, Germany*, World Health Organization's website, https://www.who.int/news/item/20-10-2022-pharma--tech-and-social-media-companies-join-forces-with-who-to-launch-the-tobacco-cessation-consortium-during-world-health-summit-in-berlin--germany, visited on October 20th, 2022.

② *New COVID-19 Law Lab to provide vital legal information and support for the global COVID-19 response*, World Health Organization's website, https://www.who.int/news/item/22-07-2020-new-covid-19-law-lab-to-provide-vital-legal-information-and-support-for-the-global-covid-19-response, visited on October 20th, 2022.

③ Montrece McNeill Ransom ed., *Public Health Law: Concepts and Case Studies*, Springer Publishing Co.Inc., 2021, p.1.

公共卫生法的内容。

从立法角度看,基本医疗卫生与健康促进法第 15 条规定,基本医疗卫生服务从内容上包含维持健康所必需的疾病预防、诊疗、康复等,从结构上包括基本公共卫生服务和基本医疗服务两个方面;第 16 条对基本公共卫生服务作出规定,安全有效的公共卫生服务以健康危险防范、疾病预防控制为核心;第 17 条至第 19 条分别对重点领域的专项疾病防控、基本公共卫生服务的提供方式、卫生应急体系作出总体规定;第 20 条至第 28 条对传染病防治、免疫接种、慢性非传染病防治、职业卫生、妇幼保健、老年人健康保健、残疾人卫生保健、急病救治、精神卫生等事务作出具体规定;第五章和第六章分别对药品供应保障、健康促进、公共场所卫生等作出规定,总体上归入公共卫生立法的内容。与公共卫生服务的相关规定相区别,医事立法主要侧重对于医疗机构、医疗卫生人员的管理。同时,医事立法与医疗保障立法也不相同,①后者主要侧重社会保障的内容,以"医疗服务的可获得性"为目标。② 基本医疗卫生与健康促进法第 29 条至第 57 条对基本医疗服务作出规定。其中,第 29 条至第 33 条分别对基本医疗服务的提供方式、分级诊疗制度、家庭医生签约服务、知情同意权、受尊重权作出规定,第 34 条至第 50 条规定医疗卫生机构管理等内容,第 51 条至第 57 条规定医疗卫生人员执业相关事项。这些规定共同奠定了医事立法的基本框架。其中,第 32 条、第 43 条关于药物临床试验、医疗机构合理用药的规定,属于医事立法领域的药事管理,区别于第五章从公共卫生产品供给角度作出的药品供应保障规定。

《世界卫生组织组织法》(Constitution of the World Health Organization)第 2 条的组织功能规定,对"公共卫生"(public health)与"医疗服务"(medical care)进行了区分表述,③体现公共卫生与医疗事务的区别。公共卫生立法以传染病防治与突发公共卫生事件应急立法为核心,涵盖疾病防控、免疫接种、公共场所卫生、食品安全卫生、精神卫生、特殊群体卫生健康及职业病防治法律制度,为公共卫生与人民健康提供法治保障。医事立法主要包括医疗机构管理制度、医师法、医疗损害责任立法。其中,公共卫生立法在卫生法学中的定位是公共卫生管理,即通过公共卫生管理保障传染

---

① 参见陈云良主编:《卫生法学》,高等教育出版社 2019 年版,第 87 页。

② 参见满洪杰:《泰国〈全民健康保障法〉及其对我国医疗保障立法的启示》,《法学论坛》2016 年第 4 期,第 140 页。

③ Constitution of the World Health Organization, World Health Organization's website, https://apps.who.int/gb/bd/PDF/bd47/EN/constitution-en.pdf? ua=1, visited on October 20th, 2022.

病防治、突发公共卫生事件应急响应、食品卫生、职业病防治等工作的顺利推进,并立足新的社会需求,推进卫生法治的健全和完善。

从功能角度看,公共卫生立法侧重不同类型疾病的预防、筛查、应急处置,以急性传染病防治为核心,以慢性疾病防治为支撑,提升公共健康的整体水平。医事立法侧重医疗机构、医疗人员、医疗技术、医疗用品的管理,以患者诊断、治疗、康复为核心,以医疗卫生人员的权利保障为支撑。这两项立法从不同的角度,为人民生命健康保障提供规范支持。在规范设置方面,这两项立法均通过强制性规范与引导性规范设置,推动相应立法目标的实现。例如,传染病防治法关于"传染病预防控制预案""传染病的监测""疫点疫区现场控制"等的规定,①属于强制性规范,关于文明健康生活方式的规定属于引导性规范;医师法关于医师执业的规定属于强制性规范,关于下沉基层、公共场所急救服务、医疗意外保险等规定属于引导性规范。公共卫生立法的健全和完善,主要从疾病防控出发,围绕传染病线索的报告、疫源搜索、疫情警报发布、疫点与疫区的宣布、突发公共卫生事件应急管理、公共卫生征收征用、公共场所卫生保障、职业病防治、食品卫生安全、妇女儿童及青少年健康保障、精神疾病防治等方面展开。医事立法主要从医疗机构管理、医疗技术临床应用、医疗卫生人员管理、中药法律制度、药事管理、医疗行为规范出发,对关涉患者救治的机构、人员管理进行法律制度设计。公共卫生立法与医事立法的外延并不相同。

从学科角度看,公共卫生立法与医事立法相互区别,但也相互协调、相互配合,共同构成卫生法学的组成内容。卫生法学的主要研究方向为医事法、公共卫生法、医疗保障法、健康产品法。其中,医事法立足"医疗服务法律关系"调整,②探析有效规制医疗行为,调整患者与医疗服务提供者之间社会关系的科学方式。公共卫生法以政府部门、公众、公共卫生服务提供者之间的法律关系为调整对象,致力于有效防范传染性疾病,及时控制突发公共卫生事件,为人民健康提供卫生防疫保障,促进公共卫生事业的健康发展。医疗保障法以调整用人单位、政府、参保人之间的医疗保障法律关系为主要内容,以深化医疗保障改革为目标,形成覆盖医疗救助、健康保险、医疗保障项目等内容的体系。健康产品法以健康产品研发机构、生产销售企业与使用者之间法律关系的调整为核心,为人民健康权益的实现提供法治保

---

① 参见田侃、冯秀云主编:《卫生法学》,中国中医药出版社 2017 年版,第 17 页。

② 参见赵万一主编:《医事法概论:人道主义及其追求》,华中科技大学出版社 2019 年版,第 3 页。

障。随着我国经济社会的发展和人民对卫生健康要求的提高,围绕健康权保障所产生的法律关系日益多元化,卫生法学除研究行政主管部门与医药卫生服务提供者等行政相对人之间的法律关系之外,还探析医药企业、患者、保险公司、医药服务提供者等众多主体之间法律关系,研究规范医疗服务法律关系、医疗机构及人员的资格准入、医疗费用筹集等过程中产生的法律关系,涉及公共卫生服务、公共卫生产品分配、医疗服务等广泛内容。医疗卫生平等权、医疗知情同意权、健康社会保障权、紧急医疗救治权等健康社会权的实现,相辅相成、相互促进。从部门法属性角度看,公共卫生立法与医事立法都以行政管理规定为核心内容,体现"行政法"的部门法特征。① 例如,传染病防治法以卫生行政法律关系的调整为核心;医师法体现了行政法的管理与平衡理念,在强化对于医师执业行为管理的同时,充分保障其合法权益的实现。公共卫生立法与医事立法相辅相成,共同构成人民卫生健康保障的重要支撑。

从具体领域上看,公共卫生立法与医事立法存在交叉的领域,例如,母婴保健既是公共卫生立法领域特殊群体健康保护的重要内容,也是医事立法中医疗保健机构管理的组成部分。母婴保健法中有公共卫生立法内容,如第 24 条对婴儿预防接种、新生儿疾病筛查及常见病防治等的规定。母婴保健法当中的医事立法内容主要包括,第 7 条、第 8 条、第 14 条、第 15 条、第 20 条、第 23 条、第 24 条、第 30 条至第 32 条,对医疗保健机构的职责的规定;第 9 条、第 10 条、第 16 条至第 18 条、第 21 条、第 26 条,对医师执业规范的规定;第 19 条对患者知情同意的规定。母婴保健法的公共卫生立法与医事立法也存在交叉的地方,如第 24 条规定当中,既有关于医疗保健机构的规定,也有关于"预防接种"等公共卫生服务的内容。母婴保健的相关规定究竟应当归属于公共卫生法还是医事立法,目前没有确定的结论和统一的看法。从立法内容上看,公共卫生立法领域的母婴保健规定,侧重母婴疾病预防与生育健康保障,而医事立法中的母婴保健规定则主要针对医疗保健机构展开。这两项内容之间相互联系,医疗保健机构管理的良好状态是母婴健康促进的基础和前提,母婴保健离不开对于相关机构、人员等方面的监管和规制。也有观点认为母婴保健立法应当由医事立法统筹、公共卫生立法为辅助。事实上,母婴保健中的公共卫生立法与医事立法内容交叉而不重叠,二者分别对卫生服务和"妇幼保健机

① 参见[美]爱德华·P.理查兹、李广德:《作为行政法的公共卫生法》,《法治社会》2022 年第 2 期,第 48 页。

构”进行规定,①所规定的内容并不重复,母婴保健规定归入公共卫生立法或者医事立法领域,都可能衍生出新的问题,例如,如果将母婴保健法律规定全部归入公共卫生立法,医疗保健机构管理、医师执业规范等内容较难处理。如果将其全部归入医事立法领域,则预防接种等内容较难处理。从科学立法的客观角度看,采用并行模式而非一者为主一者为辅的处理模式相对更为妥当。在这一框架下,公共卫生立法的边界与外延并没有改变,仍是以公共卫生服务、疾病预防为主要内容展开相应的制度设计。

二、公共卫生立法与生物安全立法

从规范分析的角度看,公共卫生立法与生物安全法存在交叉。2021年,《中华人民共和国生物安全法》正式施行,在第二章“生物安全风险防控体制”部分,其中第15条规定,有重大新发突发传染病发生时,应当进行“生物安全风险调查评估”;第22条规定,如果“发生重大新发突发传染病”,则“应当组织开展调查溯源”。生物安全法第三章对重大新发突发传染病防控作出规定,第27条至第32条,分别对新发突发传染病监测、预测及防控措施、传染病报告、疫情防控职权配置、口岸传染病防控、动物源性传染病防治作出规定。生物安全法第五章对病原微生物实验活动进行规制,“根据病原微生物的传染性”等展开分类管理;第七章对防范生物恐怖袭击进行规定;在第八章生物安全能力建设部分,第70条规定了重大新发突发传染病防控的物资储备。除此之外,生物安全立法还对生物资源与人类遗传资源管理、生物技术安全等进行系统规定。生物安全相关专业设置以生物技术、动植物检疫、生物资源科学等内容为核心。生物安全立法侧重对于危险生物因子进行的管控,这里的危险因子既包括传染病病原体、病原微生物,也包括生物技术引发的危险及生物武器威胁等方面的内容。其中,生物安全法关于传染病报告、疫情防控职权配置、动物源性传染病防治等方面的规定,与公共卫生立法中的传染病防治规定存在交叉重叠的地方。

从立法实践角度看,世界范围内的生物安全国别立法主要有两种模式:一是从人体健康、动物健康、环境健康一体化角度进行的生物安全立法,二是从危险物品和有害生物管制出发,为国家生物安全提供保障。第一种立法从广义生物安全出发,形成了具有广泛覆盖面的立法内容,不论是环境因素,还是人类、动物、植物等因素,都构成生物安全立法的重要关涉。例如,

① 参见国家统计局社会科技和文化产业统计司编:《中国妇女儿童状况统计资料2018》,中国统计出版社2019年版,第1页。

《中华人民共和国生物安全法》第1条规定，生物安全立法的宗旨在于防范生物安全风险，保护生物资源、人民健康、生态环境。这对生物安全的相关影响因子进行了广泛和全面的界定。在具体领域的生物安全风险防控方面，生物安全法主要从新发突发传染病防控、动植物疫情防控、生物技术风险防控、病原微生物实验风险防控、生物资源与遗传资源信息风险防控、生物恐怖与生物武器威胁防范六个方面出发，推动生物安全能力建设。这六个方面可以分为三个领域：一是公共卫生立法领域，二是动植物防疫立法领域，三是生物技术与生物资源等领域的立法。从立法内容与作用的角度看，公共卫生安全、动植物安全、生物技术安全、生物资源安全都是生物安全的组成部分。2021年，《中华人民共和国动物防疫法》修订通过，对动物饲养、经营、屠宰、加工、运输、贮藏、无害化处理行为进行规制，对动物疫情的隔离控制等措施作出规定。同时，其与传染病防治法、野生动物保护法、国境卫生检疫法、进出境动植物检疫法、畜牧法等规定，共同为生物安全保障提供立法支持。第二种立法从狭义的生物安全出发，对危险物品进口、有害生物管理作出规定。例如，1993年颁布的新西兰《生物安全法》，第三章规定危险物品进口过程中的卫生标准、检查、申报，第四章规定监督和防范机制，第五章区分国家和地方有害生物管理措施并作出相应规定，第六章对职权配置、区域控制作出规定，第七章规定了生物安全紧急状态及临时管制措施。①

在上述两种立法模式下，形成了公共卫生立法与生物安全立法的不同关系状态。在第一种立法模式下，公共卫生立法归属于生物安全立法的组成部分，主要从动物源性疾病防控、"重大新发突发传染病"防治角度，②保障人体健康、生物安全。在第二种立法模式下，公共卫生立法与生物安全立法相互区别、各有侧重，公共卫生立法侧重疾病预防，生物安全立法侧重有害生物因素管理。

从理论分析的角度看，公共卫生立法与生物安全立法的关系存在三种不同的观点。第一种观点主张并行使用，即将二者视为维护国家安全的重要内容，相互替换、并行使用，强调生物安全与公共卫生安全都属于非传统安全的重要构成。对生物安全与公共卫生安全进行维护，是国家安全的重要基础，也是从长远上维护人类存续与发展的基本前提。从社会规制理论

① 参见葛志荣主编：《主要贸易国家动物检疫法律法规》，中国农业出版社2007年版，第1466—1469页。

② 参见黎志东：《生物安全概述》，西北大学出版社2021年版，第247页。

的角度看,“社会因素是抗击传染病的关键”,①公共卫生立法与生物安全法构成了有效应对和化解传染病疫情危机的着力点。第二种观点是主张“公共卫生安全是生物安全”的一部分,“生物安全、环境安全”等是国家安全的重要内容,②依次形成了一个具有包含与被包含关系的“安全体系”构成。③第三种观点主张区别使用,即强调公共卫生立法与生物安全立法有不同的侧重点,这两项立法存在差异,公共卫生法以保障公共健康为核心,侧重传染性与非传染性疾病预防,涉及特定国家、地区、社会的疾病预防、健康相关产品监管等广泛的内容。生物安全法则以保护生物资源为核心,从人和自然、人体健康和生态系统安全出发,针对生物技术、病原微生物实验、生物资源的采集和使用等方面进行规制,防范生物技术、生物武器、病原微生物、重大突发新发传染病对生物安全造成不良影响。

从致病机理的角度看,动物源性传染病、危险生物因子、生物恐怖袭击等生物安全法规制对象,同样也是引发传染病等公共卫生问题的因素。例如,作为生物安全法规制对象的“生物武器”,④主要是利用烈性病原微生物制作而成的生物制剂,通过人为投放等途径侵入动植物或人体造成损害。这一致病及传播行为是公共卫生立法的主要规制对象。病原体作用于人体的方式,也可能是经由动物宿主作用于具体人群,导致人畜共患传染疾病的发生。从在人畜共患传染病领域,生物安全立法与公共卫生立法存在密切的关联,尤其是在新发传染病的防范过程中,二者能够从不同的角度形成严密的生物安全风险防护网。因此,公共卫生立法与生物安全立法中交叉重叠的部分,较难清晰地界定区分开来。公共卫生立法与生物安全立法,是公共健康与公共安全的重要立法基础。

从“总体国家安全观”出发,建议从准用性规则设置角度,解决公共卫生立法与生物安全立法的交叉重叠问题。公共卫生立法与生物安全立法既不等同,也不是截然区分开来的不相联系的立法。上述关于公共卫生立法与生物安全立法关系的第一种主张并不妥当,第三种主张较难解决这两项立法关于传染病防控规定的交叉重叠问题。第二种观点关注了生物安全与

① Michael M.O.Seipel, The Social Factor: Key to Fighting Infectious Diseases, *International Social Work*, Vol.33, Issue 3, 1990, p.269.

② 参见赵皖平:《推动动物保护立法进程　保障人民群众生命健康安全》,《光明日报》2020年8月16日,第7版。

③ 参见李文良:《把生物安全纳入国家安全体系意味着什么》,《光明日报》2020年3月2日,第2版。

④ David P. Fidler, Lawrence O. Gostin, *Biosecurity in the Global Age: Biological Weapons, Public Health, and the Rule of Law*, Stanford University Press, 2007, p.1.

公共卫生安全的联系。但需要注意的是，一方面，公共卫生安全除涉及生物性因素之外，还包括非生物因素，如环境因素导致的职业疾病等，公共卫生立法的独有价值应当在立法实践中得到充分的体现；另一方面，需要通过在生物安全法的传染病防治部分，设置相应的准用性规则，也即规定传染病防治的相关事项援用公共卫生立法的相关规定，解决公共卫生立法与生物安全立法在疫情防控职权配置等方面规定的不一致。

三、公共卫生立法与环境资源立法

公共卫生立法与环境资源立法间的关系有两种不同的观点：第一种观点主张两项立法的相互区别，各不相同，强调公共卫生立法与环境资源立法的法律制度设计并不存在交叉重叠问题；第二种观点认为公共卫生立法的内容包含环境资源立法，随着公共卫生立法调整范围的扩大，“社会生态说”的环境监控等内容也纳入公共卫生立法领域。① 在实践当中，环境影响因子确实具有特殊性，其既是公共卫生立法的范围，也是环境资源立法的立足点。

从环境因素的角度看，公共卫生立法与环境资源立法，均与人民健康保障密切相连。这两项立法以环境健康为连接点，在环境污染所引发的疾病预防、涉及疫情的废物处理等方面，呈现出紧密的联系。公共健康保障离不开环境健康的支持，环境状况会直接影响到公共健康保护的实际效果。从实践方面看，公共卫生立法与环境资源立法的联系表现在两个方面：一是环境污染所导致疾病的预防，《中华人民共和国环境保护法》第 39 条对环境与健康监测制度、与环境污染有关的疾病防治作出规定；二是涉及疫情的废物处理，直接关系到传染病防治状况，也可能对生态环境保护造成影响。从理论方面看，希波克拉底提出“气候水土论”，强调“居民的用水情况”、土壤“或低而热，或高而寒，都与健康有关”；“在一年的不同季节”，应当“预告什么流行病将袭击该城”，深入“了解各种现象发生的环境条件”，并“预知下一年的气候和疾病流行特点”。② 在影响因素方面，公共卫生与环境资源领域，均受到物质条件、医疗水平、科技发展、社会交往等多重因素的影响。这些因素既可能直接作用于公共卫生领域，也可能通过环境因素间接作用于公共卫生发展；既可能产生积极效应，也可能产生负面效果。例如，物质条

① 参见李筱永：《公共卫生法治的制度逻辑》，《医学与哲学》2021 年第 11 期，第 65 页。

② ［古希腊］希波克拉底：《希波克拉底文集》，赵洪钧译，中国中医药出版社 2007 年版，第 15—16 页。

件越好，医疗水平越高，科学技术越进步，公共卫生状况总体上会越好，但这一过程中产生的环境污染，也可能引发公害疾病等新的问题。

但公共卫生立法与环境资源立法对于环境影响因子的关注并不相同，前者以环境卫生为核心，后者以环境质量为要义。环境卫生是公共卫生的影响因素之一。公共卫生立法的外延包含“传染病防治立法与五大卫生立法”。其中，五大卫生立法即指学校、食品、职业、环境、放射“五个方面的卫生立法”。[①] 从健康影响因素的角度看，环境、放射等因素可能引发相应的疾病。因此，环境卫生是公共卫生重要组成部分，公共场所环境卫生管理是公共卫生立法的重要内容。公共卫生是“种概念”，外延相对较大；环境卫生是“属概念”，范围相对较小。[②] 从机构职责设定的角度看，环境卫生监管“属于公共卫生行政执法”的范围，[③]公共卫生部门负责统筹环境卫生事务及消杀工作。2021 年，国家疾病预防控制局成立，下设环境健康处，从“以治病为中心”转变为疾病预防和人民健康为中心。钟南山院士指出，疾病防控覆盖医疗卫生、海洋、工业、农林行业等各个领域，需要“从更多角度和层面控制疾病”[④]。环境卫生是疾病预防控制的重要影响因素，也是公共卫生立法的重要内容。

2020 年 6 月，习近平总书记提出，要实现“从环境卫生治理向全面社会健康管理”[⑤]的发展和转型。这一转变与传统健康观向现代健康观的转变相结合，[⑥]共同推动公共卫生立法从重救治到重预防、从重外在环境到重人类健康的进阶。在环境因素方面，与公共卫生立法侧重环境卫生管理不同，环境资源立法主要以环境质量为核心，通过“环境影响评价”“环境质量监测”，[⑦]防范建设工程等活动对环境要素产生不良影响。在具体立法实践中，形成了以环境资源立法与环境质量标准为支撑的规则体系。在这一框架下，有关部门通过全国生态环境状况指数（EI）评价各地区的环境质量状况，区分生态环境质量“优”“良”“一般”“较差”“差”五类，汇总形成环境质

---

① 参见胡伟力：《传染病防治法制体系建设研究》，西南交通大学出版社 2021 年版，第 113 页。

② 参见《逻辑学辞典》编辑委员会编：《逻辑学辞典》，吉林人民出版社 1983 年版，第 800 页。

③ 参见周宜开主编：《中华医学百科全书 · 环境卫生学》，中国协和医科大学出版社 2017 年版，第 3 页。

④ 《疾病预防控制局机构设置》，中国政府网，http://www.nhc.gov.cn/jkj/pjgsz/lists.shtml，2022 年 1 月 10 日访问。

⑤ 《习近平谈治国理政》第四卷，外文出版社 2022 年版，第 334 页。

⑥ 参见唐钧、李军：《健康社会学视角下的整体健康观和健康管理》，《中国社会科学》2019 年第 8 期，第 130 页。

⑦ 叶文虎等：《环境质量评价学》，高等教育出版社 1994 年版，第 199 页。

量报告。环境质量除了与经济发展状况相关之外,也与“自然地理分布格局有很大的相关性”①,主要是从人与自然之间的关系出发,通过限制和约束人类活动,保护生态系统的可持续发展。

公共卫生立法与环境资源立法的侧重点、研究范式、立法目标及所应对的问题并不相同。第一,公共卫生立法主要侧重病原体监测,环境资源立法主要侧重污染物监测。第二,公共卫生立法与环境资源立法所遵循的研究范式亦不相同,公共卫生立法建立在“生物—心理—社会医学模式”基础上。② 环境资源法则关注自然规律,遵循生态法研究范式的基本要求。公共卫生立法与环境资源立法,分别从社会与生态两个方面,为人民生命健康提供法律保障。第三,公共卫生立法与环境资源立法的目标不同,公共卫生立法以疾病预防、卫生保健为目标,保障人们“有一个比较强健的体质”,在生活和工作中“保持完满的精神状态”,以及“良好的社会适应能力”。③ 公共卫生立法的目标既包括生理疾病预防与人体健康保障,也包括精神疾病预防与精神卫生保健。环境资源立法的目标则主要在于生态环境保护与环境健康保障。第四,公共卫生立法与环境资源立法所应对的问题不同,公共卫生立法从疾病预防出发,有效应对病原体可能引发的疫情传播问题。环境资源立法从污染防治出发,解决环境污染问题,实现“绿水青山”“美丽中国”的目标。

公共卫生立法与环境资源立法的逻辑并不相同,也不存在包含与被包含的关系。公共卫生立法的立足点在于公众健康保护,环境资源立法立足于生态环境与自然资源保护。如果一项活动不存在危害健康的可能性,无须公共卫生立法的介入,但可能基于对生态环境的危害而需要环境资源立法的规制。公共卫生立法主要针对传染性疾病、环境卫生等健康影响因素进行法律制度设计,通过传染病防治、突发公共卫生事件应急处置等举措,推动突发急性传染病救治、慢性疾病预防、职业病防治、特殊群体卫生健康保障。与之相区别,环境资源立法主要针对“各种环境危害因子”展开法律制度设计,④通过环境污染监测、生态环境修复、环境资源核算、环境影响评价等制度,防范人类活动对资源环境的污染或破坏。生态环境部门不仅有

① 中华人民共和国生态环境部编:《2017 中国环境质量报告》,中国环境出版集团 2019 年版,第 105 页。

② 参见邵永生:《医学人文》,东南大学出版社 2020 年版,第 128 页。

③ 达庆东等主编:《卫生法学纲要》,复旦大学出版社 2014 年版,第 1 页。

④ 参见周毅:《人口、资源、环境、经济、社会、科技可持续发展研究》,新华出版社 2015 年版,第 99 页。

权对危害人们生命健康的环境事件作出处置，还可以对破坏生态环境的行为本身做出处理。

四、公共卫生立法与民法典的健康权规定

在涉及健康权范畴的立法当中，公共卫生立法与民法典是其中的典型代表。区分公共卫生立法与民法典的健康权规定，是“后民法典时代”健全和完善公共卫生立法的基础和前提。① 健康权保护是公共卫生立法的出发点和落脚点，是公共卫生法律制度涉及的核心范畴。不论是常规状态的公共卫生服务规定，还是应急状态的突发公共卫生事件管理规范；不论是公共卫生设施还是公共卫生资源配置的相关法律规定，均以保障人民健康为终极目的。同时，作为人格权的组成部分，健康权是《中华人民共和国民法典》第四编第二章的重要内容。《民法典》第 990 条对包括健康权在内的人格权内容作出规定，其中，既包括物质性人格权范畴，也包含精神性人格权范畴。从属性上看，健康权属于物质性人格权的内容。根据《民法典》第 998 条的规定，对于健康权等物质性人格权侵害的认定具有直接性，而认定对于精神性人格权的侵害则需要考虑“行为人和受害人的职业”等相关因素。但不论是物质性人格权，还是精神性人格权，均以个体权利、私益保护为核心。

从总体上看，公共卫生立法与民法典对于健康权的保护采取不同的逻辑进路。公共卫生立法强调公共卫生秩序的建立和维护，其以公共利益为本位，为健康社会权利的实现提供支撑。民法典强调意思自治，其以个体利益为本位，促进个体健康与自由权利的实现。在具体权利领域，公共卫生立法以公共健康社会权利保护为核心，②强调公共卫生服务的可及性、公共卫生资源配置的公平性，侧重对公共健康这一社会公共利益的维护。正因为如此，学者指出应当加强“疫情防控的社会法治应对”③。民法典则以个体人身权利保护为关键，以人身自由与私权利保护为根本出发点。公共卫生立法形成不同于民法典的健康权保护路径。

具体而言，个体健康与公共健康分别受到公共卫生立法与民法典的调整与保护。民法典以个体健康保护为宗旨，以个体利益的保护和发展为立法目标，在私益保护的范围，维护个体的健康权利与人身自由。公共卫生立

---

① 参见申卫星主编：《民法典与医疗卫生健康事业：规则、原理与运用》，中国政法大学出版社 2022 年版，第 1 页。

② 参见陈云良：《健康权的规范构造》，《中国法学》2019 年第 5 期，第 67 页。

③ 蒋悟真：《疫情防控的社会法省察》，《政治与法律》2020 年第 4 期，第 14 页。

法以公共健康维护为立法宗旨,以确立公共卫生管理秩序为立法路径。其中,公共卫生管理秩序的建立本质上是为了实现维护人民健康的立法目的。《基本医疗卫生与健康促进法》第 1 条规定,"为发展医疗卫生与健康事业""制定本法";第 3 条规定,"医疗卫生与健康事业""为人民健康服务";第 5 条规定,"国家建立基本医疗卫生制度",保障公民"获得基本医疗卫生服务的权利"。《中华人民共和国传染病防治法》第 1 条规定,立法目的在于"保障人体健康和公共卫生"。公共卫生立法在公共利益保护的轨道上展开。除立法宗旨与立法目的体现公共健康保障要求之外,在具体的法律制度设计方面,公共卫生立法以维护人民健康为价值目标,设置相应的权利与义务、权力与责任,通过提供基本公共卫生服务,改造公共卫生设施,加强公共卫生产品供给,确保社会成员在疾病预防、治疗、康复、护理等方面,能够享有公平的卫生健康服务。约翰·科根在公共卫生规范性分析中,对于健康从个体转变公共问题进行了分析,强调"公共性"是公共卫生立法的重要属性。①

公共卫生立法以预防为核心,民法典以救济为核心。由于公共健康损害涉及范围的广泛性与不可逆转性,公共卫生立法的重要功能在于防范化解公共卫生风险。因此,疾病预防措施,是公共卫生立法的重心所在。通过事前预防,有效防范化解可能危害公共健康的潜在风险,是公共卫生立法的重要目标。同时,基于公共健康保障的立法目的,公共卫生立法的责任认定具有惩罚性而非补救性特征,其本质并不是对于个体私益的弥补,而是对于公共卫生秩序的维护。公共健康维护涉及不特定多数人的公共利益,公共卫生社会权利保障,在一定程度上需要打破事后救济的局限,突破"填平"原则的束缚,以"健康社会保障权"的预防性保护与惩罚性责任制度为核心,②推动公共健康风险预防。健康风险预防措施规定是否健全,直接关系到公共卫生立法在疾病预防与健康促进中实际效能的发挥。与公共卫生立法不同,以个体权利保护为导向的民法典,为私权利主体提供充分的救济途径。如果健康权受到侵害,侵权损害赔偿请求权的提出,以"填平"为原则,对于个体的私益损害进行事后救济。《民法典》第 1218 条规定的医疗损害责任,是从公民个体权利角度进行的制度设计。如果医疗机构侵犯了患者的合法权益,患者可以基于个体利益受到的损害提起私益之诉。

---

① John Coggon, *What Makes Health Public? A Critical Evaluation of Moral, Legal, and Political Claims in Public Health*, Cambridge University Press, 2012, p.1.

② 参见陈云良:《我国颁布首部公民健康权利保障书的重要意义》,《法制日报》2020 年 1 月 10 日,第 7 版。

民法典的权利类型化逻辑以绝对权与相对权为核心。绝对权与相对权的差异在于,前者的义务主体不特定,后者的义务主体特定。在财产权利方面,民法典形成了以物权和债权为主要内容的法律制度。物权属于绝对权,其对应的义务人是权利人以外的一切主体。债权属于相对权,负有保护债权的义务主体是债务人。在人身权利方面,不论人格权还是身份权都属于绝对权,其他人负有不侵害人身权利的义务。与绝对权及相对权分类相对应,形成积极义务与消极义务的法律条款设置。绝对权对应消极义务,义务的履行以不作为为特征,以不对合法权利进行干扰、侵犯、破坏为内容。相对权一般对应积极义务,义务主体要通过积极作为保障权利的充分实现。在民事法律关系领域,健康权的行使,以特定的权利人与不特定的义务人之间的法律关系为脉络,主要表现为义务人以不作为为行为模式,以禁止性的规范为行为准则,避免对他人的健康权利造成侵害。

公共卫生立法的类型化逻辑,呈现出不同于绝对权与相对权分类的特征。公共卫生立法,形成了"救济性、现实性、预防性权利"①保护模式,通过设置公共卫生应急措施、保障措施、预防措施,设定健康损害救治、健康危险控制、健康风险预防义务,有效应对已经出现的突发公共卫生事件,处置有证据表明可能发生的健康危险,防范潜在的公共卫生风险。在公共卫生立法领域,消极义务难以为人民生命安全与健康保护提供充分的支持。公共卫生立法的义务设定,以积极义务为核心,以命令性的规范为规则逻辑,强调积极作为保护公共健康,防范传染病疫情。这里的积极作为义务既包括公共卫生行政主管部门的法定职责,也包括医疗机构等主体的救治义务。救济性、现实性、预防性权利的类型化逻辑,进一步将积极义务的规定提前至"治未病"的阶段,对于疾病防治而言,"惟其不能防微,则势必至于渐盛"②。公共卫生立法的类型化逻辑具有特殊性,其以公共卫生管理秩序为支撑,为疾病预防提供充分的公共卫生产品等保障条件。

公共卫生产品不同于民法领域的商品,公共卫生产品供给并不以追逐私益与市场利润为导向,而是以健康社会权利为核心,以公共健康保障为目标,以健康公平为导向,维护疫苗等产品供给的公共秩序。产品与商品的区分不在于"使用价值",而在于"交换关系"。③ 区别于产品,商品以市场交易、流通、交换为基本特点。公共卫生产品的价值不在于市场交易和盈利,

① 任颖:《环境健康风险治理研究:法理基础、类型分析与制度建设》,人民出版社2019年版,第72页。

② (明)张景岳:《杂证谟》,中国医药科技出版社2017年版,第117页。

③ 参见孙冶方:《社会主义经济论稿》,商务印书馆2017年版,第368页。

而在于公共利益保护。公共卫生产品本质上属于公共产品的范畴，公共卫生产品供给以公共健康保障作为首要价值追求。

第二节　公共卫生立法的内容构成

公共卫生立法的内容主要是传染性疾病、非传染性疾病、职业病防治，以及健康促进与卫生保健相关规定。其中，传染性疾病分为甲类、乙类、丙类三个法定类型，依照传染病防治法规定的法定措施进行防控，如非典型肺炎、新冠病毒感染等；非传染性疾病包括癌症、心脑血管疾病、慢性呼吸系统疾病、精神类疾病等；职业病包括传染性疾病和非传染性疾病两类，前者如职业性森林脑炎、莱姆病等，后者如尘肺病、过敏性肺炎等。

一、传染病防治立法与突发公共卫生事件应急管理立法

公共卫生立法中最为核心的是传染病防治立法与突发公共卫生事件应急管理立法。传染病防治立法的覆盖面较广，根据对公众健康造成的影响程度，区分甲类、乙类、丙类传染病，分别采取相应的防控措施。突发公共卫生事件是可能对公众健康造成严重影响的事件。突发公共卫生事件应急管理立法，对可能严重损害公众健康的重大突发传染病疫情、重大食物和职业中毒等事件，设定相应的应急措施。除重大传染病疫情之外，突发公共卫生事件还包括重大食物和职业中毒、群体性不明原因疾病，以及由灾害、事故、社会安全等引发的对于身心健康造成严重影响的事件。不论是由病原体引发，还是由食品污染、自然灾害、有毒物质、职业原因等引发的突发公共卫生事件，均具有共同的特征。第一项特征是对公众健康可能造成危害的严重性，二是事件本身的偶然性与难以预测性。尽管突发公共卫生事件的范围并不局限于传染病防控领域，但在传染病疫情防控领域，从调整对象与调整范围的角度看，突发公共卫生事件应急管理立法与传染病防治立法，属于特别法与一般法的关系。传染病防治过程中，在没有出现法律冲突的情况下，这两项立法同时适用、并行不悖。在出现冲突时，对于同一位阶、同一国家机关制定的法律规范，如《中华人民共和国突发事件应对法》与《中华人民共和国传染病防治法》，遵循“特别法优于一般法”的原则，[①]应当适用《中华人民共和国突发事件应对法》的规定。对于不同位阶的法律规范，如《突发公共卫生事件应急条例》与《中华人民共和国传染病防治法》，遵循上位

---

① 参见刘志刚：《法律规范的冲突解决规则》，复旦大学出版社 2012 年版，第 117 页。

法优于下位法的原则，法律的位阶高于行政法规，应当适用《中华人民共和国传染病防治法》的规定。

传染病防治立法主要包括预防、控制、救治、监督四个方面的内容。①其中，传染病预防规定主要包括疫苗接种、传染病监测、预警、流行趋势预测等方面，传染病控制规定可以再次分为传染病疫情报告、强制隔离、医学观察、疫区宣布或封锁、限制或停止聚集活动、封闭相关场所或公共饮用水源、封存相关物品、控制或扑杀染疫动物、交通卫生检疫等措施，传染病救治规定主要包括传染病医院设置、方舱医院建设、缓冲病房管理、医疗机构改造及建筑设施要求、预检、接诊、转诊、分诊制度等，传染病监督管理主要指卫生行政机关通过调查、处罚、限期改正等措施，监督相关主体是否遵守传染病防治规定，在流调、隔离、管控措施执行的过程中，是否对行政相对人的隐私权等合法权益造成了侵害。

突发公共卫生事件应急管理立法主要包括预案、储备、演练、预警、报告、发布、处置、补偿八个方面的内容。其中，突发公共卫生事件应急预案规定包括政府部门预案与基层组织预案，政府部门预案可以再次分为总体预案、专项预案、部门预案三个方面。国家、省级、市级、县级、乡级的总体应急预案均以宏观布局与总体保障为特征，但在针对特定活动的专项应急预案、针对特定领域的部门应急预案方面，国家、省级、市级、县级、乡级的预案呈现不同的特征，分别侧重政策引导、决策指挥、“应急救援和先期处置”工作。② 基层组织预案的制定主体涉及面广泛，既有机关、企事业单位的参加，也有基层群众性自治组织、社会团体等主体的参与，从具体的责任落实、信息通报、现场处置、资源配置、救助方法、疏散路线拟定出发，制定推进突发公共卫生事件应急管理操作预案。突发公共卫生事件应急储备主要包括人员、场所、设施、设备、技术、药品、器械、其他工具及物资储备。突发公共卫生事件应急演练主要包括实战与推演、定期与临时应急演练、演练评估。突发公共卫生事件预警主要包括突发公共卫生事件发生前基于危险产生做出的预警，以及突发公共卫生事件发生后对变化趋势做出的预警。突发公共卫生事件应急报告的法定主体，主要包括政府、突发公共卫生事件监测机构、卫生行政部门、检验检疫机构、医疗卫生机构，以及疾病预防控制人员、检疫人员、医务人员、私人诊所的个体开业的医生。这些主体有法定义务如实、及时报告突发公共卫生事件情况。突发公共卫生事件信息发布包括国

---

① 参见田侃、何宁主编：《卫生法规》，上海科学技术出版社 2017 年版，第 20 页。

② 参见李宗浩主编：《中国灾害救援医学》（下册），天津科学技术出版社 2014 年版，第 2193 页。

家卫健委直接发布和授权省级政府卫健委发布信息两类。突发公共卫生事件应急处置主要包括应急指挥、物资调配、疫区控制、交通卫生检疫、观察治疗。突发公共卫生事件结束后的处理措施主要包括征用补偿、人员补助及系统评估，形成“及时有效预防、控制”突发公共卫生事件的制度体系。①

在具体规定方面，传染病防治立法主要包括《中华人民共和国传染病防治法》《中华人民共和国国境卫生检疫法》《传染病防治法实施办法》《国境口岸卫生许可管理办法》《艾滋病防治条例》《血吸虫病防治条例》《结核病防治管理办法》。其中，《中华人民共和国传染病防治法》《中华人民共和国国境卫生检疫法》属于法律层级，《传染病防治法实施办法》《艾滋病防治条例》《血吸虫病防治条例》属于行政法规，《国境口岸卫生许可管理办法》《结核病防治管理办法》属于部门规章。

突发公共卫生事件应急管理立法主要包括《中华人民共和国突发事件应对法》《突发公共卫生事件应急条例》《突发事件应急预案管理办法》《国家突发公共事件总体应急预案》《国家突发公共卫生事件应急预案》。其中，《中华人民共和国突发事件应对法》属于法律层级，《突发公共卫生事件应急条例》属于行政法规，《突发事件应急预案管理办法》《国家突发公共卫生事件应急预案》《国家突发公共事件总体应急预案》属于国务院发布的规范性文件。按照法律冲突的解决原则，当下位法与上位法规定不一致时，应当采用上位法的规定。但从已有立法与社会现实的契合度看，存在一些上位法规定不再适应社会变化的现象，例如，《中华人民共和国突发事件应对法》于 2007 年通过，《突发公共卫生事件应急条例》于 2011 年修订。尽管从规范层级上看，突发事件应对法应当优先于《突发公共卫生事件应急条例》的适用，但由于突发事件应对法中的部分规定与当下防疫要求不相适应，适用上位法的规定不能满足当前疫情防控的现实需求。一方面，需要通过法律修改，使上位法的规定适应疫情防控的现实要求，目前“突发事件应对法拟全面修订”②；另一方面，在疫情防控新形势下，需要对公共卫生立法进行系统梳理和优化，解决上位法与下位法之间的矛盾，以及“下位法之间的冲突”③。

① 参见黄萍主编：《社区护理学》，江苏大学出版社 2018 年版，第 62 页。

② 宫宜希：《依法防控　依法治理：突发事件应对法拟全面修订》，《中国人大》2022 年第 3 期，第 51 页。

③ 林来梵：《从宪法规范到规范宪法》，商务印书馆 2017 年版，第 354 页。

二、特定行业公共卫生立法与特殊群体卫生保健立法

除传染病防治与突发公共卫生事件应急管理立法之外，基本公共卫生服务还包括特定行业与特殊群体的卫生保障内容。在不同立法之间的关系上，特定行业公共卫生立法与特殊群体卫生保健立法主要侧重非传染性疾病防治，尽管职业病既包括森林脑炎等职业性传染病，也包括尘肺病等非传染性疾病，但其中的传染病防治工作主要适用传染病防治相关法律规范，《中华人民共和国职业病防治法》等规定中没有专项的传染病防治条款。从健康影响的严重程度上看，对公众健康的影响没有达到重大程度的职业卫生安全事件，适用特定行业公共卫生立法与特殊群体卫生保健的规定。可能对公众健康造成严重影响的食物和职业中毒事件，触发突发公共卫生事件应急管理程序，适用突发公共卫生事件应急管理立法的规定。从内容上看，特定行业公共卫生立法与特殊群体卫生保健立法主要包括两个方面的内容：一是急性非传染病的预防控制，如急性职业中毒、急性外伤等；二是"非传染性慢性病"的预防控制与健康促进，①如慢性放射病、慢性阻塞性肺疾病、高血压、糖尿病等的防治规定。

特定行业公共卫生立法主要是指职业卫生立法，其以职业病防治法律制度为核心。特殊群体卫生保健立法包括精神障碍患者、儿童、孕产妇、老年人、残疾人、慢性疾病患者的卫生健康保障，以精神卫生法律制度、儿童保健规定、母婴保健法律制度、老年人健康管理制度、残疾人康复保障体系、慢性疾病防治与健康促进制度为核心内容。基本医疗卫生与健康促进法对特定行业公共卫生与特殊群体卫生保健作出总体规定。在特定行业公共卫生立法方面，《基本医疗卫生与健康促进法》第 23 条规定要加强职业健康保护，控制职业病危害因素。在特殊群体卫生保健立法方面，《基本医疗卫生与健康促进法》第 24 条至第 28 条，分别对妇幼健康服务体系建设、老年人保健、残疾预防和残疾人康复、院前急救体系、精神卫生服务体系建设作出规定。

在具体领域的立法方面，职业病防治立法主要包括《中华人民共和国职业病防治法》《中华人民共和国尘肺病防治条例》《职业健康检查管理办法》《工作场所职业卫生管理规定》《职业病危害项目申报办法》等规定。其中，《中华人民共和国职业病防治法》为全国人大常委会通过的一般法，于

① 参见[美]罗德尼·迪塔特：《微生物改变命运》，李秦川译，生活·读书·新知三联书店 2020 年版，第 137 页。

2001 年通过，2011 年、2016 年、2017 年、2018 年分别进行了四次修正。其中，在总则部分确立了用人单位的职业病防治责任，行政机关对相关责任的落实进行领导、监督、协调；第二章对职业病危害的前期预防、项目申报、防护设施、预评价制度作出规定；第三章规定劳动过程中“职业病防治管理措施”，包括应急救援预案、救治措施、撤离通道、说明及警示义务、职业卫生保护权利、健康监护档案、危害因素监测及评价、操作规程等；第四章对职业病诊断与职业病病人保障作出规定；第五章和第六章分别是关于监督检查和法律责任的规定。

《中华人民共和国尘肺病防治条例》是国务院于 1987 年通过的行政法规，是针对特定职业病类型作出的专项规定。《职业健康检查管理办法》是原国家卫计委于 2015 年通过的部门规章。这两项规章分别对职业病危害事故的类型、报告、处理，以及职业健康检查的机构、类型、项目、档案、监督等制度作出规定。《工作场所职业卫生管理规定》是国家卫健委于 2020 年通过的部门规章，替换 2012 年国家安全生产监督管理总局通过的《工作场所职业卫生监督管理规定》，调整职业病危害因素监测频次为每三年至少进行一次监测。《职业病危害项目申报办法》是国家安全生产监督管理总局于 2012 年通过的部门规章，替换原来的《作业场所职业危害申报管理办法》，目前相关修订工作正在进行当中。此外，还有针对建设项目的职业病风险专项防治规定。2021 年，国家卫健委对 2012 年版的部门规章进行了系统修订，拓展了该规章的适用范围，调整了建设项目职业病危害风险等级设置，增加了农业、建筑业、水产品加工等行业的职业病风险管控规定，并且，补充了“兜底性条款”，①如果所属行业存在职业病危害但未纳入该目录范围的，可通过“职业病危害评价”确定相应的风险类别。②

特殊群体卫生保健立法主要包括精神障碍患者权益保障、儿童疾病预防与健康促进、老年人卫生保健、残疾预防和残疾人康复、慢性病患者的健康管理规定。《中华人民共和国精神卫生法》于 2012 年通过，2018 年修正，以保障心理健康为立法宗旨，一方面，预防精神障碍的发生，另一方面，促进精神障碍患者的治疗、康复。其中，第 14 条规定，应当将心理援助纳入突发事件应急预案内容当中；第 28 条规定了对危及人身的疑似精神障碍患者应当采取的法定措施，在有危及自身或他人安全的行为或危险出现时，应当进

---

① 参见张训：《法律的脸谱》，上海三联书店 2018 年版，第 3 页。

② 《国家卫生健康委办公厅关于公布建设项目职业病危害风险分类管理目录的通知》，中国政府网，http://www.gov.cn/zhengce/zhengceku/2021-03/22/content_5594603.htm，2021 年 12 月 2 日访问。

行强制治疗；第 30 条规定，严重精神障碍患者出现前述危险情形的应当强制实施治疗，其他情况下的精神障碍患者治疗遵循自愿原则；第 43 条规定，对精神障碍患者采取特定治疗措施的，应当履行告知义务，并按要求取得书面同意或获得批准。此外，还有《严重精神障碍管理治疗工作规范》《精神障碍诊疗规范（2020 年版）》等规范性文件设置了相应的诊疗标准，为精神障碍患者的合法权益保障提供支持。

《中小学生健康体检管理办法》《托儿所幼儿园卫生保健管理办法》《综合防控儿童青少年近视实施方案》《儿童青少年肥胖防控实施方案》等规范性文件，对儿童疾病预防与健康促进作出规定。2021 年，国家卫健委和教育部对 2008 年印发的《中小学生健康体检管理办法》进行了修订，规定了组织在校学生健康体检的主体、频次、项目、信息管理等内容。《托儿所幼儿园卫生保健管理办法》对招收 0~6 岁儿童的托幼机构的管理制度作出规定。2018 年多部门联合印发《综合防控儿童青少年近视实施方案》，2020 年多部门联合发布《儿童青少年肥胖防控实施方案》，以促进儿童健康成长为目标，对相关领域的疾病防控工作作出专项规定。《中华人民共和国老年人权益保障法》《中国健康老年人标准》规定了老年人卫生保健制度。老年人权益保障法第 4 条规定，国家和社会要采取措施保障老年人健康；第 50 条规定，老年人健康管理、老年人常见病预防等项目应当纳入基本公共卫生服务范围，鼓励护理、保健、临终关怀等服务的发展。《中国健康老年人标准》以标准文件的形式为老年人健康保障提供指引。① 《残疾预防和残疾人康复条例》以行政法规形式，规定政府、康复机构、医疗卫生机构等主体在残疾人权益保障领域的义务和责任。《高血压患者健康管理服务规范》《国家基层高血压防治管理指南（2020 版）》《2 型糖尿病患者健康管理服务规范》《中国糖尿病健康管理规范（2020）》《国家基层糖尿病防治管理指南（2022）》等对慢性病患者的健康管理作出规定。"特殊群体疾病"防治立法，②是公共健康法治保障的重要组成部分。

三、公共场所卫生立法与健康相关产品立法

从功能上看，公共场所卫生立法与健康相关产品立法，是应急状态与常规状态健康权益保障的重要支持。在应急状态下，公共场所管理、健康相关

① 参见刘家全：《健康的革命》，军事医学科学出版社 2004 年版，第 9 页。

② 参见中央党校社会学教研室编：《公共安全体系建设与发展》（上册），环球出版社 2005 年版，第 28 页。

产品管控直接关系到病原体传播的阻断效果。在常规状态下，公共场所卫生立法与健康相关产品立法，是防范健康危害的重要保障。与传染病防治立法、突发公共卫生事件应急管理立法、特定行业公共卫生立法、特殊群体卫生保健立法不同的是，公共场所卫生立法与健康相关产品立法具有媒介属性，其并不是通过直接提供公共卫生服务的方式促进健康，而是以媒介、载体的形式，对于公共健康保障起到间接的促进作用。虽然公共场所卫生安全与健康相关产品监管并不属于基本公共卫生服务的范围，但离开了这两个方面的法律保障，会影响到疾病预防控制与健康促进目标的实现。因此，从公共健康保护这一立法宗旨出发，公共场所卫生立法与健康相关产品立法应当归入公共卫生立法的内容。

从范围上看，公共场所包括社区、景区、公园、游乐场、公共交通、农贸市场、餐饮服务单位、商场、宾馆、电影院、展览馆、图书馆、体育馆、理发店、健身房等，存在“交叉感染风险的公众聚集活动”的场所。① 健康相关产品与医疗用品并不相同，前者是除医疗用品以外的、其他与健康保障相关的产品，主要包括食品、消毒产品、药品、涉及饮用水卫生安全产品；后者主要包括医疗器械、医用耗材等。其中，药品较为特殊，不管是公共卫生还是医疗卫生领域均涉及药品的使用和管理。但公共卫生与医疗卫生领域的药品相关规定存在差异。公共卫生领域侧重药品管理，医疗卫生领域侧重药事管理。也即，与公共卫生领域产品供给角度的药品管理规定不同，医事立法主要针对药品的采购、使用、配发等药事管理作出规定。此外，还有将医疗器械卫生管理归入公共卫生立法的主张。事实上，医疗器械管理的相关规定，如行政法规层级的《医疗器械监督管理条例》、部门规章层级的《医疗器械临床试验质量管理规范》《医疗器械使用质量监督管理办法》《大型医用设备配置与使用管理办法》，应当归入医事立法的范围。从规则制定的角度看，《医疗器械消毒剂卫生要求》《消毒药械和医疗卫生用品审批程序》属于公共卫生立法的范围，但其是针对消毒剂、消毒器械等产品卫生管理而非医疗器械作出的规定。应急物资的范围既包括医疗用品，也包括健康相关产品，涵盖“医疗疫苗”“医疗药品”“防护用具”“消杀药品”“实验用试剂”等产品。②

公共场所卫生立法的重心在于公共场所健康防护。从内容上看，公共

① 参见周绿林等主编：《新冠肺炎突发疫情的社区防控：组织与管理》，江苏大学出版社 2020 年版，第 73 页。

② 参见王松强主编：《智慧城市之公共卫生信息服务》（下册），北京理工大学出版社 2018 年版，第 353 页。

场所卫生立法可以分为适用于所有公共场所的一般规定，以及针对特定场所卫生安全的特别规定。前者主要包括《公共场所卫生管理条例》，后者主要包括《学校卫生工作条例》。随着《学校卫生工作条例》的发布，《中、小学卫生工作暂行规定（草案）》《高等学校卫生工作暂行规定（草案）》同时废止。从空间效力上看，公共场所卫生立法可以分为适用于全国的规定，以及在特定行政区划适用的地方立法。上述《公共场所卫生管理条例》《学校卫生工作条例》属于在全国范围内适用的规定，《重庆市公共场所控制吸烟条例》《广州市控制吸烟条例》《天津市控制吸烟条例》等仅在相应的行政区划范围内适用。

目前公共场所卫生立法领域的激励性、引导性规范设置相对较为欠缺。《公共场所卫生管理条例》是国务院于 1987 年通过的行政法规，2016 年、2019 年经过了两次修改。《公共场所卫生管理条例》共有 19 条规定，"为创造良好的公共场所卫生条件"提供法律保障。其中，第 1 条至第 4 条分别对立法目的、公共场所的范围、卫生标准、卫生许可作出规定，第 5 条至第 9 条规定公共场所的主管部门、经营单位的卫生管理责任，第 10 条至第 13 条对卫生防疫机构的卫生监督制度作出规定；第 14 条至第 17 条规定违反该条例所应当承担的法律责任，第 18 条及第 19 条是关于条例实施细则、生效时间的规定。《学校卫生工作条例》是国务院于 1990 年通过的行政法规，仅适用于"学校卫生工作"领域，共 41 条规定，为学校教育领域的公共卫生安全提供法治保障。《学校卫生工作条例》第 4 条规定，学校卫生工作由教育行政部门负责，卫生行政部门予以监督、指导；第 8 条对学校卫生法律制度作出规定，通过学校环境卫生与学生个人卫生管理，达到促进健康的法律目的。在公共场所控制吸烟的法律规定方面，原国家卫计委起草的《公共场所控制吸烟条例》，截至目前尚未获批实施。在公共场所控烟方面，主要适用地方立法加以规制。北京、天津、上海、广州、深圳、重庆、杭州、大连、兰州、福州、成都等地方人大常委会，制定公共场所控制吸烟条例，明确了禁止吸烟的室内场所、室外区域等规范内容，为公共场所卫生管理提供保障。

健康产品指的是在"维持和促进人体健康及生命安全"的过程中，所必需的"药品""食品"等产品，其中，也包括"保健食品""化妆品"在内。从属性上看，保健食品属于食品而非药品。在健康产品管理领域，一方面，安全是法律的"最低要求"，长期以来，"健康产品安全问题"呈现出"严重性""复杂性""敏感性"等特点，要求法律"对健康产品安全实行最严格的监管"①；另

① 徐景和：《食品安全治理创新研究》，华东理工大学出版社 2017 年版，第 182—184 页。

一方面，在特定的防疫阶段，健康产品供给构成了公共卫生立法的侧重点。

在健康相关产品当中，最为基础的是食品和涉水产品。不论应急状态还是常规状态，不论哪一行业、领域、群体抑或个人，其健康保障都“离不开食品安全”的支持。[①] 基本医疗卫生与健康促进法第 73 条对食品、饮用水安全监管作出规定。食品安全立法主要包括《中华人民共和国食品安全法》《中华人民共和国食品安全法实施条例》《食品安全抽样检验管理办法》《学校食品安全与营养健康管理规定》等。《中华人民共和国食品安全法》是全国人大常委会于 2009 年通过的一般法，食品安全法生效，原有的食品卫生法宣告废止。《中华人民共和国食品安全法》分别于 2015 年、2018 年、2021 年进行了三次修订。其中，第一章总则部分，明确了食品生产经营者的主体责任，国务院食品安全监督管理部门对相关工作进行监督管理，国家卫健委负责食品安全风险监测、评估工作的组织和推进，县级以上地方政府建立相应的监督管理责任制度，落实具体的食品安全监管职责；第二章规定食品安全风险的监测、评估制度，确立食品安全风险信息通报制度；第三章至第六章分别对食品安全标准、生产经营、检验、进出口作出规定；第七章规定食品安全事故应急预案、分级处置、预防预警等内容，明确了事故单位、医疗机构、政府、食品安全监督管理部门、卫生行政部门的报告义务。《食品安全法实施条例》是国务院于 2009 年通过的行政法规，2016 年、2019 年进行了修订。《食品安全抽样检验管理办法》是国家市场监督管理总局于 2019 年颁布的部门规章，替换了原国家食品药品监督管理总局的规章内容，2022 年进行了修改。《学校食品安全与营养健康管理规定》属于多部门联合制定的部门规章，于 2019 年起施行。涉水产品指的是“涉及饮用水卫生安全的产品”[②]，其主要包括输配水设备、防护材料、水质处理器、饮用水化学处理剂等产品。《生活饮用水卫生规范》规定，由卫生行政部门监督规范的实施，对集中式供水单位的人员、水源、卫生等作出系统规定，以确保饮用水卫生安全。

其他健康相关产品主要包括药品、疫苗、消毒产品、化妆品等。《中华人民共和国药品管理法》于 1984 年通过，2001 年、2013 年、2015 年、2019 年进行了四次修改，其中包括两次修订、两次修正。根据修改内容的不同，可以分为修订（revise）和修正（correct），前者为系统修改，后者为局部修改。

---

① 参见任端平等：《新食品安全法及配套规章理解适用与案例解读》，中国民主法制出版社 2016 年版，第 8 页。

② 黎源倩主编：《中华医学百科全书 · 卫生检验学》，中国协和医科大学出版社 2017 年版，第 62 页。

经过局部修正与系统修订，建立了以人民健康为中心的药品管理责任制度、追溯制度、警诫制度等。《药品管理法》第4条规定，充分发挥药品在预防、保健、医疗领域的作用。药品管理制度横跨公共卫生立法与医事立法的范围。《药品管理法》第二章"药品研制和注册"规定、第五章"药品经营"规定，以及第七章的"药品上市后管理"、第八章"药品价格和广告"相关规定当中，涉及医疗机构药物临床试验、药品采购、使用的规定，需要遵循医院药物临床试验机构、医疗机构药事管理等医事法律规范；①第六章的医疗机构药事管理，属于医事立法的范围；其他条款的规定属于公共卫生立法药品供应保障的内容。《中华人民共和国疫苗管理法》对疫苗研发、注册、生产、流通、接种、监测、管理等作出规定。消毒产品的管理规定方面，《中华人民共和国传染病防治法》第29条规定，传染病防治领域的消毒产品应当符合相关卫生规范、标准；《消毒管理办法》对消毒产品生产经营监管、消毒卫生及消毒服务机构管理作出规定。2020年，国务院通过《化妆品监督管理条例》，废止《化妆品卫生监督条例》，以保护消费者健康为立法宗旨，对化妆品的原材料、普通产品、特殊产品、功效宣传、安全评估、注册备案、进货查验、市场交易等环节进行严格监督管理。健康相关产品立法日益受到重视，但其中也存在不适应当前疫情防控要求的情形，需要加以修改完善。

第三节　公共卫生立法的基本范畴

"法学范畴体系"包括本体论范畴、客体论范畴、价值论范畴、主体论范畴、进化论范畴、运行论范畴6个方面。其中，本体论范畴是对于"法的存在及其本质的认识和概括"，主要包括"权利、义务"等内容；客体论范畴"反映法律客体的法律属性"②，主要包括人格、行为、物；价值论范畴反映出人们对法律的需要、评价和态度，主要包括秩序、自由、正义、效率、福利等。对于权力范畴的归属存在两种不同的观点：一是认为权力应当归入客体论范畴，二是认为权力应当归入本体论范畴。从立法的出发点角度看，权利与权力应当归入同一范畴，授予权力与赋予权利相辅相成、密不可分，"授予新的权力"的过程能够"有利于这些权利的行使"。③ 从本质上看，权利与权力均应归入本体论范畴，对公权力行使进行规定的立法

① 参见程国华等主编：《药物临床试验管理学》，中国医药科技出版社2020年版，第257页。

② 张文显：《法学基本范畴研究》，中国政法大学出版社1993年版，第8—9页。

③ ［英］约瑟夫·拉兹：《法律体系的概念》，吴玉章译，商务印书馆2018年版，第279—280页。

归入公法，仅对私权利主体作出规定的立法原则上属于私法。本部分从本体论范畴、客体论范畴、价值论范畴三个方面出发，对公共卫生立法的基本范畴进行分析。公共卫生立法的基本范畴，包括以健康权利为核心的本体论范畴、以公共卫生服务为核心的客体论范畴、以卫生公平为核心的价值论范畴。

一、本体论范畴：健康权、公共卫生管理权、参与权及相应义务

公共卫生立法的本体论范畴是权利与权力的综合体。① 权利与义务是法学的核心范畴，也是法律关系的主要内容构成。以人民的生命安全和健康为中心，公共卫生立法的核心在于关涉公共健康保障的权利、权力及对应的义务设置。公共卫生立法以权利、权力、义务的设置为切入点，对相应的社会关系进行调整。经过公共卫生立法调整的社会关系形成公共卫生法律关系。在此基础上，通过对既定公共卫生法律关系的调整，促进公共卫生领域矛盾的解决，从根本上解决人民日益增长的健康需求与公共卫生体系发展不平衡不充分之间的矛盾。其中，权利的实现与权力的行使是由相应的义务履行支撑起来的。如果权利受侵害、权力被滥用、秩序被违反，相应的义务没有履行或没有完全履行，就会产生法律责任。从内容的角度看，公共卫生领域的权利、权力、义务设置，构成了公共卫生法律关系的主要内容。公共卫生立法的引导、规范、保障作用的发挥，以对公共卫生法律关系的调整为脉络。从主体的角度看，公共卫生法律关系所涉及的主体众多，其中既有公共卫生行政管理机构与相对人之间的关系，也包含了自然人与公共卫生服务机构之间的法律关系，还包括基层群众性自治组织等参与公共卫生管理活动的主体与居民之间的法律关系。

以疾病预防与健康促进为导向，公共卫生立法本体论范畴主要包括健康权、公共卫生管理权、参与权，以及其所对应的义务和责任。其中，健康权保障是公共卫生立法的根本立足点，公共卫生管理权是人民生命健康安全的重要保障。公共卫生领域参与权利和义务的主体，主要包括基层群众性自治组织、第三方机构等。这些主体积极参与疫情防控等公共卫生管理过程，一方面，能够解决执法资源有限与人民日益增长的健康需求之间的矛盾，另一方面，可以对公共卫生执法过程进行监督，形成保障公共健康的强大合力。健康权利对应的义务，是国家和政府提供卫生健康保障条件的义务。公共卫生管理权对应的义务，是自然人、经营者等组织主体遵守公共卫

① 参见杨彤丹：《权力与权利的纠结：以公共健康为名》，法律出版社 2014 年版，第 1 页。

生管理秩序的义务。在常规状态下，公共卫生领域的参与制度包含两个方面：第一，基层群众性自治组织是负有参与义务的主体，《传染病防治法》第9条第二款规定，居委会、村委会应当组织主体参与传染病防治；第二，其他单位和个人有权利参与公共卫生工作，所对应的是政府负有完善参与制度，提供便利渠道的义务。

健康权是“当代卫生法的基石”①。健康权内涵即健康利益保障。“健康权是一种利益”，健康利益“伴人而来”，并且，“无时无刻不影响着人的生活质量”。② 健康权是一切权利的基础，也是所有立法的基石。关于健康的定义，经历了从没有疾病的最低要求，到生理健康与心理健康，再到良好的社会适应能力的发展。健康权的外延，主要体现在《世界人权宣言》《经济、社会及文化权利国际公约》的规定当中。《世界人权宣言》第25条第一款规定，人人有权享受维持“健康和福利所需的生活水准”，健康权表现为获得食品等“必要的社会服务”的权利；第二款对母亲和儿童获得“特别照顾”的权利作出规定。③《经济、社会及文化权利国际公约》第12条，第一款对“享有能达到的最高的体质和心理健康标准”的权利作出规定；第二款从生育健康、环境卫生、疾病预防、治疗照料四个方面出发，规定了缔约国为实现健康权利而需要履行的义务内容。④ 从狭义上讲，健康权的外延主要包括公共卫生服务权、健康促进服务权、救济权。从广义上讲，健康权的外延还包括医疗服务权、健康社会保障权的内容。严格来讲，医疗服务权属于医事立法的内容，健康社会保障权归属医疗保障法的范围。健康权的内涵和外延分别属于“目的性权利”和“手段性权利”内容。⑤ 其中，“获得基本医疗卫生服务的权利”是实现健康保障目的的手段性权利。⑥ 在法学理论发展的过程，自然法学、分析法学、社会学法学、历史法学形成了不同的健康权保护方式。自然法学以自然权利与自然观念为基石，强调人是自然的产物，通过对于自然法则的严格遵循，避免健康风险的产生。分析法学以法律原则、

---

① 王晨光：《健康法治的基石：健康权的源流、理论与制度》，北京大学出版社2020年版，第1页。

② 舒德峰：《健康权新论》，济南出版社2021年版，第13页。

③ *Universal Declaration of Human Rights*, UN Human Rights Office's website, https://www.ohchr.org/en/human-rights/universal-declaration/translations/english, visited on January 1st, 2022.

④ *International Covenant on Economic, Social and Cultural Rights*, UN Human Rights Office's website, https://previous.ohchr.org/EN/ProfessionalInterest/Pages/CESCR.aspx, visited on January 1st, 2022.

⑤ 参见郭曰君：《社会保障权研究》，上海人民出版社2010年版，第14页。

⑥ 参见宋华琳：《权利保障视角下的基本医疗卫生立法》，《求是学刊》2020年第1期，第2页。

法律规则、法律政策的区分为基础，严格依照制定法，推进健康保护进程。社会学法学主张法律制度应当以社会公平正义价值为导向，从利益平衡与社会实效出发，对健康权益进行有效的保护。① 历史法学在从身份法到契约法、从压制型法到回应性法的转变中，拓宽了健康保护的立法视野。不同的手段和方式为健康权保护提供了价值、规范、事实方面的支持，其最终的目的在于健康内涵要求的充分实现。

公共卫生管理权分为两个方面：一是常规状态的公共卫生管理权，如公共卫生机构推进公共卫生服务，保障公共卫生产品供给，开展公共卫生教育，优化公共卫生设施，加强疾病预防，促进人民健康；二是突发公共卫生事件应急管理权，针对严重影响人民健康的传染病疫情或不明原因疾病，公共卫生行政管理机构、疾控机构、应急管理部门等共同开展防疫工作。从权力内容角度看，公共卫生管理权主要包括许可、监督、指导、检查的职权，应急预案制定权、预警权、应急指挥权，采取隔离、封控等强制措施的职权，以及对涉及强制措施、公共卫生物资保障等争端进行处置的职权。通过公共卫生管理权行使，推动公共卫生事件应急响应、人员调配、物质保障等一系列工作的开展。从权力主体角度看，公共卫生管理职权主体主要包括卫生行政部门、应急处理指挥机构、疾病预防控制机构、出入境检验检疫机构。其中，卫生行政部门、应急处理指挥机构属于行政机构，应急处理指挥机构由各级政府在突发公共卫生事件发生后组建，享有应急指挥权。疾病预防控制机构、出入境检验检疫机构属于开展专业技术工作的“专业公共卫生机构”②，对专业领域的公共卫生事项进行管理。

公共卫生社会治理的参与权利保障、参与义务履行，是化解执法资源有限与人口基数大之间矛盾的重要途径。医疗机构、妇幼保健机构、居委会、村委会是公共卫生领域的重要参与主体，但其不具有行政职权，医疗机构、妇幼保健机构属于事业单位，居委会、村委会属于基层群众性自治组织。除此之外，第三方机构、志愿组织等“公共卫生社会治理”主体的参与为疫情防控提供了有力支撑。③ 在疫情防控过程中，需要制定和完善公共卫生领域的参与规则，对公共卫生法律关系主体的行为进行监督和规制，形成“法

① 参见[美]庞德：《普通法的精神》，唐前宏等译，法律出版社 2010 年版，第 52 页。

② 国家卫生健康委员会编：《中国卫生健康统计提要》，中国协和医科大学出版社 2020 年版，第 146 页。

③ 参见李林主编：《医疗创新管理与实践》，中山大学出版社 2020 年版，第 490 页。

治化参与路径”①。

二、客体论范畴:公共卫生服务与公共卫生产品供给

公共卫生立法以公共卫生服务与公共卫生产品为客体,通过提供公共卫生服务,保障公共卫生产品供给,维护公共健康。公共卫生服务与公共卫生产品是公共卫生法律关系的权利、权力及义务共同指向的对象。公共卫生立法的客体论范畴,核心在于行为,关键在于提供公共卫生服务,供给公共卫生产品的行为,并且,对于行为方式、行为目的有严格的要求。在行为方式方面,公共卫生立法要求提供公共卫生服务,以及供给公共卫生产品的行为,必须满足公平可及的现实需求,在传染病疫情发生时,做到应治尽治,向社会主体提供疫苗及接种服务。在行为目的方面,公共卫生服务与公共卫生产品供给行为,以保障公共健康为终极目的。与作为民法领域客体的“人格”不同,公共卫生立法并不是对个体的健康利益、人格尊严进行保护的立法,而是以公共健康保障为导向,以对于公共卫生服务、公共卫生产品供给等的保障,以公共卫生秩序为支撑,反向支撑起公共健康价值目标的实现。与作为民法领域客体“物”不同,公共卫生立法并不是对公共卫生产品的所有权进行保护的立法,而是强调以满足人民群众对于健康保障的要求,有效、充分、及时、公平地进行公共卫生产品供给,侧重对于供给行为本身的法定要求。

也有观点认为,广义上的“公共卫生服务(公共卫生产品)”②,包括无形的服务与有形的产品均属于“卫生公共产品”(health public good),其特点是非排他性,也即“无论付费者还是未付费者”都可以“消费该种服务或产品”。但从狭义的角度看,“卫生服务供给”(supply of health service)与卫生产品并不完全相同。卫生服务供给指卫生服务提供者根据“社会需求所能提供的卫生服务量”③,其受到卫生服务人员、卫生服务机构管理水平等因素的影响。公共卫生服务与公共卫生产品尽管均具有公共属性,并且,实践当中提供公共卫生服务的过程,离不开公共卫生产品的使用,但前者是无形的服务,如健康教育、疾病预防、康复服务等;后者是有形的实物,如疫苗、药品等公共卫生产品。习近平总书记提出“全球公共卫生产品”理念。截

---

① 史全增:《论村委会在重大公共卫生风险防控中的法治化参与路径》,《行政法学研究》2021 年第 3 期,第 37 页。

② 伍岳琦等主编:《突发公共事件卫生应急管理》,中山大学出版社 2008 年版,第 97 页。

③ 胡代光等主编:《西方经济学大辞典》,经济科学出版社 2000 年版,第 1091、1097 页。

至2021年7月31日,“中国对外援助和出口疫苗”及“原液超7亿剂”。① 中国新冠疫苗作为全球公共产品,为全球公共卫生治理作出重大贡献。这彰显中国推动人类卫生健康共同体建设的大国担当,也突出了公共卫生产品的公共属性。

从学理分类角度看,存在纯公共产品、准公共产品的划分。其中,纯公共产品“既没有排他性又没有竞争性”。准公共产品包括两类,一是“有竞争性而没有排他性”的“共有资源”,二是“有排他性而没有竞争性”的“自然垄断”产品。② 按照这一标准,有观点认为应将“公共卫生服务”归入“纯公共产品”;而“预防接种产品具有消费竞争性”,因此,“应当属于准公共产品”。③ 事实上,从资源的有限性角度看,即便是卫生服务也存在竞争性。例如,“慢性非传染性疾病筛查”“传染病早期发现与治疗”等公共卫生服务项目,“具有较强的外部性”,并不符合“受益上的非排他性”与“消费上的非竞争性”要求。④ 因此,从纯公共产品、准公共产品的划分出发,难以清晰界定公共卫生服务与公共卫生产品概念。

公共卫生服务与公共卫生产品均具有公共性,并符合非排他性或非竞争性特征。其中,公共卫生服务区别于医疗服务,公共卫生产品区别于私人产品。私人产品具有排他性与竞争性,多数医疗服务具有“私人产品”属性。⑤ 同时,狭义的公共卫生服务与公共卫生产品的区别在于,公共卫生服务(public health service)指卫生服务机构所提供的服务项目,立法重心在于提高“服务质量”;公共卫生产品(public health good)指以实物为载体的疫苗、检测试剂等产品,立法重心在于增加“产品供给”。⑥ 从立法角度看,《基本医疗卫生与健康促进法》第21条关于疫苗的规定、第五章关于药品的规定,属于公共卫生产品内容;第35条规定了医疗卫生机构提供的公共卫生服务内容,涵盖疾病防控、健康教育、精神卫生、妇幼保健、院前急救、出生缺陷防治等服务项目。

公共卫生服务包括“基本公共卫生服务与重大公共卫生服务”。基本公共卫生服务供给“由政府财政提供资金”,相关服务项目由“国家组织制

① 曲颂:《让疫苗成为全球公共产品,中国做到了!》,《人民日报》2021年8月1日,第3版。

② 参见刘树成主编:《现代经济词典》,凤凰出版社、江苏人民出版社2005年版,第288页。

③ 程晋烽:《中国公共卫生支出的绩效管理研究》,中国市场出版社2008年版,第56页。

④ 徐元元等:《医院经济运行分析》,企业管理出版社2018年版,第121页。

⑤ 参见中国社会科学院医改课题组等:《医疗卫生服务:具有社会公益性的私人产品》,《中国医院院长》2008年第23期,第49页。

⑥ 参见陈勰:《医学伦理学》,江苏科学技术出版社2018年版,第84页。

定并颁布”。[①] 重大公共卫生服务是针对重大疾病、严重威胁重点人群健康、突发公共卫生事件制定和实施的服务项目。2009 年发布的《国家基本公共卫生服务规范》包括 10 项内容，分别是健康档案、健康教育的管理规范，0 至 3 岁儿童、孕产妇、老年人、高血压患者、重性精神疾病患者、2 型糖尿病患者的健康管理规范，以及预防接种、传染病防治相关规定。2011 年印发的《国家基本公共卫生服务规范》共 11 类项目，新增卫生监督协管规范，并将原有的传染病处置改为传染病和突发公共卫生事件处理规范，儿童健康管理的年龄改为 0 岁至 6 岁。2013 年国家基本公共卫生服务项目的数量仍为 11 项，在原有基础上增加了中医药健康管理内容，同时将高血压和 2 型糖尿病合并归入慢性病防治领域。[②] 2015 年，国家基本公共卫生服务项目增加至 12 项，在原有 11 项工作内容的基础上，增加了结核病患者健康管理规范。2017 年发布的第三版《国家基本公共卫生服务规范》共分为 12 类，服务规范的类型较 2015 年没有变化，但在形式上将重性精神疾病改为严重精神障碍，在内容上增加了公民健康素养促进、避孕两个方面，因此也有主张第三版的公共卫生服务项目包括 14 项内容。在规范性文件的体例上，健康素养促进归入健康教育管理部分，避孕归入了孕产妇健康管理中的产后健康检查部分，因此总体的类别上仍然是 12 个项目。[③] 2019 年，基本公共卫生服务的范围进一步拓展，2019 年版《新划入基本公共卫生服务工作规范》在原有 12 类公共卫生服务项目的基础上，新增 19 项工作任务。[④] 其中，重大疾病及危害因素监测、职业病防治、地方病防治三项工作单列；其他新增项目，如食品安全、卫生应急、健康素养促进等工作，由地方根据实际予以落实。2021 年国家基本公共服务标准进一步对 9 类、22 项服务内容作出规定。[⑤]

---

① 张日新等主编：《社区卫生服务导论》，东南大学出版社 2014 年版，第 179 页。

② 参见《关于做好 2013 年国家基本公共卫生服务项目工作的通知》，中国政府网，http://www.nhc.gov.cn/jws/s3577/201306/b035feee67f9444188e5123baef7d7bf.shtml，2020 年 1 月 10 日访问。

③ 参见《国家基本公共卫生服务规范（第三版）》，中国政府网，http://www.nhc.gov.cn/jws/s3578/201703/d20c37e23e1f4c7db7b8e25f34473e1b.shtml，2020 年 1 月 10 日访问。

④ 参见《新划入基本公共卫生服务工作规范（2019 年版）》，中国政府网，http://www.gov.cn/fuwu/2019-09/06/content_5427746.htm，2020 年 1 月 10 日访问。

⑤ 参见《国家基本公共服务标准（2021 年版）》，中国政府网，http://www.gov.cn/zhengce/zhengceku/2021-04/20/5600894/files/a00506c9c55c4b71b9443a1508fef973.pdf，2021 年 5 月 1 日访问。

三、价值论范畴:卫生公平与公共卫生产品及服务的可及性

卫生公平与公共卫生产品及服务的可及性是中国式现代化的重要标志。“让人民享有公平可及的健康服务”,实现“全民健康”,①既是健康中国建设的战略要求,也是中国式现代化的必由之路。中国式现代化是“各领域全面发展”的现代化,既要建成科技强国,也要建设健康中国;既要提升应对全球经济风险的能力,也要提高抵御公共卫生危机的能力,“提高公共服务水平”②。在理论研究过程中,已有研究成果多使用“健康公平”一词,第七十四届世界卫生大会决议《健康问题社会决定因素》使用“卫生公平”一词,强调“卫生公平”是“国家、区域和全球目标”,包括“获得健康促进、预防和社区卫生服务”,以及“负担得起的药品和疫苗”等目标。③

从立法实践角度看,卫生公平是基本公共卫生服务的均等化的价值目标,公共卫生产品及服务的可及性是主体公平获取基本公共卫生服务的重要价值支撑。《基本医疗卫生与健康促进法》第 15 条,对“公民可公平获得”基本医疗卫生服务作出规定。基本医疗卫生服务包括基本医疗服务与基本公共卫生服务两个方面的内容。在法律制度设置过程中,公共卫生立法条款应当体现基本公共卫生服务均等化与可及性要求。《基本医疗卫生与健康促进法》第 39 条对基本医疗卫生服务公平可及作出明确规定;第 59 条规定,国家确保基本药物公平可及。

卫生公平以卫生法学为视角,区别于社会学意义上的公平概念。社会学视角的公共卫生治理以公共健康的社会影响因子分析为核心,尤其高度重视公共卫生领域的社会公平的实现。公共卫生立法以公共利益范畴为脉络,以社会参与为方法推动公共卫生的发展,以整个社会系统工程为出发点,形成了特有的公共健康管控方式,实现对公共卫生事件的有效管控。从公共利益与私人利益区分的角度看,公共卫生立法涉及不特定多数人的健康利益。尽管社会学意义上的公平概念,能够体现公共健康利益的公共性特征,但社会学与卫生法学各有侧重。与“社会学研究的是社会公平”不

---

① 白剑峰等:《让人民享有公平可及的健康服务》,《人民日报》2016 年 8 月 24 日,第 1 版。

② 邱勇:《中国式现代化开辟了人类实现现代化的新道路》,《光明日报》2022 年 11 月 2 日,第 11 版。

③ 《健康问题社会决定因素》,世界卫生组织网站,https://apps.who.int/gb/ebwha/pdf_files/WHA74/A74_R16-ch.pdf,2022 年 10 月 22 日访问。

同,“法学研究的是法律公平”。[①] 根据马克思主义的“社会公平理论”[②],社会公平的实现以生产力的发展为基础。在此基础上,社会学侧重社会系统的整体研究与体系分析,也即立足社会行为、社会关系、社会结构,来研究整个社会的发展与变迁,归纳和概括其中的规律,并由此推动社会的进步与发展,实现社会的公平正义。卫生法学则以法律关系为出发点,为公共卫生措施的推进提供法律保障,为公共健康维护提供法律支持。相应地,法学视角的卫生公平强调法律地位的平等,一律公平地对主体的健康权予以保障,提供均等获取公共卫生产品与公共卫生服务的法律支持。不论在应急状态还是常规状态下,“应收尽收,应治尽治”[③],建立更加公正和公平的公共卫生体系,推动“健康正义”与卫生公平的实现。[④] 这是公共卫生立法的重要出发点。公共卫生服务、公共产品供给、卫生资源配置问题,以公益性、均等化为重要特征,使人人享有与社会经济发展水平相适应的基本医疗保障与公共卫生服务,为人民的生命健康和美好未来保驾护航。

公共卫生产品及服务的可及性,涵盖了“距离上的可及性和经济上的可及性”。其中,公共卫生产品及服务距离上的可及性,指居民从住所到最近的检测机构、医疗机构的距离可及,侧重医疗机构、公共卫生机构建设布局的便利性。公共卫生产品及服务经济上的可及性,指居民接受卫生保健服务所需要支付的费用可及,侧重公共卫生服务可负担性。新中国成立以来,采取了一系列提升公共卫生产品及服务可及性的措施。20 世纪 50 年代,在医疗卫生改革过程中,出台了关于公费医疗、调整医药卫生中公私关系的相关管理办法,理顺了卫生事业中的公私关系,为居民获得医疗卫生服务提供实践支持。改革开放以来,“医疗卫生事业也取得了巨大的发展”,开启“医疗卫生体制改革的探索与实践”。[⑤] 国家对公共卫生服务领域的投入增长显著,出台了《关于深化卫生改革的几点意见》《“七五”时期卫生改革提要》《关于卫生改革与发展的决定》《关于卫生监督体制改革的意见》《农村卫生服务体系建设与发展规划》《关于深化医药卫生体制改革的意见》,建立了新型农村合作医疗制度,医疗卫生机构、服务、人员、物资配置全面覆盖各地区和各领域,“健全城市传染病救治网络”,开展“公共设施平

---

① 赵奎礼:《利益学概论》,辽宁教育出版社 1992 年版,第 368 页。

② 马陆艳:《马克思恩格斯社会公平理论及其发展研究》,广东人民出版社 2018 年版,第 61 页。

③ 任平:《应收尽收　应治尽治》,《人民日报》2020 年 2 月 26 日,第 4 版。

④ Brietta Clark ed., *Health Law: Cases, Materials and Problems*, West Academic Publishing, 2022, p.1.

⑤ 朱汉国主编:《当代中国社会史》(第 3 卷),四川人民出版社 2019 年版,第 1017 页。

战两用改造”,[①]促进医疗服务与公共卫生服务协同衔接,卫生服务水平和国民健康水平持续增长,卫生健康服务的可及性不断提升。

在具体的法律制度设计过程中,卫生公平与公共卫生产品及服务的可及性不能仅停留于抽象的价值引导,而要在公共卫生立法中落实到具体的法律制度设置当中。健全和完善公共卫生立法也不仅体现为实体法的制定,而且需要在程序正义与实体正义有机结合的层面,为卫生公平与公共卫生产品及服务的可及性的实现提供制度支持,更好地保障公共健康。从更为根本的层面看,公共健康是每个人社会适应力的重要前提和基础,卫生公平与公共卫生产品及服务的可及性是每个人社会生活的重要保障。公共卫生立法为公共健康提供法律支持,为卫生公平与公共卫生产品及服务的可及性的实现提供保障,以人民生命健康至上为原则,推动从环境卫生向全面社会健康管理的转变,并调动综合技术、行政等多元调整手段以应对新兴的健康风险。在不断完善传染病防治、突发公共卫生事件应急管理、特定行业卫生保障、特殊群体卫生保健、公共场所卫生及健康相关产品立法,保障居民公平获得卫生服务的基础上,还须在公共卫生事件后的纠纷解决程序中,识别公共卫生领域纠纷的特殊性,对涉及健康公平问题的救济协调设置专项程序。

① 国务院研究室编写组:《十三届全国人大四次会议〈政府工作报告〉学习问答》,中国言实出版社 2021 年版,第 51 页。

第二章　公共卫生立法的历史与发展

在中国古代,“卫生”一词自产生时始,即以护佑人的健康与安全为宗旨。《庄子集解》将“卫生”解释为“防卫其生,令合其道”①。《黄帝内经》对防护措施作出论述,指出要“避其毒气,天牝从来,复得其往”②。《说疫气》《瘟疫论》《疫痧草》《伤寒杂病论》等著述,也有关于“预防疾病的论述”及相应措施的记载。③ 在这一时期,一方面,季节性流行病被视为与气候有关的瘟疫毒气,认为正气内存,是“避其毒气”的必要条件,④通过“驱疫”驱赶“非时之气”,避免瘟疫扩散;⑤另一方面,“卫生之经”侧重“保养生命”,⑥如《吕氏春秋》强调:“凡事之本,必先治身。”⑦在西方,法院和律师曾“忽视法律对公共卫生的至关重要性”。⑧ 在霍乱等疫情的防控过程中,逐步形成了不同的公共卫生立法模式。新中国成立以来,公共卫生立法取得了重大成就,形成了公共卫生领域国内法治与涉外法治相辅相成的发展格局,为人民的生存、健康、发展提供有力保障。

第一节　国内公共卫生立法的发展与贡献

中国公共卫生立法植根于“中华优秀传统文化”。⑨ 国内公共卫生立法的历史梳理,对于公共卫生立法的健全和完善具有重要意义。围绕公共卫生相关立法这一主线,本部分以历史时期为脉络,对相关规定及法律制度进行梳理。中国古代的卫生规定在不同时期有不同表现,主要包括律、令、格、

---

① 冯天瑜主编:《人文论丛》(第1辑),武汉大学出版社2017年版,第289页。

② 周海平等:《黄帝内经大词典》,中医古籍出版社2008年版,第322页。

③ 参见范春等:《公共卫生史》,厦门大学出版社2021年版,第1页。

④ 参见王庆其等主编:《实用内经词句辞典》,上海科学技术出版社2017年版,第136页。

⑤ 参见(明)李中梓:《中医临床实用经典丛书》,中国医药科技出版社2018年版,第224页。

⑥ (春秋)李聃:《道德经》,赵炜编译,三秦出版社2018年版,第108页。

⑦ 冯友兰:《冯友兰文集》(第9卷),长春出版社2017年版,第169页。

⑧ Wendy E.Parmet, *Populations, Public Health, and the Law*, Georgetown University Press, 2009, p.1.

⑨ 参见李厚羿:《当代中国文化发展战略研究》,首都经济贸易大学出版社2021年版,第80页。

式等形式。新中国成立以来，党和国家高度重视卫生法发展。公共卫生立法主要表现为法律、法规、规章等形式。在全面推进依法治国的进程中，公共卫生立法作为中国特色社会主义法治体系的重要组成部分，在全面推进国家治理现代化的不同领域、不同方面发挥着重要的引导和保障作用。

一、秦汉时期的“疑疠”报告、“疠病”隔离、“巡视疫疠”制度

先秦时期的驱疫制度主要包括两个方面的内容：一是官方和民间定期进行的驱疫活动，二是环境卫生的相关规定。在西周时期，主要通过礼法制度推动驱疫活动。《周礼》对“方相氏”“驱疫”进行了明确的记述。[①] 根据《周礼》的规定，方相氏属于官职设置，“以索室驱疫”，执行傩礼。[②]《礼记·月令》有“以季春日历大梁”的记载，“命有国者傩”，防止“非时之气”“与民为厉”。[③] 至今在一些地区还有送瘟神的“傩戏”。[④] 驱疫避瘟的传统仪式是根据季节性暴发的流行病而开展的，一般是在每一年农历三月前后及秋冬季节，在周朝的都邑、各诸侯国及民间开展驱疫活动。官方和民间大规模的驱疫活动的开展，对于整个社会的卫生健康起到了一定作用。从客观效果的角度讲，驱疫活动开展的过程，具有卫生宣传的功能，在一定程度上有利于增强社会的防疫意识。但这一时期的驱疫制度存在历史局限性，并且，也没有形成系统的卫生保健、卫生防疫立法体系。至春秋战国时期，出现了环境卫生规定，如“商君之法，刑弃灰于道”[⑤]。在商鞅变法改革的过程中，对于危害环境卫生的现象采取了重罚措施，以引导社会形成“尚洁”之风。[⑥] 但由封建律令作为维护阶级统治工具的本质所决定，如果违反环境卫生等规定，相应的责任与处罚主要表现为“肉刑”。[⑦] 这与现代的法治文明观念存在差距。

秦朝关于疠病（麻风病）防治的规定主要体现在两个方面：一是对于疑似麻风病处置的规定，在法律文书中记录了发现疑似麻风病时，“典甲有责任调查和迅速上报”[⑧]；二是麻风病防治中的隔离规定。睡虎地秦墓竹简中记载了 600 条秦代施行的法律规范，秦简《封诊式》共 98 枚竹简、25 节内

① 参见《周礼》，钱玄等注译，岳麓书社 2001 年版，第 287 页。

② 参见（清）李光坡：《周礼述注》，商务印书馆 2019 年版，第 317 页。

③ 汤炳正：《渊研楼屈学存稿》，华龄出版社 2013 年版，第 63 页。

④ 参见（清）徐士銮主编：《中国古医籍整理丛书》，中国中医药出版社 2015 年版，第 144 页。

⑤ 马克昌等主编：《刑法学全书》，上海科学技术文献出版社 1993 年版，第 821 页。

⑥ 参见曹音：《诗经释疑》，上海三联书店 2016 年版，第 217 页。

⑦ 参见何勤华主编：《法律文明史》（第 1 卷），商务印书馆 2019 年版，第 433 页。

⑧ 陈昫：《文物见证抗疫史》，《人民日报海外版》2020 年 4 月 28 日，第 9 版。

容,其中一节为"疠",记载里典"告曰:'疑疠,来诣'",其中,"疑疠"指疑似患有麻风病。针对疑似麻风病状况,依次采取"讯丙""令医丁诊之"等措施,确认是否符合麻风病"毋(无)麋(眉)""鼻腔坏""两足下奇(踦)""其手毋胈""其音气败"等病症特征。①《秦会要》对此亦有记载,②在疑似麻风病出现时,通过采取询问、诊治等措施,进行处理。当患者确诊之后,为了防止疫病扩散,需要对其进行隔离。在这一时期,初步形成了"疠病"隔离制度。秦简《法律答问》部分记载,"甲有完城旦罪,未断,今甲病",则"当礜(迁)疠所处之";"城旦、鬼薪疠",也应当"礜(迁)疠礜(迁)所"。③ 前一种情形指涉嫌犯罪但尚未作出生效判决,后一种情形指已经作出生效判决并被执行相应刑罚。不论是哪一种情形,一旦发现麻风病,一律转移至"疠所"进行隔离。但在这一时期,隔离规定及其具体施行并不符合现代法治文明的要求。上述情形下的麻风病患者隔离,并不是为了救治,而是为了等候"定杀"。秦简记载了"疠者有罪,定杀"。也有"麻风病人犯罪,将他投入水中淹死"的说法。④ 这与现代传染病防治立法中的隔离制度存在本质区别。隔离"定杀"本质上是维护封建统治秩序而非保障生命健康的制度设置。秦朝以后不再有"定杀"的规定。

除"对麻风病人之隔离已有疠所之设置"⑤之外,还有对不同疾病类型的防疫措施。例如,对于"毒言"这一疫病,应当通过避免"共杯器"或同饮食,以"不把毒,毋它坐",⑥防范感染。从病理特征上看,麻风病是"麻风分枝杆菌破坏周围神经",并且,"加上进行性组织变性",导致四肢变形等症状出现。对于麻风病的防治措施是立即予以转移、隔离。与麻风病不同,"毒言"防治虽然不具备现代病理学支持,但其从"口舌为毒""口唾射人"导致疾病传播出发,⑦强调不与患者共用饮食器具或聚会饮食以达到防疫目的。这种措施对于消化道传染病、皮肤传染病等的防治具有积极意义。但在当时的历史环境下,防治措施的本质是维护封建统治秩序,而不是促进公共健康、公共卫生。除上述措施之外,还会针对不同类型的疫病处以不同

① 王辉:《秦出土文献编年订补》,三秦出版社 2014 年版,第 258 页。

② 参见(清)孙楷:《秦会要》,杨善群校补,上海古籍出版社 2004 年版,第 339 页。

③ 睡虎地秦墓竹简整理小组编:《睡虎地秦墓竹简》,文物出版社 1978 年版,第 204 页。

④ 参见中国大百科全书总编辑委员会《法学》编辑委员会:《中国大百科全书·法学》,中国大百科全书出版社 1984 年版,第 553 页。

⑤ 白寿彝等主编:《中国通史第四卷　中古时代·秦汉时期》(下册),上海人民出版社 2015 年版,第 1385 页。

⑥ 陈公柔:《先秦两汉考古学论丛》,文物出版社 2005 年版,第 194 页。

⑦ 参见郭超主编:《四库全书精华·子部》(第 3 卷),中国文史出版社 1998 年版,第 2165 页。

的刑罚。“毒言”虽然传播渠道具有限定性且传染的程度相对较轻，但仍然需要“论罪”，只是罪行相对较轻，多被处以“迁刑”，①予以流放。这与现代的传染病防治法律制度设计存在本质上的区别。

在“汉代法律儒家化”背景下，②形成了疫病救治物资供应及“巡视疫疠”制度。一旦发现疫情，设置临时性的隔离救治医院，并提供医药。“东汉政府对疫病流行”“采取了一定对策”，一方面，中央政府派出人员“巡视疫病流行情况”，并“经给医药”；另一方面，设置“庵庐”等作为“临时安置流行病患者的地方”。其中，“建武十四年，会稽大疫”，通过提供医药，“所部多蒙全济”；“永元四年”，“时有疾疫”，“巡行病徒，为致医药”；“元初六年”，“会稽大疫”，“遣光禄大夫将太医循行疾病”；“延熹五年”，“军中大疫”，“规亲人庵庐”，在“军队中设立隔离病院”。隔离“并致医药”等措施，在“一定范围内控制了流行病的蔓延”。③ 汉朝多“由中央政府出面”，派遣光禄大夫、中谒者、使者、常侍等“带领医护人员和药物巡行疫区”。例如，建宁四年“使中竭者”、熹平二年“使使者”、光和二年“使常侍、中竭者”等，“巡行，致医药”。同时，“为置医药”与“舍空邸第”等隔离措施并行适用。④在这一时期，针对瘟疫流行的状况，“医圣”张仲景创作《伤寒杂病论》。其中，“杂病”部分有关于“自死肉，口闭者，不可食之”，六畜“疫死，则有毒”，如果“兽自死，北首及伏地者，食之杀人”；“疫死牛肉，食之令病洞下”等记载，⑤对饮食安全与疫病防范具有积极意义。

二、唐宋时期的“巡疗”“稽程”“误犯食禁”及药典规定

以隋朝《开皇律》为基础，《唐律》经过武德、贞观、永徽、开元、大中 5 个时期的发展，形成了集合律、令、格、式，刑律及行政法典在内的制度体系。唐玄宗时期颁布《广济方》，公布“瘟疫预防知识和药方”⑥，形成了疫病防治的制度雏形。

《永徽律疏》，后称《唐律疏议》，第 396 条设置了“请给医药救疗”的强制性规定，太医署主管医政、疫病救治，“每年根据时令准备”针对疟疾等疾

① 参见韩延龙主编：《法律史论集》（第 4 卷），法律出版社 2002 年版，第 50、56 页。

② 参见张洪林：《中国传统法律文化》，华南理工大学出版社 2018 年版，第 89 页。

③ 梁峻等主编：《疫病史鉴》，中医古籍出版社 2020 年版，第 117—118 页。

④ 梁安和等：《秦汉研究》（第 6 辑），陕西人民出版社 2012 年版，第 47 页。

⑤ （汉）张仲景：《金匮要略》，中国医药科技出版社 2016 年版，第 128 页。

⑥ 张红霞：《中国古代抗疫经验的启示》，《中国社会科学报》2021 年 4 月 22 日，第 6 版。

病的防疫药物，[①]并且，救治的对象不仅限于封建社会的统治阶级，对于“丁匠在役”“防人在防”“官户、奴婢疾病”等现象，主司应当“请给医药救疗”，否则要处以笞刑或徒刑。也即，对于服役场所的工匠、镇守之所的征防人、在本官司值班的官户或奴婢，如果患病，“主管官司不给请医治疗”，或是“主管医药的官司不给医药”，导致“治疗不及时、不得力的，笞四十”，不予治疗导致“死亡的，各处徒刑一年”。[②] 宋代还设置有安济坊、漏泽园、居养院、养济院、施药局、慈幼局。其中，安济坊用于救济“患病无钱医治”的人，漏泽园属于“掩埋死者的助葬机构”，居养院救济“寡孤独不能自存者”。至南宋时期，“居养院和安济坊为养济院所取代”，还设置了“慈幼局、施药局”等机构，[③]对于保护特殊群体的卫生健康产生了一定的作用。

《唐六典》记载了“巡疗”制度，并且，卫生机构及人员按照所辖区域的人数进行配置。《唐六典》是“我国现存最早的一部行政法典”，分为“理、教、礼、政、刑、事”六典。[④] 其中，规定了医博士等职官设置。医博士“以医术教授诸生，分而为业”[⑤]。开元年间，“令各州置医学博士一员”，并根据地方人口数量，设置相应的官职，如“敕十万户已上州置医生二十人”，其“各于当界巡疗”。[⑥] 医博士兼具医疗卫生与医学教育的职能，既“掌疗民疾”，也“收授生徒”。[⑦] 唐朝“贞观三年，置医学，有医药博士”；开元年间“改医药博士为医学博士”，并且，“复置医学生，掌州境巡疗”。[⑧] 这一时期的医学生概念与现代不同，其实际上是负有医疗卫生职责的人员，负有“在州境内巡回医疗的任务”，并“以百药救疗平民有疾者”。[⑨]

在食品方面，《唐律疏议》规定，有专门的人员“监当官司”，当值监督“御厨造膳”，依照《三师三公台省职员令》“主食升阶进食”，如果“误将杂药至御膳所者”，处以绞刑。依照《食经》膳食供应有禁忌，如果供应膳食违反禁忌，“为首掌管膳食的该处绞刑”。如果“秽恶之物在饮食中”，判处有期徒刑两年。同时，还有“百官外膳犯食禁”的规定，供应百官的膳食由“官

① 参见王宏治：《中国古代抗疫病的法律措施》，《比较法研究》2003 年第 5 期，第 72 页。

② （唐）长孙无忌等：《唐律疏议注译》，袁文兴等注译，甘肃人民出版社 2017 年版，第 747—748 页。

③ 王名主编：《社会组织概论》，中国社会出版社 2010 年版，第 75 页。

④ 陈薛俊怡：《中国古代典籍》，中国商业出版社 2015 年版，第 78 页。

⑤ 王瑞祥主编：《中国古医籍书目提要》（下卷），中医古籍出版社 2009 年版，第 1846 页。

⑥ 岑仲勉：《隋唐史》，商务印书馆 2017 年版，第 560 页。

⑦ 汪建平等主编：《中国科学技术史纲》，武汉大学出版社 2012 年版，第 283 页。

⑧ （宋）欧阳修等：《新唐书》（第 1 册），陈焕良等点校，岳麓书社 1997 年版，第 809 页。

⑨ 王明强主编：《中国古代医学教育思想史》，中国中医药出版社 2018 年版，第 156 页。

厨所经办”，如果“误犯食禁”，对“供膳”处以杖刑。“若恶之物在食饮中及简择不净者”，处以笞刑。① 这一时期还有关于食物中毒的规定。《宋刑统》规定，“脯肉有毒，曾经病人，有余者速焚之”，违反者要处以杖刑；如果不但没有销毁相关食品，反而“故与人食，并出卖，令人病者”，处以一年有期徒刑，如果导致人死亡的，需要处以绞刑；如果“人自食致死者，从过失杀人法”。②

在唐代，呈报疫情的对官文书如果延误，需要接受相应的处罚。“违限未了，称为稽程”③。对官文书的处理需要满足《唐律》的法定期限要求。宋代形成了“上书言事”制度，一方面，“严令地方官吏将疫情信息上报中央”，责令转运使、提点刑狱、亲民官、监司据实汇报相关情况，“悉以上闻，无或有隐”；另一方面，拓宽疫情报告渠道，“允许官民上书言事”，并且，“诏中外实封言事”，避免“比诸路饥疫相仍”“言路壅塞”“或不得闻”现象的发生。根据史书记载，“司马光、吕公著、韩琦等纷纷上书”“汇报疫病流行情况”。④《续资治通鉴》共70卷，记载从宋太祖到元顺帝时期的历史，其中对于宋代奏疏制度进行了描述，强调“自今州县奏请及臣僚表疏”⑤，不得阻留。“上书言事”规定，一方面，有利于及时进行疫病报告；另一方面，也拓展了社会面的疫病信息报告渠道。

在药品方面，《唐新修本草》，亦称《新修本草》或《唐本草》，是最早的法定药典。在这一时期，还有专管药物的机构设置，殿中省执掌医药、服御等六项职能。在“殿中六局”当中，尚药局“奉御直翰林医官”，负责“和剂诊候之事”。其中，“尚药有医师”隶属于其局。⑥ 此后，医药事务转归翰林院管辖。《唐会要》第65卷记载，贞元年间，“殿中省尚药局司医，宜更置一员”，同时，“仍并留授翰林医官，所司不得注拟”。⑦“殿中省之医官虽不废，实际上已是翰林医官的加衔”⑧。至宋朝，“翰林医官院使副各二人”，还有“掌药奉御六人”等职官设置。此外，还设置了“御药院”等机构。⑨

在变法改革的过程中，药品管理及相应的责任制度规定也在发展。北

① (唐)长孙无忌:《唐律疏议》,伊犁人民出版社1999年版,第296、301—302页。

② 陈卫平等主编:《食品安全学》,华中科技大学出版社2017年版,第7页。

③ 李伟民主编:《法学辞源》,中国工人出版社1994年版,第237页。

④ 韩毅:《宋代瘟疫的流行与防治》,商务印书馆2015年版,第198—199、201页。

⑤ (清)毕沅:《续资治通鉴》(第2卷),北京燕山出版社2008年版,第1292页。

⑥ (宋)苏轼:《苏轼文集编年笺注》(第4册),李之亮笺注,巴蜀书社2011年版,第746页。

⑦ (宋)王溥:《唐会要校证》(上册),牛继清校证,三秦出版社2012年版,第962页。

⑧ 唐长孺:《山居存稿》,武汉大学出版社2013年版,第238页。

⑨ 谢观主编:《中国医学大辞典》,天津科学技术出版社2002年版,第688页。

宋王安石变法，颁布了“市易法”，规定“药品贸易由国家控制”，创设“卖药所”，并从中分离出制造成药的业务，另外设立了“修合药所”。其后，“卖药所”“修合药所”分别改称“医药惠民局”“医药和剂局”，前者主管药品经营，后者专门负责“加工制造成药”。宋朝的惠民药局等机构设置，“一直延续到元明两代”。① 同时，宋朝建立了“辨验药材官”及相应的责任制度，强调“按方剂以救民疾”。② 此外，还出台了“成药标准《太平惠民和剂局方》”③。其中，《宋会要辑稿》即记载了“辨验药材官”、药局管理等制度。在药物质量方面，“辨验药材官”“收买药材所”对药材的真伪优劣进行管理。④ 在药物供应方面，如果“修制不依方，给散不如法者”，处以有期徒刑；“民间缓急赎药，不即出卖”，处以杖刑；如果出现陈旧变质药材，应当“及时销毁，绝对禁用”。⑤

三、明清时期“发遣狱囚”及对“灾异及事应奏不奏”的惩处

明清时期的热审客观上发挥了避疫制度的效能。明朝永乐年间，“定热审之例”。根据《续通考》的记载，热审制度出现的原因在于，“狱囚淹久必病，病无所仰给必死”，为避免罪犯因羁押导致疾疫，防止“轻罪而死”现象的出现，在“天气向热”时，“数日疏决”。⑥ 正因为如此，学者指出“明清热审制度”是“暑天为疏通监狱而设的审判制度”。⑦ 在历史发展的过程中，热审制度的适用范围不断变化，其最初仅适用于决断较轻的罪行，并且，该制度的适用并未形成定例，出现有时予以适用，有时不予适用的情形。例如，“孟夏之月”，考虑到天气原因，“恐罪人之系于囹圄者”，可能“致疾疫”，“于刑之薄者即结断之”，“罪之小者，即决遣之”，“系之轻者，即纵出之”，也即，“断薄刑，决小罪，出轻系”。如果是较轻的罪行，即予以决遣。即便是尚不能做出决断的，也令其出狱听候。热审制度除体现恤刑思想之外，在客观上“有利于防止暑期疾疫”。⑧ 至明朝成化年间，热审制度的适用已经发展成为“重罪矜疑、轻罪减等、枷号疏放”。至清朝康熙年间，从 1671 年至 1704 年，热审成为一种定制，每一年从“小满后 10 日”到“立秋前 1

---

① 李锦开等主编：《医院中药管理学》，中国医药科技出版社 1997 年版，第 10 页。
② 张剑光：《中国抗疫简史》，新华出版社 2020 年版，第 209 页。
③ 唐廷猷：《中国药业史》，中国医药科技出版社 2013 年版，第 107 页。
④ 陈丽云：《医学史话》，上海科学技术文献出版社 2019 年版，第 85 页。
⑤ 甄志亚主编：《中国医学史》，人民卫生出版社 1991 年版，第 195—196 页。
⑥ 沈家本：《历代刑法考　律令卷》，商务印书馆 2017 年版，第 367 页。
⑦ 《法学词典》编辑委员会编：《法学词典》，上海辞书出版社 1980 年版，第 556 页。
⑧ （明）邱浚：《慎刑宪点评》，鲁嵩岳点评，法律出版社 1998 年版，第 226 页。

日”,“除实犯死罪、充军、流刑外”,“量予减等”。乾隆年间,热审制度的适用范围缩小,“只准减免笞、杖刑”,对于枷号者则进行保释。① 在时间效力方面,根据《大清律例》的规定,即便“犯案之审题在‘热审’之先”,只要“发落在热审期内者,照前减免”。② 同时,针对一些案例,“既情有可矜,且以老例当原”,“比照热审事例清查什(释)放”。③ 此外,还有“寒审”等制度设置,“以天气寒冷”,防止囚徒“大量死于狱中而设”。至清朝,“皆有寒冬审理发遣狱囚之例”。④

《大明律》规定了对于“应奏不奏”行为的严厉惩处。《大明律》的《吏律》部分一共有 33 条规定,其中,“事应奏不奏”部分规定,如果“灾异及事应奏而不奏者,杖八十”;“官文书稽程”部分规定,如果“官吏不与果决,含糊行移”,导致“耽误公事者,杖八十”;“照刷文卷”部分规定,如果“失错及漏报一宗,吏典笞二十”,最高可处以笞五十的处罚,如果造成“钱粮埋没”即“从重论”;“上书奏事犯讳”部分以审慎用语为主要内容,该条款还对所奏内容错误的责任作出规定,如果“上书及奏事错误”,根据实际情况,处以杖刑或笞刑。“制书有违”部分规定,“凡奉制书,有所施行而违者,杖一百”;“其稽缓制书”,根据稽缓的时间,认定相应的责任,稽缓“一日笞五十”,此后,“每一日加一等”,最高可处以“杖一百”的处罚。《大明会典》规定,“其合奏公事,须要依律定拟”,“若有规避增减紧关情节”等情形,相关人员可能被处斩。⑤ 在职官制度及责任规定方面,一般情况下,“明律多轻于唐律”,但在“应奏不奏”的责任认定方面,明律采取了更为严厉的处罚措施。这一规定“较唐律为过重”。⑥ “法律同时要求”“详细勘验疫情致损情况”,如果“饥疫救治不力”,需要承担相应的责任。⑦

清朝尤其重视“痘疹”的防治,并有专门的官职设置和防治措施。清朝设置“查痘章京”,专门负责痘疹防治及“痘疹迁移之政令”。⑧ 太医院设立

---

① 江平主编:《中国司法大辞典》,吉林人民出版社 1991 年版,第 1165 页。

② 杨鸿烈:《中国法律思想史》,中国政法大学出版社 2004 年版,第 100 页。

③ (明)颜俊彦:《盟水斋存牍》,中国政法大学出版社 2002 年版,第 291 页。

④ 白寿彝总主编、王毓铨主编:《中国通史第九卷 中古时代·明时期》(上册),上海人民出版社 2015 年版,第 271 页。

⑤ 秦国经:《明代文书档案制度研究》,故宫出版社 2019 年版,第 116—119 页。

⑥ (清)薛允升:《唐明律合编》,法律出版社 1999 年版,第 207 页。

⑦ 张晋藩、王斌通:《古代抗疫举措中彰显的民族智慧》,《光明日报》2020 年 4 月 8 日,第 15 版。

⑧ (清)俞正燮:《癸巳存稿》,辽宁教育出版社 2003 年版,第 1 页。

"痘诊科"[①],推动疫病防治。根据《清史稿》记载,"京师民有痘者,令移居出城"[②]。通过颁布政令,规定将民间感染者迁出城外进行隔离,以防范疫病扩散。同时,还有关于避疫场所、期限的设置。清朝设置了专门的隔离居所"避痘所"[③],并有9日内不得探视的定例,"凡未出痘者患病,则未出痘贝勒",在9日之内,"勿亲往视之"。[④] 除"痘疹"这一传染病性皮肤病之外,"统论疫有九传治法",对经由呼吸道的疫病传播进行了剖析,指出"盖温疫之来,邪自口鼻而入",导致"渐加发热",接着"邪气一离膜原",在疫病传播的过程中,病理表征"众人不同","其表里各异"。其中,"有表里分传者""表里分传而再分传者"等"九传之法",[⑤]需要根据具体情况,采取具体的应对措施。

明朝已有"种痘之文献"[⑥],清政府设有"种痘局"[⑦]进行管理,道光年间设立了"牛痘局"[⑧]。《理藩院则例》是清朝治理民族事务地区的专门法规,其中记载了疫苗接种规定,"种痘"以"情愿"、自愿为前提,并且,对"种痘"是否造成损害等情形进行处理。公元1726年至1727年,每年"于左右两翼差医生二人",从"京师带好痂苗"到察哈尔旗下蒙古地区,"如法种痘",对于"情愿种痘者令其种痘"。接种过后,将"曾否伤损之处"等情况,"咨呈报院,交太医院",审核后对于"种痘好者议叙,劣者惩治"。从雍正六年起,需要提前"报院具奏,再令医生前往"。[⑨] 康熙《庭训格言》指出"以种痘得无恙",令"俱命种痘,凡所种皆得善愈"。[⑩]

晚清时期学习西方检疫、诊断、隔离、消毒、排查等处置措施,引入"卫生行政"制度,[⑪]编制防疫手册,出台《消毒施行顺序》《本司署内防疫简章》《疫故人家属财产善后章程》《吉林全省防疫总局章程》《消毒规则》《检疫

① 徐兵博:《读史要略》(下册),新华出版社2017年版,第755页。

② 赵尔巽等:《清史稿》(第244卷),吉林人民出版社1995年版,第7622页。

③ 武斌:《瘟疫与人类文明的进程》,山东人民出版社2020年版,第168页。

④ 中国第一历史档案馆编译:《内阁藏本满文老档　太宗朝》,辽宁民族出版社2009年版,第627页。

⑤ (明)吴又可:《温疫论》,中国医药科技出版社2019年版,第66页。

⑥ 范行准:《中国预防医学思想史》,华东医务生活社1953年版,第115页。

⑦ 刘艳杰主编:《卫生法学》,中国医药科技出版社2006年版,第7页。

⑧ 余新忠:《清代江南种痘事业探论》,《清史研究》2003年第2期,第29页。

⑨ (清)会典馆编:《乾隆朝内府抄本〈理藩院则例〉》,赵云田点校,中国藏学出版社2006年版,第27页。

⑩ 武斌:《瘟疫与人类文明的进程》,山东人民出版社2020年版,第171页。

⑪ 余新忠:《清代卫生防疫机制及其近代演变》,北京师范大学出版社2016年版,第102页。

规则》《陆军部暂行防疫简明要则》等规定。① 清朝出现“检疫制度的雏形”②,在港口通行前,必须查明船舶从“有传染病症之口开行及在路”过程中,“并无一人患过此病”,才能准予入港。对于境外贸易回国的人员,如果出现感染者,需要等待疫情平复之后才能入境。“如船内曾经有传染之病已故者”,则令“在泊船界外停泊一二日”。“凡遇可疑传染病之人”,应当“由医师诊断”,一旦发现确诊病例,“将该船或车之乘客隔离一所”,该船、车、患者住宅,及其“屋内之什物,尽行消毒”。在防疫排查方面,对“患者家族行健康检查”,工部局劝令“使污秽物不延积”,并将“传染病院”“隔离之法”“扫除法”作为“最可行的预防瘟疫的办法”。③

四、新中国成立以来公共卫生立法的发展成就

新中国成立以来,公共卫生立法的发展以宪法及宪法性文件为依据。《中国人民政治协商会议共同纲领》第 48 条规定,“推广医药卫生事业”,“保护母亲、婴儿和儿童的健康”。1954 年《中华人民共和国宪法》第 93 条规定,国家举办“群众卫生事业”。1982 年《中华人民共和国宪法》第 21 条规定,“国家发展医疗卫生事业”,推进医疗卫生设施建设,开展“群众性的卫生活动”,“保护人民健康”;第 45 条对特殊群体的健康保障作出规定,国家为“年老、疾病或者丧失劳动能力”的公民,提供实现获得物质帮助权所需要的医疗卫生等条件;第 70 条规定,全国人大设立“教育科学文化卫生委员会”;第 89 条规定,国务院领导和管理卫生、计划生育等工作;第 107 条规定,县级以上地方政府管理本行政区域内的卫生、计划生育等行政工作;第 111 条对基层群众性自治组织作出规定,居委会、村委会设立“公共卫生等委员会”,管理相应的公共事务;第 119 条规定,“民族自治地方的自治机关”自主管理当地的卫生等事务。

从立法结构上看,公共卫生立法包括法律、行政法规、部门规章等形式,形成了以基本医疗卫生与健康促进法为基础,以传染病防治法、突发事件应对法为支柱,以国境卫生检疫法、食品安全法、药品管理法、疫苗管理法、献血法、人口与计划生育法、母婴保健法、职业病防治法、精神卫生法为核心,以传染病防治法实施办法、突发公共卫生事件应急条例、国境卫生检疫法实

① 参见焦润明:《清末东北三省鼠疫灾难及防疫措施研究》,北京师范大学出版社 2011 年版,第 89 页。

② 张大庆:《中国近代疾病社会史(1912—1937)》,山东教育出版社 2006 年版,第 80 页。

③ 余新忠:《从避疫到防疫:晚清因应疫病观念的演变》,《华中师范大学学报》(人文社会科学版)2008 年第 2 期,第 55—56 页。

施细则、食品安全法实施条例、药品管理法实施条例、全国计划免疫工作条例、血液制品管理条例、新生儿疾病筛查管理办法、职业病诊断与鉴定管理办法为保障的公共卫生立法结构。同时,还有传染性非典型肺炎防治管理办法、国境口岸传染病监测试行办法、突发公共卫生事件交通应急规定、出入境检验检疫报检规定、出入境检验检疫封识管理办法、食品安全国家标准管理办法、新药管理办法、麻醉药品和精神药品管理条例、药品包装管理办法、化妆品监督管理条例、城市供水水质管理规定、工作场所职业卫生管理规定、学校卫生工作条例、消毒管理办法、结核病防治管理办法等规定,从不同领域出发,为公共卫生事业的发展提供规范支持。

通过对中国人大网、律商网(LexisCN)、北大法宝的相关立法进行梳理,公共卫生领域现行有效的立法包括法律、行政法规、部门规章。主要公共卫生立法梳理如下。基本医疗卫生与健康促进法是公共卫生与医疗卫生的综合性立法。具体领域的立法主要可以分为十二个方面。第一,传染病防治相关立法主要有 18 部,其中,有 1 部法律、2 部行政法规、15 项部门规章,涵盖传染病防治总体规定、传染性非典型肺炎防治、血吸虫病防治、艾滋病防治、结核病防治、麻风病防治、疟疾防治、鼠疫防治、医院感染管理、口岸传染病监测、传染病病人尸体解剖、病原微生物菌(毒)种保藏及运输等规定。[①] 第二,突发公共卫生事件应急管理相关立法主要有 4 部,其中,有 1 部法律、1 部行政法规、2 项部门规章,包括突发事件应对法、突发公共卫生事件应急条例、突发公共卫生事件交通应急规定、灾害事故医疗救援工作管理办法。第三,检验检疫相关立法主要有 17 部,其中,有 1 部法律、2 部行政法规、14 项部门规章,涵盖国境卫生检疫、口岸突发公共卫生事件检验检疫规定、交通卫生检疫、出入境特殊物品卫生检疫、保税区检验检疫监督管理、进出口化妆品等产品的检验检疫、出入境报检、出入境检验检疫封识管理、口岸卫生许可管理、特别管理区检验检疫、进出境集装箱与快件检验检疫、出入境检验检疫风险预警、国境卫生检疫行政处罚等管理规定。[②] 第四,食品安全相关立法主要有 29 部,其中,有 1 部法律、2 部行政法规、26 项部门规章,包括食品安全总体规定、食品安全国家标准、食品生产经营监督、新食品原料安全性审查、食品添加剂生产管理、食品添加剂新品种管理、特种营养食品生产管理、食品用化工产品生产管理、网络餐饮服务食品安全、

---

① 参见曹玉等主编:《药物临床试验实践》,中国医药科学技术出版社 2021 年版,第 157 页。

② 参见国家质量监督检验检疫总局编:《进出口商品检验监管》,中国质检出版社 2013 年版,第 68 页。

食盐加碘消除碘缺乏危害、进出口食品安全管理、进口寄售食品卫生管理、出口食品卫生管理、口岸食品卫生监管、食品安全保障的企业责任、学校食品安全、铁路食品卫生、供销合作社食品卫生、农村集市贸易食品卫生、保健食品管理、保健食品原料目录与功能目录管理、保健食品申报与受理、“绿色食品”产品管理、次鲜鸡蛋处理的卫生规定等内容。第五,药品管理相关立法主要有 36 部,其中,有 1 部法律、5 部行政法规、30 项部门规章,涵盖药品管理总体规定、新药管理、药品特别审批、药品注册管理、药品进口管理、药品生产监管、药品生产质量管理、药品经营许可、药品经营质量管理、药品流通监管、药物非临床研究质量管理、药品检验所工作管理、药品认证管理、麻醉药品和精神药品管理条例、药品类易制毒化学品管理、放射性药品管理、生化药品生产经营管理、医疗用毒性药品管理、新生物制品审批、药品包装管理等方面。第六,疫苗管理相关立法主要有 4 部,其中,有 1 部法律、3 项部门规章,分别是疫苗管理法、预防接种异常反应鉴定办法、全国计划免疫工作条例、体外诊断试剂注册与备案管理办法。第七,血液制品管理相关立法主要有 6 部,其中,有 1 部法律、1 部行政法规、4 项部门规章,包括献血法、血液制品管理条例、血站管理办法及工作条例、单采血浆站管理办法、整顿生物制品与血液制品的相关规定。第八,化妆品、消毒用品、饮用水管理相关立法主要有 8 部,其中,有 1 部行政法规、7 项部门规章,包括化妆品监督管理条例、化妆品生产经营监管规定、城市供水水质管理、铁路生活饮用水卫生管理、生活饮用水卫生监督、消毒管理规定、消毒药械和医疗卫生用品审批等内容。第九,生育及母婴保健相关立法主要有 6 部,其中,有 2 部法律、4 项部门规章,涵盖人口与计划生育、母婴保健、新生儿疾病筛查等内容。第十,职业卫生相关立法主要有 19 部,其中,有 1 部法律、18 项部门规章,包括职业病防治、职业病诊断与鉴定、职业病危害项目申报、职业健康检查、工作场所职业卫生管理、建设项目职业病防护、工业卫生管理等规定。①第十一,公共场所卫生管理相关立法主要有 9 部,其中,有 3 部行政法规、6 项部门规章,包括公共场所卫生管理条例、口岸卫生监督办法、托儿所幼儿园卫生保健、旅客列车卫生监管等内容。第十二,精神卫生及其他卫生行政规定主要有 9 部,其中,有 1 部法律、8 项部门规章,涵盖精神卫生法、卫生行政许可管理办法、卫生行政处罚程序、环境卫生监测站及卫生防疫站工作条例等规定。

① 参见陈雄:《职业卫生法律法规》,重庆大学出版社 2018 年版,第 150 页。

党的十八大以来，在全面依法治国的进程中，①公共卫生领域的各项法律规范不断完善，公共卫生立法成效显著，立法发展成就突出。针对疫情防控的现实要求，公共卫生立法、修法、释法工作稳步推进，中国公共卫生立法不断优化。2013年修改《中华人民共和国传染病防治法》。2015年修订《单采血浆站管理办法》，2016年修订《药品经营质量管理规范》《麻醉药品和精神药品管理条例》《血液制品管理条例》《生活饮用水卫生监督管理办法》。2017年发布《药物非临床研究质量管理规范》；修订《食品添加剂新品种管理办法》《药品经营许可证管理办法》《消毒管理办法》《中华人民共和国母婴保健法》《卫生行政许可管理办法》《卫生行政执法文书规范》《血站管理办法》，以及国境口岸食品卫生监管、新食品原料安全性审查、食盐加碘消除碘缺乏危害管理的相关规定。2018年修改了《中华人民共和国职业病防治法》《中华人民共和国精神卫生法》《中华人民共和国国境卫生检疫法》《出入境检验检疫报检规定》《国境口岸卫生许可管理办法》《出入境检验检疫封识管理办法》，以及保税区检验检疫、出入境特殊物品卫生检疫、出入境检验检疫风险管理、特别管理区进出物品检验检疫、口岸食品卫生监督管理、进出境集装箱及快件检验检疫、进出口化妆品及水果检验检疫、国境口岸突发公共卫生事件应急处置的检验检疫相关规定。2019年颁布了《中华人民共和国基本医疗卫生与健康促进法》《中华人民共和国疫苗管理法》《学校食品安全管理》《保健食品原料目录的管理》等相关规定；②同年，修改了《中华人民共和国药品管理法》《血吸虫病防治条例》《艾滋病防治条例》《职业健康检查管理办法》《公共场所卫生管理条例》，以及药品管理法实施条例、食品安全法实施条例、国境卫生检疫法实施细则、国境口岸卫生监督办法。2020年出台了《药品注册管理办法》《药品生产监督管理办法》《生物制品批签发管理办法》《工作场所职业卫生管理规定》；修订了《口岸艾滋病预防控制管理办法》，以及保健食品注册与备案管理、网络餐饮服务食品安全管理的相关规定。③ 2021年颁布了进出口食品安全管理、职业病诊断与鉴定、化妆品生产经营监督管理、体外诊断试剂注册与备案管理规定；修改了《中华人民共和国食品安全法》，以及《中华人民共和国人口与计划生育法》等规范。2022年出台了食品安全企业责任的监督管理规

---

① 参见谭毅等主编：《中国特色社会主义理论与实践研究》，中山大学出版社2019年版，第117页。

② 参见肖平辉：《互联网背景下食品安全治理研究》，知识产权出版社2018年版，第212页。

③ 参见国家信息中心、中国信息协会编：《中国信息年鉴2017年》，中国信息年鉴期刊社2017年版，第224页。

定，修改了《食品安全抽样检验管理办法》，为强化公共卫生法治保障奠定坚实基础。

第二节　国外公共卫生立法的主要模式

在公共卫生发展的过程中，世界各国形成了相应的公共卫生立法模式。从立法逻辑与立法体例角度看，主要包括法国的法典化模式、英国的统一立法模式、澳大利亚与加拿大的地方立法模式。在公共卫生历史发展过程中，各个国家也在综合运用不同的法律模式。本部分主要从不同国家的法律传统、立法体例与名称设定的突出特点，以及具有代表性的公共卫生立法文本分析出发，对主要的公共卫生立法路径、体例、模式进行归纳和分析。

一、法典化模式：法国《公共卫生法典》编纂体例与准用性规则设置

法国《公共卫生法典》(Code de la santé publique)共分为六个部分，分别是"一般健康保护"、"性健康和生殖健康""妇女权利和保护儿童""青少年和青年人的健康"、"对抗疾病和成瘾"、"卫生专业"、"保健品"、"卫生机构和服务"。具体内容梳理如下。①

第一部分第 L1110-1 至 L1545-4 条有五卷，分别是"在健康方面对人员的保护""人体元素及相关产物的捐赠和使用""保护健康和环境""卫生总局""马约特岛、瓦利斯群岛和富图纳群岛以及法属南部和南极地区、新喀里多尼亚和法属波利尼西亚规定"。其中，第一卷第 L1110-1 至 L1181-1 条分为八编，分别是"病人和卫生系统使用者的权利""涉及人的研究""遗传特征的检查、DNA 鉴定和遗传咨询师的职业""健康风险后果的赔偿""预防与某些诊断、治疗或非医疗活动有关的风险""患者的治疗教育""预防健康风险因素""减少与卖淫有关的伤害"。第一编包括预备章节及四章规定，对于人权、卫生系统使用者的信息及其意愿的表达、卫生机构收容人员管理、机构对被接收人员的财产保护所负的责任、使用者参与卫生系统的机制、刑罚规定，以及对拒绝治疗的患者和临终患者的意愿表达，数字健康空间、共享病历和药品记录，数字形式创建或复制的个人健康数据等方面的规定。第二编包括八章规定，其中，第三章又分为章节一、章节二两

① *Code de la santé publique*, https://www.legifrance.gouv.fr/codes/texte_lc/LEGITEXT000006072665/, visited on November 30th, 2022.

个部分，规定与涉及人的研究有关的一般原则、涉及该人的研究对象的信息和同意、保护人员和主管当局委员会、国防保密范围的临床调查和绩效研究、药品临床试验适用等特别规定、刑罚规定等内容。第三编包括预备章节及三章规定，分别对一般原则、遗传特征和 DNA 鉴定检查及亲属关系认定、遗传咨询师职业及相应的刑罚作出规定。第四编包括四章规定，对于获得残疾或死亡保险、基因检测及风险防范、卫生系统运作造成的健康风险、集体诉讼及相关共同条款作出规定，其中规定了防范卫生系统运作造成的"健康风险"的一般原则，①发生医疗事故、医源性疾病或院内感染时的解决程序，医疗事故专家程序设置、对被害人的赔偿、对苯氟醚受害者的赔偿、对丙戊酸钠或其衍生物受害者的赔偿、医疗责任、医疗风险和与护理相关的风险观察、集体诉讼的原则和责任判断、集体诉讼的调解和判决的执行。第五编主要对诊治或非医疗活动的保护措施和行政处罚作出规定。第六编对患者的治疗教育作出规定。第七编规定预防健康风险的基础要求及体育活动要求。第八编规定减少与卖淫有关的伤害。第二卷第 L1211-1 至 L1274-3 条分为七编，分别是"一般原则""人体血液""器官""组织、细胞、人体产物及其衍生物""器官、组织和细胞的共有规定""为医学教学和研究目的捐赠遗体""刑罚规定"，规定了血液、血液成分、血液制品的收集、制备和储存，组织、细胞及其衍生物的制备、保存和使用，获准摘除器官的机构、器官移植、对进行抽样的机构的授权等内容。第三卷第 L1311-1 至 L1343-4 条分为五编，分别是"一般规定""水和食品安全""预防与环境和工作有关的健康风险""中毒防范""保护举报人"，包括对法国食品、环境、职业健康与安全署职能的规定，对食品安全、建筑物和聚集区等公共场所卫生，对电离辐射、氡、铅、石棉、噪声、空气和废物、危害人类健康的动植物物种的控制，以及中毒案件报告的规定等。第四卷第 L1411-1 至 L1470-6 条分为七编，分别是"机构""行政管理""区域卫生机构""对海外集体的特别规定""伦理和健康专业知识""健康数据""数字医疗服务"，包括对国家公共卫生局(Agence nationale de santé publique)、区域卫生警戒组织、国家癌症研究所、区域卫生机构的任务和权力，以及卫生监测、健康认证和评估、卫生政策的地域化、与卫生服务提供者的合同签订、国家卫生数据系统、健康数据平台、数字医疗服务用户的电子身份识别的规定等。第五卷第 L1511-1 至 L1545-4 条分为四编，分别对马约特岛、瓦利斯群岛和富图纳群岛、法属南

① Helen L.Treanor, *Health Risks and the Health Care Professional*, *Health Care and Philosophy*, Vol. 3, Issue 3, 2000, p.251.

部和南极地区、新喀里多尼亚和法属波利尼西亚的健康风险防范等，作出具体规定。

第二部分第 L2111-1 至 L2446-3 条有四卷，分别是“保护和促进母婴健康”“自愿终止妊娠”“机构、服务和组织”“马约特岛、瓦利斯群岛和富图纳群岛以及法属南部和南极地区、新喀里多尼亚和法属波利尼西亚规定”。其中，第一卷第 L2111-1 至 L2164-2 条分为六编，分别是“部门妇幼保护服务”“未来配偶及父母所应当采取预防措施”“关于儿童、青少年和年轻人的预防措施”“医疗辅助生育”“人类胚胎、人类胚胎干细胞和人类诱导多能干细胞的研究”“刑罚条款”。第一编是妇幼保健的组织和总则规定。第二编对婚前医学检查、孕期及孕后的预防性检查、避孕及绝育作出规定。第三编规定产前诊断和植入前诊断、生殖器发育变异的儿童救治、健康档案和强制性检查、食品、神经发育障碍的评估途径和“早期干预”等内容。① 第四编主要规定卫生机构、医学生物学实验室和其他组织的授权和运营条件。第五编对胚胎、诱导多能干细胞等研究作出规定。第六编是关于刑罚条款的规定。第二卷第 L2211-1 至 L2223-2 条分为“一般规定”“刑罚条款”两编，包括妊娠第十四周结束前进行的中断、因医疗原因终止妊娠、非法终止妊娠等规定。第三卷第 L2311-1 至 L2326-4 条分为两编，包括“规划、教育和家庭咨询组织”“其他机构和服务”等规定。第四卷 L2421-1 至 L2446-3 条分为四编，分别具体地区的妇幼保健、产前诊断、胚胎及胚胎细胞研究、避孕绝育及对相应的刑罚作出规定。

第三部分第 L3111-1 至 L3845-2 条有八卷，其中，第二卷又分为两个分卷。包括“抗击传染病”，以及针对精神疾病、饮食失调、酗酒、毒瘾、吸烟、兴奋剂、日常消费品的危险使用、性犯罪等的预防与监管措施。第一卷第 L3111-1 至 L3136-2 条分为三编，分别是“抗击流行病和某些传染病”“人类免疫缺陷病毒感染和性传播感染”“严重的健康威胁和危机”。第一编包括六章，涵盖疫苗接种、防治结核病和麻风病、向卫生当局强制传输个人数据、其他控制措施、防范疾病的国际传播、刑罚方面的规定。第二编主要对污染受害人的赔偿作出规定。第三编对“隔离检疫、安置和维护措施”“卫生储备的构成和组织”“第三章适用于医疗预备役人员的规定”“储备金使用规则”“应对特定风险的措施”及相应的刑罚作出规定。第二卷的第一分卷第 L3211-1 至 L3251-6 条分为两编，对精神病治疗方式、组织支持作

① Douglas L. McQuiston, Early Intervention Mediation, *Colorado Lawyer*, Vol. 47, Issue 10, 2018, p.28.

出规定。第二卷的第二分卷第 L3231-1 A 至 L3232-9 条单编规定营养与健康及饮食失调防范措施。第三卷第 L3311-1 至 L3355-8 条分为五编，分别是“预防酗酒”“饮料”“饮酒场所”“制止公众醉酒和保护未成年人”“刑罚条款”。其中，第一编单章针对酗酒的防范作出规定。第二编对饮料的分类、生产、贸易及广告作出规定。第三编规定饮酒场所数量限制、许可证的有效期、保护区等内容。第四编规定公共醉酒管制、未成年人保护。第五编是刑事责任规定。第四卷第 L3411-1 至 L3425-2 条包括“吸毒者医疗保健组织”“处罚规定和附带措施”两编。第五卷第 L3511-1 至 L3525-1 条分为“与吸烟作斗争”“与兴奋剂作斗争”两编。第六卷第 L3611-1 至 L3631-2 条包括三编，针对日常消费品的转移管制、误用和危险使用防范、控制作出规定。第七卷第 L3711-1 至 L3711-5 条对性犯罪预防、治疗和社会法律后续行动作出规定。第八卷 L3811-2 至 L3845-2 条分五编对具体地区的流行病防治、精神疾病防治、烟草控制、性犯罪预防等作出规定。

第四部分第 L4001-1 至 L4444-3 条有预备卷及四卷规定，分别是“通用条款”“医学专业”“药学和医学物理学专业”“医疗辅助人员、护理人员、儿童保育辅助人员、护理人员和牙科助理”“马约特岛、瓦利斯群岛和富图纳群岛以及法属南部和南极地区、新喀里多尼亚和法属波利尼西亚规定”。其中，涵盖了对于执业条件、名册登记、服务提供声明、执业相关的通用规则、部门理事会、全科医生、专科医生、专业实践质量的认证、牙医、助产士、药剂师、药房准备人员、医学物理学家职业、医疗辅助人员、护理人员、护士、按摩师—物理治疗师、手足病医生、精神运动学家、言语治疗师、视觉矫正师、医学实验室技术员、听力修复师、配镜师、矫形器师、残疾人验配师、营养师、育儿辅助人员、看护人等职业的规定。从立法内容上看，本部分应当归入以“医务人员”管理等内容为核心的医事立法，①而非公共卫生立法的范围。

第五部分第 L5111-1 至 L5542-2 条有五卷，分别是“医药产品”“医疗器械、体外诊断医疗器械和其他符合公众健康利益的受管制产品和物品”“国家药品和健康产品安全局”“刑事和经济制裁”“马约特岛、瓦利斯群岛和富图纳群岛以及法属南部和南极地区、新喀里多尼亚和法属波利尼西亚规定”。其中，第一卷第 L5111-1 至 L5161-1 条分为六编，分别是“与医药产品有关的一般规定”“人用药物”“其他受管制的医药产品和物质”“兽

① Martin Lloyd Norton, Medical Staff Law, *International Society of Barristers Quarterly*, Vol.17, Issue 4, 1982, p.401.

药”“全部或部分由转基因生物组成的健康产品”“含有纳米颗粒形式物质的健康产品”。第一编是药典规定。第二编是关于药物的警戒、供应、价格、认证、制造、批发、流通、经纪、操作、检查等方面的规定。第三编是关于化妆品、有毒物质和制剂、避孕药具、自愿终止妊娠的产品、特殊医学用途的膳食食品、药用原料、微生物和毒素等的管理规定。第四编规定制造兽药产品的物质,负责兽药产品领域食品、环境和职业健康安全的国家机构的权限和特权等内容。第五编和第六编分别对含有特定成分的健康产品管理作出规定。第二卷第 L5211-1 至 L5233-1 条分为三编,分别是“医疗设备”“体外诊断医疗设备”“其他产品和物品”。其中,“医疗设备”部分主要是医疗器械法律制度规定。“体外诊断医疗设备”主要规定体外诊断医疗器械的警戒措施和广告监管。“其他产品和物品”主要是对与婴幼儿有关的物品、自动体外除颤器等产品和物品管理作出规定。第三卷第 L5311-1 至 L5324-1 条主要对国家药品和健康产品安全局的任务、职权、组织、财务等作出规定。第四卷 L5411-1 至 L5472-3 条主要规定调查和发现违法行为的途径,以及伪造药品、违反其他受管制的医药产品和物资管理规定需要承担的责任。第五卷 L5511-1 至 L5542-2 条对具体地区的医药产品、医疗器械和其他符合公众健康利益的管制产品和物品管理作出规定。

第六部分第 L6111-1 至 L6441-1 条有四卷,分别是“卫生机构”“医学生物学”“紧急医疗救助、长期护理、医疗运输、远程医疗和其他医疗服务”“马约特岛、瓦利斯群岛和富图纳群岛以及法属南部和南极地区、新喀里多尼亚和法属波利尼西亚”规定。第一卷第 L6111-1 至 L6163-10 条对卫生机构的使命、公立医院服务、卫生设备、区域卫生机构协调卫生系统的发展、地区医院集团、卫生合作团体、院际医疗联合会、公共卫生机构、医疗和制药人员、教学和医院工作人员、医学和药学等专业的学生、社会组织、医疗和药学等领域的专设委员会、国家法定委员会、私人医疗机构、“抗癌中心”等作出规定。① 第二卷第 L6211-1 至 L6242-5 条规定医学生物学考试、医学生物学实验室、国防部长授权的医学生物学实验室的特殊规定、开放和操作条件、检查和处罚、行政和纪律处分、刑事制裁等内容。第三卷第 L6311-1 至 L6329-1 条对紧急医疗救助、医疗运输、护理、门诊医疗、远程医疗、卫生网络、整容手术、健康中心、养老院、生育中心、卫生服务经费分配、由非营利组织管理的流动护理团队、武装部队卫生服务的医疗中心和机动医疗队、人口

① Virginia Corbett ed., Characteristics and Outcomes of Ethics Consultations on a Comprehensive Cancer Center's Gastrointestinal Medical Oncology Service, *HEC Forum*, Vol.30, Issue 4, 2018, p.379.

和专业人员支持系统、医院接待中心等作出规定。第四卷 L6411-1 至 L6441-1 条对具体地区的卫生机构、卫生设备、医务人员、药学人员、非医务人员、私营医疗机构、实验室、紧急医疗救助、药房、武装部队卫生服务管理作出规定。

其中,可以合理借鉴的是其准用性规则设置,在一定程度上有助于从公共卫生立法与民法典的衔接角度,推动个体健康与公共健康保障的有机统一。法典使用了大量的准用性规则,促进法国《公共卫生法典》与其他立法的衔接。例如,法典第 L1111-2 条规定,人人有权了解自己的健康状况相关的信息;这些信息应涵盖所提出的各种调查、治疗或预防措施,如果在进行调查、治疗或预防行动后发现新的风险,必须通知有关人员;本条规定的信息应以适合其理解能力的方式,提供给受《法国民法典》第一卷第十一章规定的成年人。第 L1111-5-1 条规定,通过克减《法国民法典》第 371-1 条的适用,以健康保护为目的,保障未成年人接受预防、筛查、诊断、治疗或干预等措施的权利。第 L1111-26 条规定,第 L1111-25 条所述的文件的数字副本,如果符合《法国民法典》第 1379 条第 2 款规定的可靠性条件,与纸质原始文件具有相同的证明价值。第 L1111-27 条规定,本法典第 L1111-25 条中提到的以数字形式创建的文件,在根据《法国民法典》第 1366 条规定的条件起草和保存时,与纸质文件具有相同的证明价值。第 L1111-28 条规定,如果签名文件是在数字媒体上创建的,则签名过程需要符合《法国民法典》第 1367 条第 2 款的条件。准用性规则设置有利于推动公共卫生立法与民法典的有机协调。但是,法国《公共卫生法典》聚合民事规定、刑事规定、医事立法、环境法律规定等内容,并且,将中毒案件报告、食品安全、环境健康危害、噪声及废物污染、建筑物和聚集区等公共场所卫生等规定纳入同一篇章进行规定,在立法结构和立法内容上需要加以辩证分析。

二、统一立法模式:英国《公共卫生法案》《公共卫生(疾病控制)法》

1848 年英国《公共卫生法案》(Public Health Act)的颁布,①从立法逻辑与立法体例、立法形式与立法技术的角度看,是公共卫生统一立法的历史探索。该法案产生于英国快速工业化的历史背景下。在这一历史时期,城市基础设施薄弱对人口健康和安全带来不利影响,1842 年查德威克发布关于

① 参见[英]马克·韦尔德:《环境损害的民事责任——欧洲和美国法律与政策比较》,张一心等译,商务印书馆 2017 年版,第 385 页。

劳动人口卫生状况的报告,1848 年暴发了严重的霍乱。1848 年《公共卫生法案》也被称为“查德威克法案”,①此后该法案经历了多次修改。其中,1848 年英国《公共卫生法案》的核心在于设立中央卫生委员会,并设立三位专员,从供水、排水、铺路等事务出发,改善英格兰和威尔士的卫生状况。1858 年的《公共卫生法》通过之后,废除了中央卫生委员会,其部分职能“由负责内政部和地方政府法案办公室的国务秘书”承担,部分职能由“枢密院”承担。1871 年,卫生委员会纳入地方政府委员会。1875 年《公共卫生法》侧重地方卫生行政规定。这一立法汇集了已有关于社会变革与公共卫生改善的规定,规定由地方当局负责卫生管理,“提供清洁用水,处理所有污水和垃圾,并确保只出售安全食品”②。1925 年《公共卫生法》对 1875 年至 1907 年《公共卫生法》、1846 年至 1899 年的《浴室和盥洗室法》(Baths and Washhouses Acts)进行了修订。1936 年《公共卫生法》主要包括十二部分,三百四十七条规定,三个附表,分别规定了地方管理地方当局及其辖区、建筑卫生与下水道和污水处理、清除垃圾、清理通道、饲养动物的卫生要求,公共卫生设施、公共水井及水箱管理、预防及治疗疾病的规定、医院与疗养院管理、太平间和验尸房管理规定、母婴福利及儿童生命保护、公共浴室和洗衣房卫生、游泳池和救生器具配备、水道和沟渠清理,以及关于损害赔偿、通知形式等的规定。

1961 年《公共卫生法》修正 1936 年《公共卫生法》有关建筑、污水的规定,并对地方当局的环境卫生等职能等内容进行了修改。1961 年《公共卫生法》包括七个部分,八十六条规定,五个附表,具体内容如下。③ 第一部分第 1 条至第 3 条是“总则”(General)规定,主要对立法涉及的法律概念及其适用范围作出规定。第二部分第 4 条至第 37 条“卫生和建筑”(Sanitation and Buildings),对下水道、排水沟和卫生设施等作出规定,包括地方当局在修理排水渠、清理堵塞的排水渠等方面的职权,并规定在具体实施过程中,既可以依职权,也可以依申请进行行为。例如,第 17 条规定,如果地方当局认为排水管、私人下水道、抽水马桶、废水管或污水管等,没有得到充分维护

① 参见[英]弗雷德里克·F.卡特赖特等:《疾病改变历史》,陈仲丹译,华夏出版社有限公司 2020 年版,第 144 页。

② *The 1848-1875 Public Health Acts Facts & Worksheets*, https://schoolhistory.co.uk/modern/1848-1875-public-health-acts/#:~:text=The%201848%20and%201875%20Public%20Health%20Acts%20were, towns%20and%20populous%20areas%20in%20England%20and%20Wales, visited on November 30th, 2022.

③ *Public Health Act 1961*, https://www.legislation.gov.uk/ukpga/Eliz2/9-10/64/contents, visited on January 10th, 2020.

和良好维修,并且能够以不超过 250 英镑的费用进行充分修理,"地方当局可在向有关人员发出不少于 7 天的通知后",安排人员进行修理。第 22 条规定,地方当局可根据"任何处所的所有者或占用人的申请,对处所内或与之相连的任何排水沟、抽水马桶、水槽或沟渠进行清洁或维修,并可向申请人追回此类合理费用"。此外,第二部分还有关于垃圾处理、有虫害等的场所或物品的清理、禁止出售带有害虫的家居物品等的规定。第三部分第 38 条至第 42 条"疾病的预防和报告"(Prevention and Notification of Disease),目前已经废止。其被 1984 年《公共卫生(疾病控制)法》的相关规定所替换,在下面一段进行相关规定的法条梳理。第四部分第 43 条至 54 条"街道和公共场所"(Streets and Public Places),包括对于路灯与建筑物、公园和游乐场等的管理规定。第 45 条规定,地方政府或教区议会"可以在建筑物上安装路灯、支架、管道、电线和街道照明可能需要的设备"。"如果建筑物的所有人因根据本条在建筑物上附加任何附属物"而遭受损害,相关部门"参考他在建筑物中的权益价值"进行赔偿。第 52 条,在 1907 年公共卫生法修正案(Public Health Acts Amendment Act 1907)"赋予地方当局一定的公园和游乐场权力"基础上,①拓展至"在每个地方当局的整个地区"有权对公园和游乐场进行管理。第五部分第 55 条至第 71 条是关于废水处理等的规定,包括对养殖、科研等具体领域的废水排放的处理,以及信息披露的限制规定等内容。第六部分第 72 条至 81 条是杂项规定,涵盖对废弃的油罐、建筑区范围的鸽子和其他鸟类、溜冰场、海边游船、理发及美发等领域的管理,以及过失损害赔偿的规定。第七部分第 82 条至第 86 条对修改地方法令的权力,保留与古迹有关的规划法,扩大对《公共卫生法》的引用等作出补充规定。

1984 年《公共卫生(疾病控制)法》[Public Health (Control of Disease) Act 1984],修正了 1961 年《公共卫生法》第 38 条至第 42 条等规定。《公共卫生(疾病控制)法》以疾病控制与港口卫生管理为立法目标,对疾病报告、隔离处置等措施作出规定。1984 年《公共卫生(疾病控制)法》包括六个部分,七十九条规定,三个附表,具体内容如下。② 第一部分第 1 条至第 9 条"行政规定"(Administrative Provisions),明确"地方当局"的范围包括区议

① *Public Health Act 1925*, https://www.legislation.gov.uk/ukpga/Geo5/15-16/71#:~:text=Public%20Health%20Act%201925%201925%20CHAPTER%2071%2015, for%20other%20purposes%20relating%20to%20the%20public%20health., visited on January 10th, 2020.

② *Public Health (Control of Disease) Act 1984*, https://www.legislation.gov.uk/ukpga/1984/22/contents, visited on January 10th, 2020.

会、英格兰地区的郡议会、威尔士地区的自治市镇议会、伦敦自治市议会等，规定港口卫生区及口岸卫生主管部门的权限，伦敦港的范围、伦敦港口管理局的管辖权限，以及内在陆或沿海水域的船只管理等内容。第二部分又再次分为两个方面，在其中的第一个方面（PART II），也即第 10 条至第 45 条的“疾病控制”（Control of Disease）部分，涵盖了关于应报告的疾病、对法定传染病和食物中毒病例的报告、防止地方病或传染病传播的控制措施、违反相关规定所应当受到的处罚、地方当局指示其他类型的应通报疾病的权力、接触易传播法定类型疾病的人员和物品管理、发生法定类型疾病或食物中毒时所应提供的信息、患有法定传染病的人员的管理、禁止传染性物质放入垃圾箱、消毒站设置、对存在法定疾病的场所的管理、场所消毒、公共交通工具的运营者与司机等人员的责任、将患有法定疾病的人转移到医院、对被认为是应呈报疾病携带者的人群进行体检、公共住宿的管理员通知传染病病例、隔离死于法定疾病的人的尸体、因应呈报疾病而关闭公共住宿场所等规定。在其中的第二个方面（Part 2A），也即第 45A 至第 45T 条“公共卫生保护”（Public Health Protection）部分，对国内及国际旅行等领域的健康防护、药物治疗、对人或事物采取健康措施的权力、有关团体的命令、命令的有效期、更改或撤销命令的程序、应急程序等作出规定。例如，第 45I 条规定，符合法定情形的，相关部门有权关闭特定场所，扣留运输工具，对相关场所进行消毒，并对特定的场所、人员、事件范围进行了规定。第三部分第 46 条至第 48 条“尸体处理”（Disposal of Dead Bodies），包括埋葬和火葬、处置尸体的限制规定等内容。第四部分第 49 条至第 53 条“运河船只”（Canal Boats），包括进入和检查运河船只的权力、地方当局和港口卫生当局的职责等内容。第五部分第 54 条至第 56 条是杂项规定，主要规定关于健康和疾病的指导，以及帐篷、货车、棚屋等管理。第六部分第 57 条至第 79 条是关于赔偿、通知、起诉、查处等的一般规定。

英国《公共卫生法案》从立法体例、名称设置、立法技术与立法形式上具备公共卫生“统一立法”的特征，①也即，以“公共卫生法”这一立法名称，作为疾病防治、卫生保护的统一体例和形式。从立法技术上看，以“公共卫生法”为名称和体例，能够统合传染性与非传染性疾病防治、常规状态与应急状态卫生立法、公共卫生产品与公共卫生服务等立法内容，从而形成以统一立法、统合立法为特征的公共卫生立法系统。与英国的公共卫生统一立法体例不同，德国等欧洲国家的卫生立法主要表现为传染病防治、食品、药

① 参见何华刚主编：《职业卫生概论》，中国地质大学出版社 2012 年版，第 11 页。

品、应急状态等领域的专项立法。例如,德国的《传染病防治法》(IFSG)、《食品、日用品与饲料法典》、《药品流通法》(AMG),以及基本法关于疫情等特殊紧急情况的规定。① 其中,德国《传染病防治法》针对新冠病毒感染疫情防控进行了修改,也被称为《防治和控制人类传染病法》。该项立法当中涵盖了"国家健康保护储备中的防护口罩""报告疾病""流行病学监测""预防传染病的一般与特别措施""官方命令的消毒和控制措施""保护性疫苗接种和其他特定预防措施""院内感染""防止冠状病毒病传播的特殊保护措施""隔离""职业禁止""卫生要求、合作义务、卫生当局的任务""实验室遏制和根除脊髓灰质炎病毒"等立法内容。②

在立法体例上,英国出现了以"公共卫生法"为名称的形式上的一体立法模式,并经过了不同阶段的发展,其中涉及传染病的人员、场所、事件的管理和消毒等规定,相较于以往具有历史进步性。但从实体内容上看,该法案对于当下的防疫而言,其立法结构尚不健全,立法当中对于可能传播法定疾病的人员予以开除等规定,并不符合现代法治文明理念的要求。此外,英国还制定了《国家卫生服务法》(National Health Service act),该法案实际上是公共卫生与医疗卫生的综合性立法。《国家卫生服务法》,也被译为《国民健康服务法》。其中包含"卫生服务促进""卫生服务团体""地方当局和国民医疗保健系统(NHS)""医疗服务""牙科服务""眼科服务""医药服务""家庭卫生服务投诉部门"等十四个部分的内容。③ 在内容上融合了医事立法与公共卫生立法的规定。其他国家也有关于公共卫生服务的专门立法。例如,美国也出台了《公共卫生服务法》(Public Health Service Law),④对药物滥用及精神健康服务、突发公共卫生事件综合防范、健康职业教育、健康信息与健康促进,以及遗传病、血友病、婴儿猝死综合征、乳腺癌、宫颈癌、艾滋病的防治作出规定。同时,还有"马萨诸塞州卫生及医疗法"等规定出台。⑤ 美国《公共卫生服务法》关于卫生信息技术等方面的规定具有一定的借鉴意义,但立法的逻辑体例并未涵盖食品卫生、药品供应保障等内容。从总体上看,以"公共卫生法"为名称进行统一立法的路径可以合理借鉴,但

---

① 参见郑常卫:《德国这样应对突发公共卫生事件》,《中国人大》2020 年第 19 期,第 54 页。

② Gesetz zur Verhütung und Bekämpfung von Infektionskrankheiten beim Menschen, https://www.gesetze-im-internet.de/ifsg/, visited on November 30th, 2022.

③ 参见杨杰等主编:《部分国家卫生基本法研究》,法律出版社 2017 年版,第 439 页。

④ 42 U. S. Code Chapter 6A – PUBLIC HEALTH SERVICE, https://www.law.cornell.edu/uscode/text/42/chapter-6A, visited on November 30th, 2022.

⑤ 参见[美]梅尔曼:《以往与来者:美国卫生法学五十年》,唐超译,中国政法大学出版社 2012 年版,第 15 页。

在立法结构和立法内容方面，需要探索公共卫生统一立法的中国路径，以公共卫生立法与医事立法等规定的区分为基础，形成体系完备、内容协调的公共卫生立法格局。

三、地方立法模式：澳大利亚新南威尔士州、加拿大艾伯塔省公共卫生法

澳大利亚、加拿大等国“设立了地方立法”体制。[①] 在公共卫生立法方面，澳大利亚新南威尔士州、加拿大艾伯塔省分别出台了相应的《公共卫生法》(Public Health Act)。

澳大利亚新南威尔士州《公共卫生法》(Public Health Act)共分为九个部分，包括一百三十六条规定和五个附录，具体内容如下。[②] 第一部分第1条至第6条是预备章节(Preliminary)，规定了立法目标、地方政府在环境健康方面的责任，以及首席卫生官、公共场所等公共卫生法律概念的定义。第二部分又分为两个方面，在其中的第一个方面第7条至第12条“一般公共卫生”(General public health)部分，对一般状态与紧急状态下处理公共卫生风险、处理公共当局行为引起的公共卫生风险、以公共卫生为由关闭公共场所、指示消毒或销毁有害物品的权力作出规定。其中，还有关于公共卫生措施的公布程序、消毒等行为需要承担的责任规定。例如，第7条规定，在符合法定要求的情况下，可宣布新南威尔士州的任何部分为公共健康风险区域，并且，可以采取“隔离该地区的居民”“阻止或有条件地允许进入该区域”等措施。上述“命令必须在下达后尽快在公报上公布”。第12条规定，由于物品的消毒或销毁而遭受损害的人有权获得合理的赔偿，除非需要消毒或销毁的物品的状况可归因于该人的行为或过失。在其中的第二个方面(Part 2A)“关于健康问题的公共警告”(Public warnings about health matters)，第12A条规定了首席卫生官可以公布一份声明，确定并发出有关公共卫生风险的警告或信息；第12B条规定，首席卫生官或任何其他人不因善意公开而承担任何责任。第三部分第13条至第50条“环境健康”(Environmental health)，对饮用水安全、质量保证计划、公共游泳池和水疗池管理，以及引发军团病(Legionnaires disease)的冷却水或热水系统管理，以及禁止令、复检、违反禁令所要承担的责任等作出规定。第四部分第51

① 参见黄蒙地：《国外地方立法概况》，《人大研究》1993年第3期，第35页。

② *Public Health Act 2010 No. 127*, NSW Government website, https://legislation. nsw. gov. au/view/whole/html/inforce/current/act-2010-127, visited on January 10th, 2020.

条至76条“规定的医疗条件”(Scheduled medical conditions),规定预防某些疾病传播的措施、通知和处理、患者信息保护、公共卫生命令的持续时间、不遵守公共卫生秩序的罪行,以及经地方法院授权披露姓名和地址等内容。其中,第61条规定,知道或有合理理由怀疑某人患有法定类型的疾病,其可能因此而对公共健康构成威胁,并且病情的性质需要进行与该病症相关的医学检查或测试,应通过书面通知指示有关人员在指定期限内接受指定类型的体检或测试。该部分第53条、第71A条、第76条规定已废止。第五部分第77条至第88条“其他疾病控制措施和通知”(Other disease control measures and notifications),对性传播感染、法定传染病清单,以及儿童保育机构等在免疫接种方面的责任作出规定。第六部分第89条至第98条“公共卫生和疾病登记册”(Public health and diseases registers),规定疾病登记、生殖健康诊所等内容。第七部分第99条至第104条“杂项卫生服务”(Miscellaneous health services),包括提供和促进健康服务、由未注册的保健人员和相关保健组织提供的保健服务、疗养院等规定。第八部分第105条至第120条“法案的执行”(Enforcement of Act),包括授权人员进入场所的权力、搜查令、索取信息的权力、处罚通知、不遵守指示的罪行等规定。第九部分第121条至第136条“行政管理”(Administration),对公共卫生官员、授权人员、首席卫生官等职能,以及信息披露、信息保护、文件送达、年度报告、国家或个人责任的排除作出规定。在此基础上,“控制公共卫生风险”,加强“地方政府在保护公共卫生方面的作用”。①

加拿大艾伯塔省《公共卫生法》包括四个部分,七十七条规定。② 其中,第1条是相关法律概念的定义,第2条规定地区卫生当局的管辖权。第一部分第3条至第7条对公共卫生领域的申诉委员会设置、职能、报告等作出规定。第二部分第8条至第18.2条“行政管理”(Administration),对卫生管理人员、首席医疗官的职责作出规定。例如,第10条规定,“地区卫生当局应提供法规要求其提供的健康促进、预防、诊断、治疗、康复和姑息治疗服务、用品、设备和护理”;第13条规定,“地方卫生当局任命一人或多人为首席医疗官”;第15条规定,对于未被规定为须呈报的疾病,首席医疗官有权

① *Public Health Legislation*, NSW Government website, https://www.health.nsw.gov.au/phact/pages/default.aspx#:~:text=The%20Public%20Health%20A%E2%80%8Bct%202010%E2%80%8B%20was%20passed%20by, Act%20are%20to%3A%20protect%20and%20promote%20public%20health, visited on January 10th, 2020.

② Tracey M.Bailey ed., Healing, Not Squealing: Recent Amendments to Alberta's Health Information Act, *Health Law Review*, Vol.15, Issue 2, 2007, p.12.

建议对该疾病进行监测,以评估疾病的影响以及根据本法进行进一步干预的必要性;第 18.1 条规定,如果卫生管理人员有理由认为,某人已经从事或正在从事任何"可能对公众或某一类公众的健康造成威胁的活动",有权"书面通知要求该人在通知指明的时间内向卫生管理人员提供该活动的任何资料"。第三部分第 18.3 条至第 58 条"传染病和突发公共卫生事件"(Communicable Diseases and Public Health Emergencies),对报告免疫接种后的不良事件、有关突发公共卫生事件的信息、感染的发现和治疗、通知首席医疗官的义务、隔离检疫、感染者的运输、疫情通报、公共卫生紧急状态、紧急情况下的权力、地方公共卫生紧急状态的终止、禁止终止雇佣关系、健康评估、旅客信息的收集和披露、传染病信息的保密性、医疗机构工作人员信息的收集和披露、居家养老服务人员信息收集和公开、权限下放等内容作出规定。其中有关于传染病报告主体的分类规定,第 19 条规定,如果卫生管理人员知道或有理由相信患有传染病的人出入或可能经常出入公共场所,或者公共场所可能被传染病病原体污染,卫生管理人员有权"向公共场所负责人发出书面通知,要求该人在通知规定的时间内",向卫生管理人员提供任何相关资料;第 20 条规定,"任何知道或有理由认为自己感染或可能感染本款规定的传染病的人,应立即咨询医生以确定是否被感染,如果发现该人被感染,则应接受指导的治疗",并且,监护人对被监护人负有本条款规定的责任;第 22 条规定,如果保健人员、教师或机构负责人,知道或有理由认为相关人员感染了条例规定的传染病,"健康从业者、教师或机构负责人应将健康状况通知卫生管理人员",并且,对于通知提交的时间限制作出了规定,如果是法定立即通知的疾病应当以最快的方式通知,其他规定的疾病"48 小时内以规定的形式提交",关于传染病通知的规定还适用于生活住宿经营者、医生、社区卫生护士、助产士、医疗机构及实验室负责人;第 25 条规定,如果卫生管理人员收到传染病疑似病例的通知,但"该病例发生在卫生区域边界之外,该卫生管理人员应立即通知发生病例的卫生区域卫生当局";第 28 条规定:"地区卫生当局应以规定的形式向首席医疗官提交一份每周总结,其中包含卫生地区内发生的第 20 条所述的所有传染病病例";第 29 条规定,卫生管理人员应立即将根据有关规定采取的任何行动或公共卫生紧急情况通知首席医务官;第 53.1 条规定,首席医疗官有权通过书面通知,"要求医疗保健机构的经营者或承包商向首席医疗官和部门披露相关信息"。第四部分第 59 条至第 77 条规定卫生检查、专家协助、健康危害通知、免责情形、追偿权、文件送达等内容。

地方立法对于解决地域差异大背景下的公共卫生问题具有一定的积极

作用。澳大利亚新南威尔士州《公共卫生法》关于公共卫生社会责任的规定、加拿大艾伯塔省《公共卫生法》关于传染病通知主体的规定等内容,具有一定的借鉴意义。在我国公共卫生立法过程中,可以结合"先行先试"模式,①将一些制度设计在地方立法实践中试行,进而推动国家公共卫生立法的健全和完善。

第三节　国际公共卫生立法发展阶段及其与国内立法的关系

在"全球化时代的公共卫生法治"建设过程中,②国际立法与国内立法之间的相互影响程度加深。全国人大常委会法工委组织编写的《大智立法:新中国成立70年立法历程》指出,在现今的发展阶段,国内立法与国际规则之间的关系"从单向影响为主走向双向频繁互动",国内立法对国际规则制定的"影响力有了质的提升"。③ 随着《大流行病条约》(Pandemic Treaty)制定进程的启动,中国公共卫生立法积极回应实践中所面临的新问题,在健全和完善国内立法的同时,为提升中国在国际规则制定中的国际话语权提供有力支持。

一、《国际公共卫生条例》(ISR)及其对国内立法的影响

《国际公共卫生条例》(International Sanitary Regulations)是首部全球性的公共卫生公约,其于1951年5月25日获得出席第四届世界卫生大会的60个国家政府的代表一致通过,④于1952年10月1日起在世界卫生组织的所有成员国及表示同意的非成员国施行,并于1955年、1956年、1963年进行了修改。在历史发展过程及制定程序上,1948年,《世界卫生组织宪章》(Constitution of the World Health Organization)生效实施,对"人的幸福、和谐关系和安全的基本原则"作出规定,将健康定义为"完全的身心和社会福祉的状态",每个人都有权"享有能达到的最高标准健康","健康是实现

---

① 参见范贤政:《实验性立法研究》,中国政法大学出版社2018年版,第294页。

② 参见张海斌主编:《全球化时代的公共卫生法治:国别区域公共卫生法治动态》,法律出版社2022年版,第1页。

③ 《国际法与新中国成立70年立法实践》,中国人大网,www.npc.gov.cn/npc/dzlfxzgcl70nlflc/202108/7e3aaf6b374f428881637ee92ab921f7.shtml,2021年10月1日访问。

④ 参见吴崇其主编:《中国卫生法学》,中国协和医科大学出版社2005年版,第411页。

和平与安全的根本"所在,①并于第一次世界卫生大会(WHA)成立世界卫生组织。至第三次世界卫生大会时期,为审议国际卫生条例草案设立了特别委员会,该特别委员会编写了国际公共卫生条例草案。根据特别委员会会议记录的记载,在这一过程中召开了36次会议,对相关事项进行议定。其中,第36次全体会议于1951年4月9日至5月15日在日内瓦万国宫举行会议。同时,第四届世界卫生大会也于5月7日至5月25日在万国宫举行,审议并通过了国际公共卫生条例草案。通过修订、整理、巩固现行的若干国际卫生公约,制定适用于国际运输工具的相关规则,最大限度地防范传染病的国际传播。

《国际公共卫生条例》的立法目的是寻求最大限度的安全,最大程度地预防传染病的传播,同时减少传染病对于旅行和贸易的影响。《国际公共卫生条例》对于推动公共卫生领域的国际合作具有重要作用,②其规定了"应对可能输入的传染病的措施",③具体内容如下。第一部分是法律定义,将感染区域界定为黄热病流行地区、发生第一例鼠疫或霍乱的地区,天花、斑疹伤寒或复发热流行的地区,或在过去六个月内发现鼠疫感染的地区。第二部分是"报告和流行病信息"(Notifications and Epidemiological Information),规定各卫生行政部门应在被告知局部地区已经成为感染区域后的24小时内,通过电报进行通知。在资源许可的情况下,应尽快通过实验室方法对所报告的疾病进行确认,并应立即通过电报将结果送交本组织。病例和死亡人数应至少每周通报一次,并应说明为防止疾病传播而采取的预防措施,特别是为防止疾病通过船舶、飞机、火车或公路车辆离开受感染地区传播到其他地区而采取的措施。除鼠疫外,相关报告应迅速补充有关该疾病的来源和类型、病例和死亡人数、影响该疾病传播的条件以及所采取的预防措施的资料。在鼠疫流行期间,应以每月报告检查的啮齿动物数量和发现感染的数量作为补充。每个国家应每年向本组织提供关于国际运输引起或携带的任何检疫性疾病的发生情况,以及根据本条例采取的行动等资料。第三部分是关于卫生组织的规定,各卫生行政部门应在切实可行的范围内

① *Constitution of the World Health Organization*, World Health Organization's website, https://apps.who.int/gb/bd/PDF/bd47/EN/constitution-en.pdf? ua=1, visited on January 10th, 2020.

② *International Sanitary Regulations: Proceedings of the Special Committee and of the Fourth World Health Assembly on WHO Regulations* No.2, World Health Organization's website, https://apps.who.int/iris/handle/10665/85636, visited on January 10th, 2020.

③ David P.Fidler, From International Sanitary Conventions to Global Health Security: the New International Health Regulations, *Chinese Journal of International Law*, Vol.4, Issue 2, 2005, p.325.

尽量确保其境内的港口和机场拥有足以适用本条例规定的组织和设备。每个机场亦须设置有效的系统，以清除及安全处置粪便、垃圾、废水、不合格食物及其他危害健康的物质。在实际可行的情况下，应向境内尽可能多的港口提供“有组织的医疗服务”，①配备足够的工作人员、设备和房舍，特别是用于迅速隔离和照顾受感染者、消毒、细菌调查、检查鼠疫感染的设施，以及本条例规定的任何其他适当措施的设施。在可行的情况下，必要时为直接过境交通提供便利，设立直接过境区。在位于黄热病流行区或黄热病接收区的机场提供的直接过境区，须设置防蚊设施，并备有供乘客、机组人员及机场人员使用的防蚊宿舍。第四部分是卫生措施和程序规定，强调本条例所允许的卫生措施是适用于国际运输的最大限度的措施，一国为保护其领土免受所规定的检疫疾病的侵害可能需要采取这些措施。同时，消毒、除虫、灭鼠及其他卫生工作的开展，不得对任何人造成不适当的影响或对其健康造成损害。在对货物、行李和其他物品进行操作时，应采取一切预防措施，避免造成任何损害。对于接受健康监测的人员，如有必要卫生当局可要求他在监测期间按特定间隔向卫生当局报告，进行医学调查，并进行确定其健康状况所必需的任何询问。当相关人员离境前往另一地点时，不论目的地是否在同一国家内，其应当通知卫生当局，卫生当局应立即通知该人前往地点的卫生当局。港口、机场或者边防哨所所在地的卫生主管部门认为必要时，可以在任何人出发进行国际航行前对其进行医学检查，以防止任何受感染的人或疑似传染病患者离开，防止可能的感染源或相关病媒在船舶、飞机、火车或道路车辆上扩散。港口、机场或边境站的卫生主管部门可在国际航程中对任何船舶、飞机、火车或公路车辆相关人员进行体检。按照规定，船舶、航空器、火车、道路车辆抵达后，可以将感染者带走隔离。卫生当局可对从受感染地区以任何方式抵达的国际航程中的任何人员进行健康监测，这种监测可以持续到所规定的潜伏期结束。只有在卫生当局有理由相信货物可能受到检疫疾病的感染或可能成为任何此类疾病传播的工具时，才应将货物提交本条例规定的卫生措施。第五部分是针对具体流行病的特殊规定，如鼠疫的潜伏期为六天，每个国家都应尽其所能减少鼠疫及其体外寄生虫传播的危险。卫生行政部门应通过系统收集和定期检查啮齿动物及其体外寄生虫，随时了解各个地区，特别是港口或机场、受鼠疫感染或怀疑受鼠疫感染的情况。此外还有《1961 年麻醉药品单一公约》等奠定“全球药品控

① 参见[美]保罗·J.费尔德斯坦:《卫生保健经济学》，费朝晖等译，经济科学出版社 1998 年版，第 264 页。

制”的基础。①

在国际法对国内立法的单向影响阶段,《国际公共卫生条例》对国内公共卫生立法的影响体现在具体的立法领域。国内立法领域卫生法律制度逐步确立。其中,1957年12月23日,《中华人民共和国国境卫生检疫条例》正式施行,“以保障国境口岸的安全”②。与《国际公共卫生条例》所规定的受检疫疾病相适应,国境卫生检疫条例对黄热病、鼠疫、霍乱、斑疹伤寒、天花等传染病的检验检疫作出规定,根据要求在国际通航的海港、机场、国界江河等口岸设立卫生检疫机构,并对检疫传染病报告、措施等作出规定。除此之外,1957年2月28日卫生部发布关于职业病处理的相关规定;1958年3月24日教育部与卫生部联合发布学校保健工作指示,4月7日卫生部医疗预防司提出特定行业人员患结核病不构成职业病的意见;1959年5月20日国务院发布关于工棚或临时宿舍卫生设施相关规定,11月1日多部委联合发布《肉品卫生检验试行规程》;1960年4月6日教育部与卫生部联合发布学校爱国卫生运动通知;1963年1月8日卫生部将布鲁氏菌病纳入职业病范围,2月9日国务院发布关于患硅肺病职工生活待遇的规定;1965年5月10日多部委联合发布关于发现肠道致病菌冰鸡蛋等的处理规定。此外,这一时期还出台了《职业中毒和职业病报告试行办法》《工厂安全卫生规程》《工业卫生工作委员会组织办法》,以及关于安全卫生准备工作、学校保健工作、屠宰场及场内卫生工作、特殊领域精神病患者和麻风病患者的医疗期间生活供应等规定。从立法内容与立法结构上看,这一时期的国内公共卫生立法处于初步发展阶段,国内公共卫生立法对于国际立法的影响相对有限。

二、《国际卫生条例》(IHR)与国内公共卫生立法的双向互动

随着全球化进程的推进,疾病暴发和其他急性公共卫生风险的不确定性也在增加。国际立法与国内立法之间的关系,逐步由单向影响向双向互动转变。与单向影响阶段的国内立法不同,在这一阶段,国内公共卫生立法逐步走向成熟,同时缔结或加入了多项国际公约。国际公共卫生立法以建立管理控制疾病国际传播的全球制度为导向,③国内公共卫生立法侧重国家范围内的疾病防治与健康促进。1969年的世界卫生大会

① 参见佟子林主编:《卫生法学》,中国中医药出版社2011年版,第424页。

② 钱宇平等主编:《流行病学进展》(第4卷),人民卫生出版社1986年版,第273页。

③ 参见魏庆坡:《〈国际卫生条例〉遵守的内在逻辑、现实困境与改革路径》,《环球法律评论》2020年第6期,第174页。

通过《国际卫生条例》(International Health Regulations),并于 1973 年、1981 年、2005 年进行了修订,2014 还通过了关于接种黄热病疫苗等内容的修正案规定。该条例的立法宗旨是预防和控制全球健康威胁,同时尽可能保持国际旅行和贸易的开放。《国际卫生条例》以具有法律约束力的规定,要求世卫组织所有会员国必须报告具有国际公共卫生重要性的事件,监测、发现并"评估潜在威胁"①,并在公共卫生突发事件应对过程中与其他国家展开合作。

2003 年非典型肺炎(SARS)的出现,引发 21 世纪第一次全球公共卫生紧急情况。2005 年,第五十八届世界卫生大会对《国际卫生条例》的修订草案进行了审议。②《国际卫生条例(2005)》由 196 个国家签署并具有法律约束力。其于 2007 年生效实施,旨在提升全球范围内发现和报告潜在公共卫生紧急情况的能力。该条例主要立足于提供与公共卫生风险相称的应对措施,预防、控制和提供应对疾病国际传播的公共卫生对策。在立法范围上,该条例并不局限于任何特定疾病及其传播方式,而是涵盖所有对人类造成或可能造成重大危害的疾病或医疗事项。在立法内容上,条例明确了缔约国有义务发展核心公共卫生能力,有义务根据确定的标准向世卫组织通报可能构成国际关注的公共卫生紧急情况的事件,建立《国际卫生条例》国家联络点和世卫组织联络点,以便缔约国与世卫组织进行紧急联络,还更新和修订了关于国际旅行、运输、国际港口、机场、地面过境点等的技术规定和监管职能。

《国际卫生条例(2005)》包含十个部分,六十六条规定,九项附件及两个附录。条例具体内容如下。③ 第一部分主要包括定义、目的、范围、原则、主管部门的规定,规定条例的执行应充分尊重人的尊严、人权和基本自由,各国拥有根据本国卫生政策立法和执行立法的主权,保护世界人民免受疾病国际传播的影响。每一缔约国应指定或设立一个国家《国际卫生条例》协调中心和负责执行本条例规定的卫生主管机关。缔约国应向世卫组织提供其国家《国际卫生条例》联络点的详细联系方式,世卫组织应向缔约国提供世卫组织《国际卫生条例》联络点的详细联系方式。这些联络资料须不

① 龚晶:《非常规突发事件的应急恢复研究》,暨南大学出版社 2012 年版,第 21 页。

② 参见张际文主编:《国境卫生检疫法学理论与实践》,浙江工商大学出版社 2013 年版,第 55 页。

③ International Health Regulations(2005), World Health Organization's website, http://apps.who.int/iris/bitstream/handle/10665/43883/9789241580410_eng.pdf? sequence=1, visited on January 10th, 2020.

断更新，并每年确认。第二部分是信息与公共卫生对策规定，每一缔约国应发展、加强和维持根据本条例发现、评估、通知和报告公共卫生事件的能力。每一缔约国应通过现有最有效的通信手段，通过国家“《国际卫生条例》联络点”①，在对公共卫生信息进行评估后24小时内，向世卫组织通报在其境内可能构成国际关注的公共卫生紧急情况的所有事件，以及为应对这些事件而采取的所有卫生措施，并持续向世卫组织提供及时、准确和足够详细的关于所通知事件的公共卫生信息。发生公共卫生事件的缔约国可请世卫组织协助评估该缔约国获得的任何流行病学证据。世卫组织应向其他缔约国通报可能有助于他们防止类似事件发生的信息。第三部分是相关建议内容，对于正在发生国际关注的公共卫生紧急情况，总干事应按照第49条规定的程序发布临时建议，包括对于人员、行李、货物、集装箱、运输工具、货物、邮包采取的卫生措施，以防止或减少疾病的国际传播。第四部分是关于入境点的规定，缔约国应当确定其领土内每一指定入境点的卫生主管部门，并针对具体的潜在公共卫生风险，在切实可行范围内向世卫组织提供关于其入境点可能导致国际疾病传播的感染或污染源、病媒和水源的有关数据。每一缔约国应向世卫组织提交一份获准提供规定服务的港口清单。如果出于公共卫生原因，在有正当理由的前提下，缔约国可指定地面过境点。第五部分是关于公共卫生措施的规定，包括总体规定、运输工具和运输经营者的特别规定，以及对于旅行者、货物、集装箱及其装载区的特别规定。缔约国有权在旅客抵达或离开时要求提供目的地的信息、行程资料、健康证明文件，进行符合规定的医学检查，检查行李、货物、货柜、运输工具、货物、邮包及遗骸等。任何涉及疾病传播风险的体检、医疗程序、疫苗接种或其他预防措施，只能根据既定的国家或国际安全准则和标准对旅行者实施，以尽量减少风险。指挥飞机、船舶的人员或有关管理人员，须在抵达目的地的港口或机场之前，尽早向港口或机场管制当局通报任何显示船上有传染性疾病或具有公众健康风险疾病的情况。在紧急情况下，这些信息应由飞行员等直接通知有关港口或机场当局。第六部分至第十部分对卫生文件、费用、公共卫生的一般规定，以及对《国际卫生条例（2005）》专家名册、突发事件委员会和审查委员会等作出规定。②

在非典型肺炎（SARS）防治背景下，国际立法与国内立法在“双向互

① 王滨有等：《国内外新发传染病应对措施的评价》，黑龙江科学技术出版社2008年版，第234页。

② 参见张际文主编：《中国质检工作手册　卫生检疫管理》，中国质检出版社2012年版，第352页。

动”中日趋完善。① 我国建立了传染病直报系统，并于 2003 年出台了关于出入境检验检疫应急处理、传染病疫情监测信息报告管理、职业病诊断鉴定管理、传染性非典型肺炎防范、狂犬病预防控制、禁止非医学需要的胎儿性别鉴定、医疗机构网络直报、异地职业病诊断、“非典”后余留过氧乙酸处理、罐头生产企业注册卫生管理、国际航班实施预报旅客信息、学校食品卫生安全管理、出入境口岸猴痘防治、流行性感冒疫苗预防接种、多色号系列化妆品管理、传染性非典型肺炎病毒毒株库建设、卫生监督制度、医用特殊物品出入境卫生检疫、皮肤黏膜消毒剂中部分成分限量、生活饮用水接触的消毒产品管理、食品药品放心工程、学校结核病防治、现制现售饮用水监管、健康相关产品申报受理、散装食品卫生管理、口岸非典型肺炎卫生检疫、单位集体食堂食物中毒防范等规定。2004 年出台《突发公共卫生事件交通应急规定》《卫生行政许可管理办法》等规定，2005 年出台《出入境特殊物品卫生检疫管理规定》《食品添加剂明胶生产企业卫生规范》《食品卫生许可证管理办法》《麻醉药品、精神药品处方管理规定》《消毒产品标签说明书管理规范》等规定，2006 年出台《出入境口岸食品卫生监督管理规定》《妇幼保健机构管理办法》《血吸虫病预防控制工作规范》《狂犬病暴露后处置工作规范（试行）》《建设项目职业卫生审查规定》等规定，2007 年出台《餐饮业食品索证管理规定》《卫生监督信息报告管理规定》《结核病预防控制工作规范》等规定，2008 年出台《紧急心理危机干预指导原则》《乳品质量安全监督管理条例》《防治糖尿病宣传知识要点》等规定。2009 年将甲型 H1N1 流感纳入法定传染病防治范围，发布学校突发公共卫生事件防控预警通知，建立传染病疫情管理协作机制。2010 年加强人感染高致病性禽流感防治工作。2011 年加强肠道传染病防控，强化传染病治疗药品供应保障，推动公共场所卫生管理条例实施。2012 年印发手足口病、流感样病例的处置规范。2013 年加强中东呼吸综合征疫情防控、人感染 H7N9 禽流感疫情及脊灰疫情防控工作，对部分法定传染病病种管理要求进行调整，“深入开展爱国卫生运动”②。2014 年加强麻疹疫情及埃博拉出血热疫情防控工作，推动《传染病医院建筑设计规范》的实施。2015 年加强学校艾滋病防控，印发传染病信息报告管理规范，开展传染病防治专项监督检查。2016 年出台防控寨卡病毒病疫情规定，监督检查传染病防治法律法规的实施，印

---

① 参见任湘怡：《国际与国内：双向互动——析国际政治经济学的两种不同研究路径》，《世界经济研究》2008 年第 1 期，第 21 页。

② 黄宏：《生物安全》，江苏人民出版社 2020 年版，第 86 页。

发突发急性传染病防治“十三五”规划。2017年出台《突发事件卫生应急预案管理办法》,修订公共场所卫生管理条例实施规定,并对肺结核传染病报告类型进行了调整。2018年修改了出入境检验检疫应急处理规定。2019年出台基本公共卫生服务、特殊患者包机入境卫生检疫、“儿童社区获得性肺炎诊疗”、高校传染病预防控制等方面的规定。① 在国际立法与国内立法的双向互动阶段,中国公共卫生立法持续完善,立法内容不断丰富,立法范围有效拓展。

三、《大流行病条约》(Pandemic Treaty)制定进程中的国内立法

2021年12月,第七十四届世界卫生大会提出制定《大流行病条约》(Pandemic Treaty),拟设立政府间谈判机构(INB);2022年正式制定相关工作时间表,计划于2024年5月之前向世界卫生大会提交草案的最终版本,切实提升应对和防范传染病危机的能力。制定《大流行病条约》的“提议得到越来越多的支持”②。在《大流行病条约》制定背景下,以“立法共商”为基础,③提升中国在国际公共卫生公约制定过程中的话语权,“发出更多中国声音”④,成为公共卫生立法的重要议题。

《大流行病条约》的制定,是弥补新冠病毒感染疫情所暴露的全球卫生系统缺陷的立法举措。面对疫情防控的新形势,有必要更新规则,以国家主权、健康权、非歧视、共享性、包容性、协商性、人人享有健康、透明度、效率为原则,推动新出现病毒相关数据的共享,以及疫苗和药物在全世界的公平分配,提升国际公共卫生合作的水平。⑤《大流行病条约》的制定进程的推进,以“保护世界免受未来健康危机”为导向,致力于出台“新的流行病防备和反应的国际条约”,构建“更加强有力的全球健康架构”。当面临流行病和其他重大卫生紧急情况时,“以高度协调的方式”,推动对于大流行病的“预

---

① 参见国家卫生健康委员会编:《2019年国家医疗服务与质量安全报告》,科学技术文献出版社2020年版,第2页。

② 谭德塞:《缔结“大流行病条约”提议得到更多支持》,联合国网站,https://news.un.org/zh/story/2021/04/1081232,2022年1月10日访问。

③ 参见肖永平:《论推动构建人类卫生健康共同体的法治方法》,《东方法学》2022年第4期,第120页。

④ 陈文辉:《在国际规则制定中发出中国声音》,《人民日报》2015年4月1日,第7版。

⑤ 参见周巍:《全球公共卫生治理中的国家责任及其伦理向度》,《河北法学》2022年第4期,第137页。

测、预防、发现、评估和有效应对"，①采取全面、多部门合作的办法，提升国家、区域和全球的应对未来大流行病的能力及复原力。② 新的大流行病防备和应对国际条约的主要目标，是让世界作为一个全球共同体（global community），开展应对公共卫生危机的和平合作。

政府间谈判机构着手研究大流行病条约范围内可能包含的实质性内容及其法律性质，并于 2022 年 7 月提交了世卫组织大流行病条约的第一份工作草案，以弥补新冠病毒感染疫情所暴露出的大流行病防治领域存在的规范性缺陷为导向，分析大流行病的跨境性质和对全球健康的威胁，③将"同一健康"定义为"动物健康、人类健康和环境健康"整体性，通过"多部门行动"，"实现更好的公共健康结果"。同时，世卫组织拟定了《大流行病条约》主要的规范结构，第一部分"导言"介绍世卫组织大流行病条约关键术语的定义及使用。第二部分是"目标、原则和范围"。第三部分是"一般义务"规定。第四部分是具体领域义务及要素的专门规定，根据新冠病毒感染疫情防控中所发现的问题，列出被认为对有效执行《大流行病条约》至关重要的 14 个领域。第五部分"体制安排"侧重于执行和适用《大流行病条约》的治理机制、监督机制、评估和审查机制及财务机制。第六部分对最后条款进行阐述，包括议定书和附件、修正案、条约保留等内容。在立法内容方面，第一份工作草案广泛涵盖大流行病控制过程中，关于国际卫生检疫要求、疾病分类、诊断程序、药品安全标准等内容，促进国家对疫苗的紧急审批程序，确保各国提供大流行病防治产品，呼吁建立一个全面的获取和惠益分享系统。《大流行病条约》的通过"需要世界卫生大会的三分之二多数票，它还要求会员国随后批准，以便在国家一级执行"④。

中国在抗击新冠病毒感染疫情中作出了巨大的贡献，同时也发现了现

---

① *Global Leaders Unite in Urgent Call for International Pandemic Treaty*, World Health Organization's website, https://www.who.int/news/item/30-03-2021-global-leaders-unite-in-urgent-call-for-international-pandemic-treaty, visited on December 11th, 2022.

② Lawrence O.Gostin ed., Public Health Strategies for Pandemic Influenza: Ethics and the Law, *the Journal of the American Medical Association*, 2006, Vol.295, Issue 14, p.123.

③ Miron Mushkat ed., The Challenge of COVID-19 and the World Health Organization's Response: The Principal-Agent Model Revisited, *American University International Law Review*, Vol.36, Issue 3, 2021, p.487.

④ Nasiya Daminova and Shisong Jiang, The First Working Draft of the WHO's 'Pandemic Treaty': Attempting to Cover Normative Gaps Indicated by the COVID-19 Pandemic? *Blog of the European Journal of International Law*, https://www.ejiltalk.org/the-first-working-draft-of-the-whos-pandemic-treaty-attempting-to-cover-normative-gaps-indicated-by-the-covid-19-pandemic/, visited on December 11th, 2022.

有公共卫生立法的短板和问题,出台、修订、完善一系列规定。2020年出台关于环境卫生和消毒工作、疫苗生产车间生物安全管理、爱国卫生运动与市场环境整治、国际航班指定入境点、学校传染病防控监督、公共卫生防控救治能力建设、疫情防控健康查询服务、社会心理服务体系建设、国际航行船舶船员疫情防控、新冠病毒感染疫情社区防控、旅游景区疫情防控、国际航空货运机组人员疫情防控、精神卫生福利机构疫情防控、职业病防治技术支撑体系建设、疫情期间医疗机构感染防控、新冠病毒感染出院患者健康管理、新冠病毒感染疫情防控预防接种、农民工返岗复工健康服务、新冠病毒感染应急救治设施及建筑技术规范、疫情期间老年人慢性病患者医疗卫生服务、消毒剂使用指南等规定。2021年出台医学隔离观察临时设施设计规范、新冠病毒感染预防与控制技术规范、血站新冠病毒感染疫情常态化防控、城乡社区防控精准化精细化、新冠病毒疫苗产品清单、新冠病毒疫苗货物运输保障等规定。① 2022年出台集中隔离点设计、印发方舱医院设计、污水中新冠病毒检测方法标准、新型冠状病毒药物适应症调整等规定。这些规定为疫情防控与人民健康保障提供了有力支持。

中国公共卫生立法的健全和完善,不仅是国内法治建设的重要内容,而且从国内法治与涉外法治的统筹推进出发,②将经过实践检验的科学抗疫理念转化为共认、奉行和遵守的规则,提升中国在《大流行病条约》制定中的话语权,为中国在全球公共卫生治理过程中发挥引领作用提供智力支持。开展抗击新冠病毒感染疫情防控国际合作是保障全人类生存和发展的必然要求。在这一过程中,不能够回避法律传统的差异问题与复杂的国际抗疫形势。通过国内公共卫生立法与全球公共卫生治理衔接互动过程中,有效推进相关问题的解决。从总体上看,目前有两个方面的问题亟待解决。一是立法理念,建议通过国内公共卫生立法理念的国际化,将中国确立的健康至上、生存发展优先、共同体理念传播出去,形成防范大流行病的国际共识。在这一过程中,需要推动国内传染病防治立法、突发公共卫生事件应急管理立法、公共卫生产品立法与国际立法的持续完善,形成国内公共卫生立法外化与国际公共卫生立法内化的良好互动机制,奠定全球公共卫生合作的国内法治与涉外法治基础。二是全球公共卫生信息系统建设。由于"防疫体制"之间的差异等原因,③导致全球公共卫生信息系统建设面临多重壁垒。

① 参见窦骏主编:《疫苗工程学》,东南大学出版社2020年版,第414页。

② 参见习近平:《论坚持全面依法治国》,中央文献出版社2020年版,第5页。

③ 参见[日]川口盛之助:《大趋势:世界的终结与开始》,詹雪译,东方出版社2018年版,第114页。

面对新冠病毒感染疫情，各个国家和地区在推动"医疗数据资源社会化利用"①，推进公共卫生治理工具创新，但这些治理工具往往局限于特定的地域，不利于全球公共卫生治理的深度融合。建议明确全球公共卫生信息共享的法律规则与信息公布的义务主体，打造便民的全球疫情防控一体化智能平台，并推动紧缺公共卫生资源分配的信息化，推动国别公共卫生信息管理与世界突发公共卫生事件应对体系的发展，促进建档、筛查、评估、治疗的公共卫生"管理工具等的创新"②，实现国际公共卫生合作信息化。以公共卫生统一立法为路径，完善中国公共卫生立法的原则与规则、组织法与行为法、实体性与程序性规范、预防措施与应急措施规定等内容，是提升在《大流行病条约》制定中话语权的重要支撑。

---

① 高富平：《论医疗数据权利配置——医疗数据开放利用法律框架》，《现代法学》2020 年第 4 期，第 52 页。

② 刘婵主编：《管理学》，中山大学出版社 2010 年版，第 276 页。

第三章　中国公共卫生立法的原则与路径

习近平法治思想是全面依法治国的根本指引，是公共卫生立法的根本遵循。以人民为中心是公共卫生立法的根本目标。中国公共卫生立法的宗旨和目的，在于以良法促进人民生命健康保障。中国公共卫生立法的基本原则，在于以健康优先发展为指导，防范健康风险，确立新发及再发传染病防治二重原则，保障公共卫生领域的正当程序与比例原则的实现。以中国公共卫生立法的根本指导思想和基本原则为指引，中国公共卫生立法的路径选择，应当通过"领域法"路径，实现公共卫生组织法、行为法、程序法的统合；通过预防型立法，推动重点场所、重点人群、重点领域公共卫生风险防控；通过统一立法，促进传染病防治与突发公共卫生事件应急管理的立法统筹。

第一节　习近平法治思想引领公共卫生立法

习近平法治思想深刻阐明中国特色社会主义法治的根本问题，是引领法治中国建设"取得更大成就的思想旗帜"①。习近平总书记高度重视人民生命健康保障，强调要把生命安全和身体健康放在第一位②，提出"强化公共卫生法治保障""构建人类卫生健康共同体""以人民为中心"等一系列根本指导思想，引领公共卫生立法的发展和完善。③ 其中，"强化公共卫生法治保障"与"构建人类卫生健康共同体"，对国内公共卫生立法与全球公共卫生治理具有重要意义。"以人民为中心"，以健康至上为引领，通过健康入万策的立法思路，形成保障公共健康的体系化、系统化立法支持，为"构建起强大的公共卫生体系"④奠定理论基础。防范化解卫生健康领域重大

---

① 张文显：《习近平法治思想的实践逻辑、理论逻辑和历史逻辑》，《中国社会科学》2021 年第 3 期，第 4 页。

② 参见《要把人民群众生命安全和身体健康放在第一位　坚决遏制疫情蔓延势头》，《人民日报》2020 年 1 月 21 日，第 1 版。

③ 《习近平谈治国理政》第四卷，外文出版社 2022 年版，第 105、106、98 页。

④ 《构建起强大的公共卫生体系——论学习贯彻习近平总书记在专家学者座谈会上重要讲话》，《人民日报》2020 年 6 月 4 日，第 1 版。

风险，是推进预防型公共卫生立法、人畜共患传染病协同防控、公共卫生风险规制的根本指引。

一、“强化公共卫生法治保障”与“构建人类卫生健康共同体”

习近平总书记强调，要“强化公共卫生法治保障”，“完善公共卫生领域相关法律法规”。① “强化公共卫生法治保障”是公共卫生立法必要性与可行性的重要基础，是公共卫生立法进程的重要指引、理念与目标。公共卫生立法是公共卫生法治体系的规范基础。公共卫生立法的发展和完善，直接关系到“强化公共卫生法治保障”目标的实现。在公共卫生立法发展过程中，“强化公共卫生法治保障”理念，成为弥补公共卫生立法短板的重要指引。从立法结构上看，“强化公共卫生法治保障”不仅包括国内立法的发展和完善，而且还从国内法治与涉外法治的统筹推进方面，引领中国公共卫生立法在国际领域影响力的提升。

以“强化公共卫生法治保障”理念，引领公共卫生立法的重心，在于“补短板、堵漏洞、强弱项”，以预防为导向，“把问题解决在萌芽之时、成灾之前”。② 对重大疫情防控救治体系、应急物资保障体系、疾病预防控制体系、突发公共卫生事件应急管理制度、卫生健康服务、公共卫生队伍建设、基层公共卫生治理能力体系等规定进行优化，“健全国家应急管理体系”③，积极推进应急管理体系和能力现代化④，“认真评估传染病防治法”等法律法规的修改，从保护国家安全与人民健康的高度，“提高国家生物安全治理能力”。⑤ 以公共卫生立法、修法、释法的系统化为基础，完善突发公共卫生事件的预警、报告、信息处置，新发传染病的预防、筛查、救治，职业病危害项目申报、评价、鉴定，特殊群体与特定场所的公共卫生保障，以及公共卫生事件后相关涉法问题评估与处置的法律规定。在这一过程中，法律解释是公共卫生立法体系化的关键环节，也是公共卫生法律体系建设过程中易被忽视的一个环节。其中，“立法解释同样遵循正式的立法程序”⑥，其对于公共卫

① 中共中央党史和文献研究院：《全面建成小康社会重要文献选编》（下），人民出版社、新华出版社2022年版，第1190页。

② 中共中央党史和文献研究院编：《十九大以来重要文献选编》（中），中央文献出版社2021年版，第444页。

③ 刘建军等：《国家治理现代化：新时代的治国方略》，上海人民出版社2020年版，第212页。

④ 参见《充分发挥我国应急管理体系特色和优势　积极推进我国应急管理体系和能力现代化》，《人民日报》2019年12月1日，第1版。

⑤ 刘春彦：《新型冠状病毒肺炎防控法律行动手册》，同济大学出版社2020年版，第7页。

⑥ 邓世豹主编：《立法学：原理与技术》，中山大学出版社2016年版，第9页。

生立法的发展和完善具有重要意义。从总体上看,公共卫生法律解释在疫情防控中发挥着不可替代的重要作用,其能够及时跟进疫情防控需求,对法律的含义、适用、实施进行解释,从而为依法推动疫情防控提供法律支持。公共卫生法律解释从三个方面推动立法对疫情防控现实需求的“快速反应”。第一,公共卫生法律解释通过进一步明确法律规定的内涵和外延,保障公共卫生立法的统一性与协调性,以公共健康维护为指引推动公共卫生立法的体系解释,能够推动公共健康维护理念融入公共卫生立法的各个方面;第二,面对不断变化的客观实际,在强化立法的同时,还需要通过及时明确释法,跟进突发公共卫生事件应急管理的现实需求,及时有效地应对新问题新情况;第三,公共卫生法律解释通过统一疫情防控与应急响应法律适用标准,提升公共卫生立法的协调性,推动公共卫生法律规范体系建设。

习近平主席在第73届世界卫生大会开幕式上,呼吁“共同构建人类卫生健康共同体”①。2020年6月,《抗击新冠肺炎疫情的中国行动白皮书》发布,其中,第四部分明确提出构建“人类卫生健康共同体”的重要性。“人类卫生健康共同体”是“人类命运共同体”理论在公共卫生领域的具体应用,②是马克思主义中国化的新发展。③ 学者指出,“人类命运共同体”是多个“子范畴”组成的“总范畴”,“人类卫生健康共同体”即其中的一个“子范畴”。“总范畴”引领“子范畴”的不断拓展,“子范畴”推进“总范畴”的构建。除了“人类卫生健康共同体”之外,“人类命运共同体”还包括“安全共同体”等“子范畴”。④ 以“人类卫生健康共同体”理念为指导,中国为应对全球公共卫生危机作出突出贡献,⑤在新冠病毒感染疫情防控过程中,已向近百个国家提供了紧急援助,共享新冠病毒基因测序信息,提供新冠疫苗,派遣医疗专家组,分享疫情防控和救治经验。中国在公共卫生领域的突出贡献,体现了捍卫人民健康与人类安全的大国担当。从疫情防控的客观规律来看,解决全球公共卫生危机,需要每个国家积极履行国际义务,深入推

① 习近平:《团结合作战胜疫情 共同构建人类卫生健康共同体》,《人民日报》2020年5月19日,第2版。

② 参见习近平:《论坚持推动构建人类命运共同体》,中央文献出版社2018年版,第1页。

③ 参见陈芳等:《〈抗击新冠肺炎疫情的中国行动〉白皮书发布》,《光明日报》2020年6月8日,第1版。

④ 参见胡涵锦:《坚持和发展中国特色社会主义:若干概念及相互关系初探》,上海交通大学出版社2021年版,第159、162页。

⑤ 参见陈云良等:《习近平的全球卫生治理观及其实践引领》,《中南大学学报》(社会科学版)2022年第3期,第32页。

进国际公共卫生合作。“人类卫生健康共同体”，是全球公共卫生治理与国际公共卫生合作的重要理念。“人类卫生健康共同体”理念，是取得抗击新冠病毒感染疫情防控阻击战胜利的决定性指引。全球化时代的公共健康保障，需要全球、多边、双边公共卫生合作的支持，多部门协调机制的建立，以及国际组织、区域性组织、各国政府、非政府组织、企业、专家等利益相关方的参与。

以此为基础，公共卫生立法的“整体谋划、系统重塑、全面提升”已经箭在弦上。[①]“人类卫生健康共同体”对公共卫生立法的理念指引，主要体现在统一立法领域。国内公共卫生立法在以单行法律、法规、规章等形式，持续发展和完善的过程中，需要将不同单行法律规范中的表述及具体规定统一起来，以构建人类卫生健康共同体，维护公共健康为指引，推动公共卫生立法的体系化，推动公共卫生统一立法进程，并“规划公共卫生法典”编纂。[②] 在立法形式上，公共卫生统一立法及法典化形式的功能，不仅在于避免单行法表述及规定之间的矛盾和冲突，提升公共卫生法律法规体系内在的协调性与统一性，从而为防范化解卫生健康领域重大风险奠定法律基础，而且，公共卫生统一立法形式，更有利于国内疫情防控立法经验的对外传播，在提升国际影响力、凝聚国际共识方面具有重要作用。国内公共卫生统一立法的发展和完善，尤其是法典编纂的过程本身，对于提升中国在国际规则制定领域的话语权具有重要的支撑作用。这一过程本身对国际公共卫生公约的修改和完善具有积极影响。以“人类卫生健康共同体”理念为指引，一方面，中国公共卫生统一立法与法典化进程亟待得到有效推进，在公共健康维护与个人权益保护之间实现协调和平衡，依法有序推进疫情防控；另一方面，国际公共卫生公约的修订和完善，在公平、透明、包容性原则基础上，吸纳先进的防疫经验，在共同体视域下，维护公共卫生安全与人类生命健康，促进健康公平的实现。

二、“以人民为中心”与“健康至上”

坚持健康至上与生存权的首要人权地位，是确保公共卫生安全，维护人民生命健康的重要理念基础。习近平主席强调，要高度重视促进和保护生

① 参见《整体谋划、系统升级、全面提升——落实全国两会精神织牢织密公共卫生防护网》，新华网，http://www.xinhuanet.com/politics/2020lh/2020-05/31/c_1126056751.htm，2021 年 5 月 10 日访问。

② 参见李广德：《我国公共卫生法治的理论坐标与制度构建》，《中国法学》2020 年第 5 期，第 25 页。

存权和发展权,有效应对公共卫生等非传统安全挑战。① 党和国家切实有效推进新冠病毒感染疫情防控,尊重客观规律,采取有效措施充分保障人民健康,为保证公共卫生安全作出巨大贡献。中国疫情防控立法及政策的制定,建立在"人民至上""生命至上""健康至上"的理念基础上。② "健康至上"理念的确立,是"以人民为中心的发展思想"的重要体现,是"中国式现代化"的重要标志。③ 在中国式的法治现代化道路上,立法发展的目的,围绕人本身的全面发展展开,财产权制度的发展与物质的繁荣,归根到底服务于人本身的健康发展目的。人的全面发展的前提在于生命健康保障,离开了生命健康安全,就难以实现人的全面发展、健康发展。因此,不论是在公共卫生法律制度设计,还是确立公共卫生政策的过程中,"健康至上"理念均具有基础性意义与指导性作用。公共卫生立法与公共卫生政策以"健康至上"为指导,"以人民为中心",彰显了党和国家增进人民福祉,捍卫公共健康的坚定决心。党的十八大以来,习近平总书记多次强调要以人民为中心,以健康为根本。④ 2013 年,习近平总书记在全国宣传思想工作会议上指出,"要树立以人民为中心的工作导向"⑤。2015 年,习近平总书记在党的十八届五中全会强调,要坚持人民利益至上,着重提出推进健康中国建设。⑥ 以人民为中心、以健康为根本是健康中国的重要追求,是"把为人民造福事业推向前进"⑦的重要体现。2016 年,习近平总书记在全国卫生与健康大会上再次强调健康中国重要理念。⑧ 习近平总书记高度重视人民"最关心最直接最现实的利益问题"⑨的解决。2017 年,习近平总书记在党的十九大发表重要讲话,强调坚持"以人民为中心的发展思想",要"提供全

① 参见鞠鹏:《习近平在联合国成立 75 周年纪念峰会上发表重要讲话》,《人民日报》2020 年 9 月 22 日,第 1 版。

② 《人民健康,总书记一直高度重视》,求是网,http://www.qstheory.cn/laigao/ycjx/2021-03/29/c_1127266281.htm,2021 年 12 月 10 日访问。

③ 参见黄群慧、杨虎涛:《中国式现代化道路的特质与世界意义》,《人民日报》2022 年 3 月 25 日,第 9 版。

④ 参见王宇鹏等:《习近平的健康观:以人民为中心,以健康为根本》,人民网,http://health.people.com.cn/n1/2016/0819/c398004-28650538.html,2020 年 1 月 10 日访问。

⑤ 《习近平谈治国理政》,外文出版社 2014 年版,第 154 页。

⑥ 参见《中共十八届五中全会在京举行》,《光明日报》2015 年 10 月 30 日,第 1 版。

⑦ 闻言:《坚持以人民为中心的发展思想 努力让人民过上更加美好生活》,《人民日报》2017 年 10 月 11 日,第 6 版。

⑧ 参见马占成:《把人民健康放在优先发展战略地位 努力全方位全周期保障人民健康》,《人民日报》2016 年 8 月 21 日,第 1 版。

⑨ 《习近平关于社会主义社会建设论述摘编》,中央文献出版社 2017 年版,第 12 页。

方位全周期健康服务”。[①] 坚持“人民是推动发展的根本力量”[②]，是以人民为中心的重要保障，是保证人民在发展中有更多获得感的重要支撑。在此基础上，党和国家采取了一系列切实有效的措施，推动“健康至上”理念在公共卫生立法领域的深入贯彻落实，明确“全方位、全周期保障人民健康”的重要目标，[③]申明和确认健康保障的义务和责任，把保障和促进人民健康作为发展的出发点和落脚点。在这一理念的指导下，2018 年首个“中国医师节”确立了“尊医重卫，共享健康”的主题，致力于卫生与健康工作的深入推进。[④] 2019 年，习近平总书记在十三届全国人大发表的重要讲话中强调，要“始终坚持人民立场”[⑤]。

“以人民为中心”与“健康至上”理念，为个体健康向公共健康保障的进阶奠定了基础。建议以“健康至上”为指引，形成公共卫生统一立法的总则部分规定。总则规定是公共卫生立法体系化的重要前提和基础。一方面，通过公共健康与公共卫生安全这一立法宗旨规定，引导、促进、保障公共卫生立法领域分散化问题的解决，将公共健康保护理念贯穿到立法的全过程中；另一方面，以公共卫生立法的总体规定为基础，通过对于公共卫生管理的组织领导、职权划分、应急启动权限、信息收集、社会参与等方面的明确规定，解决公共卫生领域部门职责不清、权限不明、信息收集渠道过于单一等问题，并为解决公共卫生领域的规范冲突问题奠定基础。公共卫生立法的总体规定，能够在客观上将涉及面非常广的公共卫生单行法律规定整合起来。推动公共卫生立法体系化的关键，实际上是要抓住公共健康维护这一具有统领性的价值目标，解决公共卫生立法的“碎片化”问题。[⑥] 具体而言，公共卫生立法的总则规定主要包括立法宗旨、基本原则等内容。公共卫生立法总则的特征，在于通过适用于公共卫生领域的总体性规定，为公共健康与公共卫生安全、公共卫生事件应急处置与健康公平地维护提供有力保障。公共卫生立法对于公共卫生管理活动的引领、保障、促进作用的发挥，需要

---

① 习近平：《决胜全面建成小康社会　夺取新时代中国特色社会主义伟大胜利》，人民出版社 2017 年版，第 5、48 页。

② 《习近平谈治国理政》第二卷，外文出版社 2017 年版，第 213 页。

③ 管仲军：《人民为中心　健康是根本》，《光明日报》2017 年 9 月 26 日，第 5 版。

④ 参见马骁主编：《中华医学百科全书·健康教育学》，中国协和医科大学出版社 2020 年版，第 101 页。

⑤ 习近平：《在第十三届全国人民代表大会第一次会议上的讲话》，《人民日报》2018 年 3 月 21 日，第 2 版。

⑥ 参见黄守宏主编：《2017 中国经济社会发展形势与对策：国务院研究室调研成果选》，中国言实出版社 2017 年版，第 409 页。

建立在体系化的公共卫生立法的总则规定基础上，以立法宗旨为指引，保障和发展公共卫生各项法律法规的制定、修改的系统化，全面反映人民意志与疫情防控的现实需求，确保公共卫生立法质量的提升。在公共卫生领域的具体法律制度设计过程中，公共健康与公共卫生安全这一立法宗旨，奠定了卫生健康保障的重要基础。[①] 坚持“生命至上”“人民至上”，[②]全力捍卫人民健康与公共卫生安全，为疫情防控提供法治保障的思想指引与总体要求，为体系化的公共卫生立法总则的确立奠定了基础，为中国公共卫生立法的健全和完善提供了重要指引。在“以人民为中心”与“健康至上”的理念指引下，公共卫生立法实践贯彻落实“应收尽收”“应治尽治”的要求，在疫情信息发布、预警、处置等方面，形成“控制传染源”“切断传播途径”的严密防护网络。[③] 公共健康维护以所有人的健康利益保护为核心，任何患病的人，如果病情需要，都有权获得相应的公共卫生服务。坚持人民至上、健康至上，明确保障公共健康的义务和责任，实现从个人健康到公共健康保护的进阶，奠定了公共卫生立法的重要理论基础，推动以公共健康维护为核心的公共卫生立法体系化。

三、“防范化解卫生健康领域重大风险”理念指引

2020 年 6 月，习近平总书记在专家学者座谈会上提出，要防范卫生健康领域重大风险。[④] 习近平总书记在参加十三届全国人大第三次会议湖北代表团审议时提出，“要坚持预防为主”，强调“预防是最经济最有效的健康策略”，要“改革完善疾病预防控制体系”，提高公共卫生风险防控意识。[⑤]“防范化解卫生健康领域重大风险”与公共卫生风险防控理念的确立，标志着以危害、危险、风险三个阶段为支撑的公共卫生立法结构的形成。危害、危险、风险三个阶段的法律概念与立法任务并不相同。其中，危害就是造成的损伤，也将危害视为导致损害的潜在性。这种主张是从应然的危害性角度，对特定领域在未来可能出现的损害进行的描述。从实然的状态上看，危

① 参见[英]沃利等：《发展中国家改善公共卫生指南》，解亚红等译，北京大学出版社 2009 年版，第 1 页。

② 《人民至上 生命至上——抗疫斗争伟大实践的思考之二》，《人民日报》2020 年 4 月 27 日，第 1 版。

③ 参见郑雪倩、王晨光、曹艳林主编：《全民防控新冠肺炎法律导读》，研究出版社 2020 年版，第 4 页。

④ 参见《织密防护网 筑牢筑实隔离墙——习近平总书记在专家学者座谈会上的重要讲话为构建强大的公共卫生体系提供重要指引》，新华社，2020 年 6 月 5 日。

⑤ 《习近平著作选读》第二卷，人民出版社 2023 年版，第 311 页。

害与危险的区别，即在于危害是损害本身，危险是出现危害的可能性；“危险和某些特定的情境相关联”，通常在特定情况中“发生危险的可能性很大”，一方面，危害、危险具有可预测性，而与危害、危险相区别，风险则具有不可预测性特征，只能通过概率估计的方式进行管理；另一方面，“危害性和危险的级别”具有密切的相关性，“是可以定量的”，而风险则指的是“导致损害实际发生的概率”和严重程度，①具有不确定性特征。具体而言，危害、危险、风险三个阶段的公共卫生立法任务既相互区别，又相互联系。其区别在于，针对公共卫生危害的处置主要通过事后救助等法律制度设计，弥补损害、展开救治、促进恢复，并有效防止损害的扩大；针对公共卫生危险的处置措施，主要以危险防卫理论为基础设置相应的法律制度，避免实际损害的出现；针对公共卫生风险的防控措施，主要以风险规制理论为基础，通过预警、防护、公共卫生教育等制度设计，最大程度地降低公共卫生事件发生的概率。同时，危害防治、危险防卫、风险规制三个阶段又紧密联系在一起，只有通过公共卫生事件发生之后，以及事中、事前三个方面的立法协调，才能够织密公共卫生领域的防护网，形成全过程、立体化的公共卫生法律制度体系。

“防范化解卫生健康领域重大风险”理念，引领公共卫生立法从救治到预防的转变。以公共卫生风险规制理论为指引，公共卫生立法的体系化面临法律介入疫情防控的时间界限问题。一方面，如果将采取干预和介入措施的时间提前，之后却未发生大规模的传染疾病的，公众关注的焦点会集中在预防措施对于个体经济私益的不当限制方面，从而引发诉讼风险；另一方面，如果一直等到科学确定的证据出现才进行介入，又有可能贻误了最佳的防控时机，导致不可控的大规模疫情暴发。也即，法律规制不足会导致对于侵害公共健康行为的防范不力，甚至因行政不作为而引发剧烈的社会矛盾和冲突；过度规制又会造成资源的过度消耗，甚至对经济发展与就业机会保障产生消极影响。从法理角度看，与司法权运行不同，公共卫生行政执法权的行使可以致力于未来不确定风险的防范，采取有效的预防措施，实现“给付行政”到“风险行政”的进阶。② 在突发公共卫生事件应急管理的过程中，给付行政是对人民进行生存照顾的重要措施，具有救济性、单方意志性特征，即通过行政机关向相对人进行的给付行为，为公共卫生事件管控提供

① ［英］瑞德里等：《职业安全与健康》，江宏伟译，煤炭工业出版社2010年版，第127页。

② 参见何渊：《智能社会的治理与风险行政法的建构与证成》，《东方法学》2019年第1期，第82页。

财务资源支持。给付的前提是特定的不利状态或生活困难状况已经出现，行政机关按照法定的程序和条件，针对具有确定性的不利状况给予行政相对人物质帮助，如给付救济物资、自然灾害救济金等。随着风险社会的发展，针对已经发生的损害进行救助的行政权行使方式，较难满足疫情防控现实需求。由此，公共卫生法律介入疫情防控的时间应当提前至卫生健康领域的重大风险预警阶段。

在推进公共卫生风险防控立法的过程中，需要注意公共卫生领域“风险点源多”的特征。① 公共卫生风险防控立法不仅要考虑传染病风险防治本身的规律，而且还要对非传染性疾病风险预防进行制度设计；不仅要对生活领域、公共场所进行卫生管理，而且要建立实验室病原体风险管理制度；不仅要对社会领域的食品卫生、职业卫生、环境卫生风险进行监管，而且要对动植物疫情可能引发的对人传播风险进行规制，防范人畜共患传染病等现象的出现。在这一方面，“防范化解卫生健康领域重大风险”与“同一健康”理念相通。根据联合国粮农组织、国际兽疫局、世界卫生组织、联合国环境规划署的联合声明，“同一健康”理念的核心，在于“人类、动物和生态系统的健康”的有效平衡，强调“人类、家养和野生动物、植物”等的健康紧密相连。② 因此，在预防、发现、应对公共卫生危机的过程中，应当将不同领域的风险治理联系起来，从根本上阻断病原体等致病因子的传播，推动全方位的疾病预防控制，改善和促进健康，促进健康公平的实现及公共卫生发展的可持续性。从风险防控的实际效果上看，坚持系统观念，从人类、动物、环境健康的辩证关系出发，推动公共卫生立法的体系化，是“织牢织密公共卫生防护网”的基本前提。从立法技术方面看，“防范化解卫生健康领域重大风险”理念，在公共卫生立法中的贯彻落实，需要落实到具体的公共卫生原则与规则制定过程中，将公共卫生风险防控具体化为原则规定与规则内容；并且，公共卫生原则设置不能仅停留于某一部单行法的规定，而需要以公共卫生统一立法的基本原则设定，引领风险预防原则在公共卫生立法领域的全面贯彻落实。

---

① 参见中国政策研究网编辑组编：《健康中国战略》，中国言实出版社 2019 年版，第 112 页。

② *Tripartite and UNEP Support OHHLEP's Definition of "One Health"*, WHO's website, https://www.who.int/news/item/01-12-2021-tripartite-and-unep-support-ohhlep-s-definition-of-one-health, visited on January 1st, 2022.

第二节 公共卫生立法的基本原则

公共卫生立法是公共卫生法治体系建设的重要基础。公共卫生立法的基本原则，具有“法律性、统率性”①。其中，公共卫生立法原则的法律性，主要体现在原则内容的法律表达方面。公共卫生立法的基本原则，是法的基本要素，属于法律规范的基本构成。因此，公共卫生立法的原则内容区别于政策性的规定。《赫尔辛基宣言》指出，“健康入万策”属于“跨部门的公共政策”，其影响着“卫生系统、健康和福祉的决定因素”，旨在通过“寻求协同效应”，“改善人口健康和健康公平”。② 公共卫生立法的基本原则需要体现法律属性，其更侧重规范化、制度化、程序化。在具体的立法原则设置过程中，可以将公共卫生领域的政策性要求，落实为具体的健康优先发展原则，将预防为主原则具体化为新发传染病“存疑从有”原则，并区分新发传染病与再发传染病，设置公共卫生立法的二重原则。同时，在具体实践中，还须遵循正当程序与比例原则的要求，③确保应急状态与常规状态的公共卫生管理依法有序开展。

一、公共健康保护与健康优先发展原则

公共健康保护是公共卫生立法遵循的基本原则。公共卫生领域的法律、法规、规章、规范性文件的制定与修改，均围绕公共健康保障展开。公共卫生立法的基本原则，与卫生法学的基本原则并不完全相同。前者侧重法律性、制度化、规范属性，后者则具有综合性特征。目前卫生法学教材及专著中的原则内容，主要包括四原则、五原则、六原则、七原则、八原则等学说。其中，具有共同性的公认原则是“健康权”保障原则，④在不同的原则学说中具体表现为生命健康权保障原则、保护人的生命健康、保护公民健康权、保护社会健康、保护人体生命健康、保护公民身体健康、卫生保护等不同表述。尽管具体表述不同，但共同的、公认的原则即在于对健康权益的保护。不同于民法典对于个体健康权的保护，公共卫生立法的出发点和落脚点是公共

---

① 解志勇：《卫生法基本原则论要》，《比较法研究》2019 年第 3 期，第 1 页。

② 世界卫生组织欧洲区域办公室编：《21 世纪健康治理：战略与执行》，何江江等译，上海交通大学出版社 2021 年版，第 132 页。

③ 参见李广德：《传染病防治法调整对象的理论逻辑及其规制调适》，《政法论坛》2022 年第 2 期，第 150 页。

④ 参见尹口：《论卫生法的基本原则》，《中国卫生法制》2008 年第 4 期，第 12 页。

健康维护,也有学者将公共健康保护原则,表述为"改善卫生民生"原则。① "改善卫生民生"原则的本质在于维护公共健康,也即,通过完善公共卫生服务,防范化解公共卫生危机,有效处置突发公共卫生事件,推进公共卫生产品、教育等领域的全面可持续发展,为公共健康的实现提供充分的条件。因此,公共卫生立法的首要原则即公共健康保护原则。

作为调整"卫生社会关系"的范畴,②公共卫生立法的基本原则,一方面,以其统率性整合现有的公共卫生法律规范,推动"碎片化单行卫生立法"问题的解决;③另一方面,确立公共卫生立法的基本原则,需要体现其法律性、规范性要求,进一步将公共健康保障具体化为具有可操作性的原则性规定。法律规范的重要作用即在于定分止争,因此,这里的可操作性指的是如果健康权与其他权利出现冲突时,应当通过基础性、原则性的规定,明确解决权利冲突时的优先次序与处置原则,为及时有效处理公共卫生领域的矛盾和纠纷提供依据。从法学理论的历史发展角度看,当健康权与其他权利之间出现冲突时,主要有两种解决方式。第一是自由权优先主张。这一主张的主要表现是坚持"自由至上主义",路德维希·冯·米塞斯、弗里德里希·冯·哈耶克的"自由主义"主张,以反对干预为主要特征。哈耶克在《自由宪章》《法律、立法与自由》等著作中,阐述了自由主义的观点,强调"正当的法律就等于自由""个人自行活动和结社的自由"是法律的精髓。④第二是健康权优先主张。强调健康权是包括自由权在内的其他权利实现的基础,离开了健康权保障,其他权利的实现即成为空中楼阁。从客观规律角度看,第二种主张更具有合理性,如果人的生命健康难以得到保障,其他权利的实现就失去现实的基础。离开了健康权保障,人的自由和全面发展就无从谈起。

中国公共卫生立法应当坚持健康优先发展原则,当健康保障与其他要求相冲突时,优先保障人民的生命健康安全。"把人民群众生命安全和身体健康放在第一位"⑤,并将生存权、发展权作为"首要的基本人权",将"人

① 参见陈煜:《论卫生基本法基本原则的构建及其立法表述》,《中华医院管理杂志》2009 年第 12 期,第 793 页。

② 参见汪建荣:《我国卫生法的概念、特征和基本原则》,《中国卫生法制》2001 年第 3 期,第 18 页。

③ 参见董文勇:《论基础性卫生立法的定位:价值、体系及原则》,《河北法学》2015 年第 2 期,第 2 页。

④ 周穗明:《当代西方政治哲学》,江苏人民出版社 2016 年版,第 24 页。

⑤ 《习近平关于尊重和保障人权论述摘编》,中央文献出版社 2021 年版,第 69 页。

民幸福生活”作为“最大的人权”，[①]是中国式现代化的重要标志，也开辟了人权发展的新境界。联合国秘书长古特雷斯在第73届世界卫生大会上指出，“必须将人权置于核心”，必须“解决大流行对健康的影响”，否则“经济就将永远无法恢复”。[②] 作为首要人权，生存权的基础是生命权和健康权。健康优先发展是公共卫生立法的价值目标。这一价值目标的确立源于公民健康不受侵犯的公理性原则。《中华人民共和国宪法》第21条关于国家“保护人民健康”的规定，为公共卫生立法原则的确立提供了根本法层面的重要指引。以宪法为统领确立健康优先发展原则，是推动健康入万策的重要保证。《基本医疗卫生与健康促进法》第6条规定，要将健康放在优先发展的战略地位，推动“健康理念融入各项政策”[③]。在公共卫生立法过程中，贯彻健康优先发展原则，需要注意以下三个方面的问题：第一，法理支撑问题，一项原则在立法中的确立主要包括价值法学层面的合法性基础，规范法学层面的解释学依据，实证法学层面的执法司法适用，健康优先发展以公共健康维护为导向奠定了其价值合法性基础，从宪法规定到《经济、社会和文化权利国际公约》的规定奠定了其规范法学依据，疫情防控中的执法司法适用将健康权利保护作为核心目标奠定了其实证法学基础。第二，权利相对应的公共卫生义务条款设置问题，没有无义务的权利，权利的实现以义务的履行为支撑，健康优先发展所对应的权利、义务及责任配置，应当加以完善并使之相互协调。第三，公共卫生领域的社会正义维护问题，基于健康优先发展要求，公共卫生立法要具备平等地维护公共健康的实际功能。正因为如此，学者指出公共卫生社会权利源于对集体人权的认可。[④] 这三个方面共同构成了公共卫生立法原则设置的法理支撑。

二、新发传染病“存疑从有”与再发传染病依法防治原则

目前关于新发传染病的定义主要有六种：一是从结果上看，认为新发传染病是“新的、刚出现的”或者是“呈现抗药性的传染病”，并且“发病有增加的可能性”；二是从概率上讲，新发传染病是“发病率有所增加”，或是发病

① 汪习根：《生存权发展权是首要的基本人权》，《人民日报》2021年2月19日，第9版。

② ［葡］古特雷斯：《新冠疫情暴露了全球的脆弱　许多国家忽视世卫组织建议》，联合国网站，https://news.un.org/zh/story/2020/05/1057662，2021年1月10日访问。

③ 法律规范适用精解编选组编：《行政法律规范适用精解》（下册），人民法院出版社2020年版，第757页。

④ 参见夏立安：《经济和社会权利的可裁决性——从健康权展开》，《法制与社会发展》2008年第2期，第76页。

率"将来有可能增加的感染性疾病";三是从时间上讲,新发传染病是"对人类健康构成重大威胁"的"新发生的急性传染病",以及"不明原因疾病";①四是从范围上讲,新发传染病是新认识到的或新发现的、可能造成地域性或国际性公共卫生问题的传染病;②五是从类型上看,传染病包括以前从未影响人类的新发传染病、过去几乎消失或者被有效控制的再发传染病、病原体被生物恐怖主义用作生物武器而人为引起的传染性疾病三类;③六是从机理上看,新发传染病是由新出现(新发现)的病原体,或经过变异的已知病原体引起传染性疾病,其中约有 75%为动物源性、60. 3%为人兽共患传染病。④ 上述六种定义之间有相互交叉的地方,除第二种定义外,其余五种定义均包含了新出现、新发现或新发生的内容,而第二种定义侧重于已出现、已发现、已发生传染病的再发概率增大。上述五种定义也有不同之处,第一种定义在新发现传染病的基础上,增加了因抗药性等原因而重新流行的已发生传染病;第三种定义在"新发生"这一特征基础上,增加了不明原因传染病内容,以及对健康造成重大威胁的程度性要求;第四种定义在"新发现"这一特征基础上,增加了能引发地域性或国际性公共卫生问题的要求;第五种定义在新发传染病、再发传染病分类的基础上,增加了用作生物武器的病原体所引发的传染病类型。从防疫现实需求的角度看,不应从影响范围或程度上对新发传染病进行界定,否则,在立法中一旦界定只有达到重大威胁,引发区域性或国际性公共卫生问题才能够采取防疫措施,并不符合疾病预防控制的现实要求。新发传染病防控面临的问题,是在不知道、不明了其作用机理,也未纳入法定传染病目录的情况下,应当如何针对这一"存疑"状态采取有效、合法、合理的应对措施。

新发传染病"存疑从有"是公共卫生风险预防原则的具体化,是"坚决贯彻预防为主"工作方针,"将预防关口前移","织密织牢第一道防线"的重要标志。⑤ 这一具体化过程的意义,在于避免风险预防原则适用的泛化。新发传染病是"新发现"或"新出现"的传染病和不明原因疾病。⑥ 新发传染病"存疑从有",是在不确定新型病原体的"传染源特征"、病原学特点、传

① 袁政安主编:《新发及再发传染病预防与控制》,复旦大学出版社 2018 年版,第 1—2 页。

② 参见周欢主编:《全球健康研究与实践》,四川大学出版社 2020 年版,第 86 页。

③ 参见[美]洛伊斯·N.玛格纳:《传染病的文化史》,刘学礼译,上海人民出版社 2019 年版,第 142 页。

④ 参见饶朝龙等:《中西医临床预防医学概论》,中国医药科技出版社 2019 年版,第 146 页。

⑤ 《习近平关于统筹疫情防控和经济社会发展重要论述选编》,中央文献出版社 2020 年版,第 52 页。

⑥ 参见朱启星等主编:《预防保健学》,安徽大学出版社 2016 年版,第 404 页。

播途径、免疫表征的情况下，[①]也即，在合理怀疑但尚无科学证明存在疫情暴发可能性时，通过预先采取预防措施，防范疫情的发生。以新发传染病与再发传染病防治为脉络，公共卫生立法领域传染病防治的基本原则呈现二重性特征。新发传染病"存疑从有"与公共卫生风险预防原则，再发传染病依法救治与防治相结合原则的确立，有利于解决公共卫生领域的新发传染病防治缺乏基本的法律原则与明确法律规定的问题。"二重原则的确立"理由在于新发传染病与再发传染病防治的差异。[②] 新发传染病是未被列入法定传染病目录的传染病类型，这一传染病多由新型病原体或是经过变异的旧有病原体引发。在实践当中，对于新发传染病的传染源、传染路径及规律的认识相对有限，给疫情防控带来挑战。在法律依据方面，由于新发传染病尚未被列入法定传染病目录，究竟应当采取甲类还是其他类型的传染病防治措施，并无明确的法律规定；并且，新发传染病的致病机理与应对措施需要经过一定时间的探索，但在这一期间，病原体的传播并不会暂停，从而加剧新发传染病防治困境。再发传染病则是被纳入法定传染病目录或其他已发现的传染病类型，对于列入法定传染病目录的再发传染病防治措施已有明确的规定。在现有的公共卫生立法框架下，传染病防治法第 3 条对甲类、乙类及丙类传染病的类型进行了列举，并且，对不同类型的传染病防治措施作出规定。这一列举式的立法模式，对于列入法定传染病目录的再发传染病防控具有积极意义。一旦出现了由已有病原体引发的再发传染病的，公共卫生行政管理机构即可严格按照传染病防治法的规定落实相应的防控措施。但对于没有被列举到传染病目录当中的新发传染病防治而言，对其进行的防控既没有明确的法律依据，也缺乏原则性的规定，新发传染病防治法律依据缺位。此外，还有原本被列入法定传染病目录的传染病类型，但随着社会环境的变化，该病原体造成的现实危害与法定的防控等级不相符等现象的出现。针对这些现象，在防疫实践中多根据传染病实际带来的疫情风险，对乙类传染病采取甲类传染病防控措施，但采取这一措施的法律依据仍有待进一步明确。

从科学立法的角度看，针对疫情防控面临的现实问题，新发传染病与再发传染病防治原则应当有明确的边界，以此为基础进行立法，才能够为在实践中解决这两类传染病所面临的特殊问题提供法律保障。与新发传染病不

① 参见赵金垣：《突发公共卫生事件应急条例与操作实施手册》（第 2 卷），黑龙江人民出版社 2003 年版，第 628 页。

② 参见任颖：《中国公共卫生统合式立法的法理与策略》，《法学评论》2021 年第 3 期，第 140 页。

同,再发传染病是列入法定传染病目录或其他已发现的传染病类型。相应地,对再发传染病进行的救治和防治就不能够按照“存疑从有”原则,而要严格依照传染病防治法的规定展开。传染病防治法第2条规定了防治结合这一公共卫生原则,为已经列入法定传染病目录的再发传染病防治奠定了法律基础。但也有学者指出,严格来说防治结合属于公共卫生原则,而不是法律原则,尤其是在医疗救治、防治领域,防治结合是一项重要的、促进病人恢复健康的原则。事实上,防治结合原则在公共卫生法律体系中确立的意义,不是在于是否要防治结合,或是以预防为主还是救治为主,而是严格依照传染病防治法规定的传染病类型与应对措施来防治,还是依照“存疑从有”原则来防治的问题。再发传染病依法救治与防治相结合原则,应当被确立为体系化的公共卫生立法的基本原则。在公共卫生立法体系化过程中,再发传染病依法救治与防治相结合原则的贯彻落实,是公共卫生立法从疾病救治向健康促进转变的重要表现。从可行性角度看,基于对再发传染病的传染源特征、传播途径、“免疫性特征”等已有认识,①只要按照相应的传染病防治规定及指南要求进行依法防治是具备可行性基础的。再发传染病依法救治与防治相结合原则的确立具有可行性。与此同时,这一原则的贯彻落实需要有具体的法律规则的支持,尤其是在法律责任规定方面,再发传染病防治应当适用严格责任。对于已经出现过的传染病类型,应当采取一切措施防范其再次暴发。如果怠于履行相应的防控职责的,需要承担相应的责任,而这一法律责任的承担,不应以主体的主观过错为要件,从而有效推动再发传染病依法救治与防治进程。

三、公共卫生领域的正当程序与比例原则

公共卫生领域的正当程序原则,强调公共卫生措施的采取,不仅要符合实体法的规定与实体正义的要求,而且要完善相关程序法规定,为“程序正义的实现”②提供制度支持。例如,疫点、疫区划定属于公共卫生实体法的内容,而疫情防控程序的启动、应急预案的适用等属于程序法的规定。公共卫生实体法规定了采取什么样的公共卫生措施,以及这些措施对于实体权利产生怎样的影响。公共卫生程序法决定怎样采取公共卫生措施,在什么情况下可以采取公共卫生措施,以及如何具体实施。从“实体正义与程序

① 参见[美]瓦尔德曼主编:《临床免疫学概论》,石雪筠等译,山东科学技术出版社1981年版,第338页。

② 王斐弘:《中国程序法论稿》,法律出版社2008年版,第157页。

正义相统一”[①]的角度看，公共卫生立法不仅要关注实体法规定的健全和发展，而且要高度重视程序法规定的建立和完善。有关机构和其他主体在采取公共卫生措施的过程中，不仅要遵循公共卫生实体法的规定，而且要符合正当程序的要求，以“看得见的正义”[②]的方式，保证公共卫生行为合理、过程民主、决策科学，提升人们对于疫情防控措施的认同度和配合度。从立法现状来看，行政法领域主要侧重针对行政组织与行政行为进行法律制度设计，“缺乏行政程序法”[③]规定。在公共卫生立法领域，关于公共卫生行政执法程序的规定相对较为薄弱，目前没有不明原因疾病、异常健康事件的筛查与防控程序设置，突发公共卫生事件预警标准及应急预案适用程序并不健全，会在一定程度上制约发现疫情线索、启动应急程序的制度效能。在具体公共卫生执法过程中，采取封控、隔离管控等措施的程序立法缺位，可能引发违反比例原则、合理行政原则等现象的出现，需要以细化的、全面的规则进行指引，平衡约束与保障之间的关系，确保公共卫生措施的合理性、精准化、标准化。

与行政法领域正当程序与比例原则适用于公权力主体不同，公共卫生领域的强制医疗、强制隔离、封闭管理等措施的实施，还需要医疗机构、基层群众性自治组织、志愿组织等主体的广泛参与。在采取公共卫生措施的过程中，主体范围扩大的客观实际，并不影响对于隔离管控等措施本身的正当程序要求，医疗机构、基层群众性自治组织、志愿组织等主体，在相应的公共卫生管理范围内，亦需遵循行政执法领域的正当程序要求。在公共卫生管理范围的界定方面，尽管医疗机构、基层群众性自治组织、志愿组织，并不是行政机关，但是基层群众性自治组织经过授权享有“公共管理职能”[④]，在推进疫情防控的过程中，居委会、村委会是最为基本的单位，其参与、协调对于防疫工作的开展必不可少。公立医疗机构属于公益性的事业单位，其在疫情防控过程中承担着隔离、救治与医学观察的重任。志愿组织对于缓解防疫人员短缺具有重要作用，其在居家健康监测、信息统计、健康证明查验、物资分发等领域，为卫生防疫工作提供支持。在采取公共卫生措施的过程中，医疗机构、基层群众性自治组织、志愿组织等主体，参与隔离、监测等过程，需要遵循公共卫生领域的正当程序原则，并且，不能够违反比例原则的限

① 马宏俊:《司法大数据与法律文书改革》，知识产权出版社 2019 年版，第 111 页。

② 汪习根主编:《法律理念》，武汉大学出版社 2006 年版，第 48 页。

③ 骆孟炎等:《行政法治视域下的政府职能转变研究》，知识产权出版社 2017 年版，第 31 页。

④ 夏美武:《基层社会协同精细治理的理论与实践》，中国科学技术大学出版社 2019 年版，第 76 页。

制。在具体的程序设置方面,主要包括两个方面的要求:一是听取意见,在特定情形下,通过设置听证程序,确保行政行为的合法性与合理性;二是“行政程序的公正性”①,对于行政主体和行政相对人,行政程序规定不能存在偏颇,要以公正为导向,展开相应的程序设置。其中,“听取对方意见”构成“正当程序模式的行政法的核心”。② 这一要求可以再次分为三个方面的内容:一是在法定期限内明确予以告知,按照规定进行疫情防控信息发布;二是向行政相对人说明采取行政措施的理由和依据;三是听取行政相对人的陈述和申辩。通过正当程序设置,一方面,在公共卫生法律关系主体众多的情况下,确保每一项公共卫生措施的采取除遵守实体法的规定,同时也符合正当程序的要求,保障公共卫生管理措施的合法性与合理性;另一方面,通过公共卫生程序立法,将公共卫生实体法律规定,进一步细化、具体化为具有可操作性的程序规定,丰富依法行政的内涵和外延。合法行政原则是在法治轨道上推进疫情防控的基本原则。在这一过程中,合法行政的前提是有法可依,核心要求是有法必依、违法必究。通过公共卫生领域的正当程序原则的确立,推动公共卫生程序性规范的制定。这一过程本身也推动着公共卫生立法的发展和完善。

公共卫生领域的比例原则,要求隔离管控等防疫措施的采取要适度,避免防疫过度。在采取每一项公共卫生措施时,需要按照比例原则的要求,确保个体权利与公共健康保障的平衡和协调。一方面,疫情防控应当遵循法治原则的要求,③以合法行政原则、新发传染病防治“存疑从有”“健康至上”原则为基础,最大限度保护公共健康;另一方面,在疫情防控过程中,对于公共健康的保障,需要通过合理限制自由的方式实现,按照比例原则的要求,这里的限制应当是最低程度的限制措施。在新冠病毒感染疫情防控中,基于对健康权的保护,可以对包括自由权在内的其他权利进行“克减”与“限缩”。④ “克减”“限缩”的前提是处于公共卫生应急状态,底线是满足“生存与健康所必需生活条件”⑤,达到公共健康保障的目的。究其根源,公共健康与个体健康不是绝对分离的,公共健康是个体健康的基础,如果社会

① 关保英主编:《行政程序法思想宝库》,山东人民出版社 2019 年版,第 293 页。

② 孙笑侠:《法律对行政的控制》,光明日报出版社 2018 年版,第 113 页。

③ 参见杜承铭、陈永鸿主编:《宪法学》,厦门大学出版社 2012 年版,第 41 页。

④ 参见王奇才:《应对突发公共卫生事件的法治原则与法理思维》,《法制与社会发展》2020 年第 3 期,第 65 页。

⑤ 汪习根:《新冠疫情防控背景下权利克减的边界设定》,中国人权网,www.humanrights.cn/html/zt2020/6/6/2020/0622/7584.html,2020 年 10 月 1 日访问。

大范围存在传染病蔓延的状况，那么个体健康也面临重大的威胁；个体健康在受到公共健康状况影响的同时，也会反作用于公共健康领域。基于这一特征，以加强公共卫生服务建设为核心，推动公共健康维护的过程，权利克减具备正当性基础。但对于个体的限制是有边界的，在实践当中，需要避免“逢疫必封城”“防疫层层加码”“暴力消杀”等问题的出现，以精准防控为导向，加强消毒等防控举措实施过程中的合法权益保障，避免“野蛮消杀”等行为对居民财产权造成损害，①确保所采取公共卫生措施与保护目标符合比例原则的要求。

第三节　中国公共卫生立法的路径选择

立法路径选择直接影响立法的整体结构。究竟是采取“领域法”路径还是“部门法”路径，②推进预防型立法还是救济性立法，实行统一立法还是分散立法路径，直接影响到公共卫生组织法、行为法、程序法的统合，重点场所、重点人群、重点领域公共卫生风险防控，以及传染病防治与突发公共卫生事件应急管理的立法统筹。

一、“领域法”路径：公共卫生组织法、行为法、程序法的统合

“领域法”与“部门法”的立法路径相对应。“部门法”是根据所“调整的关系”与调整方法，③将具有同类调整对象与调整方法的法律规范，划分成同一法律部门。例如，将以平等主体间人身及财产关系为调整对象的法律规范，归入民商事法律部门；将道路安全、治安管理、防疫秩序归入行政法部门；将宏观调控与市场规制关系归入经济法部门；将以劳动关系为调整对象的法律规范，归入社会法这一法律部门，形成私法、公法、社会法“三大法域”。④ 这三个法律部门是实体法最为核心的内容构成。其中，私法、公法的产生时间早于社会法，社会法部门在私法自下而上的立法路径、公法自上而下的监管路径基础上，形成动态的、平衡性的调整路径。与“部门法”的

① 参见《入户消毒应科学“野蛮消杀”请住手》，新华网，nmg.news.cn/xwzx/2022-11/01/c_1129093652.htm，2022 年 12 月 1 日访问。

② 参见刘剑文、胡翔：《“领域法”范式适用：方法提炼与思维模式》，《法学论坛》2018 年第 4 期，第 78 页。

③ 参见刘大生：《法律层次论——法律体系的理论重构》，中国民主法制出版社 2015 年版，第 92 页。

④ 参见孙国华主编：《中国特色社会主义法律体系前沿问题研究》，中国民主法制出版社 2005 年版，第 391 页。

立法路径不同,“领域法”具有综合性特征,其产生的背景是社会发展进程中“重点领域立法”的特殊性。① 单从某一个部门法出发进行相应的法律制度设计,不足以涵盖该重点领域的所有立法内容。例如,公共卫生这一重点立法领域呈现高度融合性特征,也即公共卫生立法当中既涉及对于私权利主体自下而上的保障路径,也有公权力主体自上而下的监管和规制路径,还包括平衡性调整不同群体之间健康公平关系的社会法路径。这三个方面分别对应保障生命健康权、维护公共卫生秩序、促进健康公平的立法目标,相应的义务设置也覆盖了不同的法律部门,涵盖私法主体对于健康的保护义务,以及公法主体对公共健康秩序的保护义务,社会法领域的健康公平保障义务。由此,形成公共卫生“领域法”的立法路径。

“领域法”是公共卫生立法路径的必然选择,公共卫生“领域法”是公共卫生立法的重要发展方向,是推进公共卫生等“重要领域立法”的必然要求。② 从立法所调整的法律关系角度看,公共卫生立法路径选择建立在其所调整的公共卫生法律关系基础上,法律关系的属性、覆盖面、具体特征直接影响实际选择的立法路径。公共卫生领域涉及的法律关系覆盖面广,“具有复合性、交叉性”显著特征。③ 从总体上看,具有复合性的公共卫生法律关系,广泛涵盖卫生行政法律关系、医患关系、社群关系等内容。其中,对于卫生行政法律关系的调整以卫生管理秩序为价值基础,对于医患关系的调整以健康权保障与应治尽治为核心,对于社群关系的调整以健康公平为价值目标。从法律关系的构成角度看,公共卫生法律关系的主体包括参加公共卫生法律关系,以及享有公共卫生权力、权利和承担公共卫生义务的公民、法人和其他组织。公共卫生法律关系的内容是主体依法享有的公共卫生权力、权利和承担的公共卫生义务,公共卫生法律关系的客体是指主体的公共卫生权力、权利和公共卫生义务所指向的对象。在法律关系的主体方面,公共卫生法律关系的主体包括公共卫生管理机构、医疗机构、检验检疫机构、社会组织、自然人等诸多主体。在法律关系的内容方面,公共卫生领域的权力、权利和义务,主要包括健康权利、公共卫生管理权、相关组织的参与权及相应的义务,如国家、社会、公民的健康保护义务,居民遵守卫生管理秩序的义务,以及政府保障参与渠道畅通与维护参与秩序的义务等。其中,公共卫生管理权又可以分为“应急管理的权力”与常规状态的公共卫生行

① 参见乔晓阳:《推动立法工作不断实现新发展》,《人民日报》2019 年 8 月 7 日,第 17 版。

② 参见栗战书:《全国人民代表大会常务委员会工作报告》,新华网,www.xinhuanet.com/politics/2021lh/2021-03/14/c_1127209310.htm,2021 年 4 月 12 日访问。

③ 参见乐虹、赵敏主编:《中国卫生法发展研究》,华中科技大学出版社 2020 年版,第 2 页。

政职权。[①] 参与权利与义务主要包括基层群众性自治组织、医疗机构依照法律规定的参与义务,以及志愿组织等主体“参与公共卫生管理”的权利。[②]在法律关系的客体方面,公共卫生法律关系以保障卫生公平与公共卫生产品及服务的可及性为导向,广泛涵盖公共卫生服务、公共卫生产品供给等客体类型。不论从公共卫生法律关系的总体特征,还是从其主体、内容、客体角度看,公共卫生立法所调整的法律关系具有涉及主体众多、内容广泛、客体多样的特征。从疫情防控实践角度看,公共卫生立法问题的解决,仅靠一个或数个部门法单兵突进是不足以摆脱现实当中遇到的困境。从立法技术上看,对于公共卫生立法而言,绝对边界分明的部门立法方式,在调整涉及面广的法律关系方面,作用相对有限。从立法定位上看,公共卫生是立法的重点领域,公共卫生立法直接关系到人民生命健康保障,应当从重点领域立法角度,进行系统的立法谋划。从立法内容上看,公共卫生立法不仅涵盖已出现的突发公共卫生事件处置规定,而且包括非常广泛的、风险点源分散的健康影响因素规制;不仅涉及政府机关,而且包括社会组织;不仅包括实体性的权利保障、“行政权力配置”[③],而且包括公共卫生法定程序内容,涉及公共卫生事件后的纠纷处置等规定,仅从某一部门法出发进行立法,难以系统解决公共卫生立法面临的特殊问题。因此,应采取“领域法”路径,推动公共卫生立法的健全和完善。

以“领域法”路径为基础,可以通过公共卫生组织法、行为法、程序法的统合,推动公共卫生立法问题的系统解决。从本质上看,公共卫生立法的核心内容,是解决谁来实施公共卫生管理,如何实施公共卫生管理,依照什么程序实施等问题,尤其是在疫情防控过程中,对于哪些主体在什么范围内可以实施哪些行为的规定,也即关于主体、行为、程序的规定,直接影响到防疫进程的推进。在主体方面,主要通过公共卫生机构与组织立法,解决谁来实施公共卫生管理等问题,例如,规定公共卫生职权配置,明确疾控机构等主体的法律地位。公共卫生领域的组织法不仅包括行政组织法相关内容,[④]而且包括社会组织参与疫情防控的规则。[⑤] 在行为方面,主要通过公共卫

① 参见蒋珩:《区域突发公共事件应急联动体系研究》,华中科技大学出版社 2014 年版,第 102 页。

② 参见万明国等:《突发公共卫生事件应急管理》,中国经济出版社 2009 年版,第 180 页。

③ 石佑启、陈咏梅:《行政体制改革及其法治化研究:以科学发展观为指引》,广东教育出版社 2013 年版,第 161 页。

④ 参见王旭:《重大传染病危机应对的行政组织法调控》,《法学》2020 年第 3 期,第 76 页。

⑤ 参见谢晖:《论紧急状态中的国家治理》,《法律科学》(西北政法大学学报)2020 年第 5 期,第 31 页。

生行为与措施立法，细化公共卫生管理、公共卫生服务、公共卫生教育、公共卫生产品供给等领域行为规则，以公共卫生法律关系主体行为规范为脉络，对公共卫生行为的施行作出总体规定，推动公共卫生立法的体系化、系统化发展进程。在程序方面，公共卫生立法的重点难点在于涉及疫情防控的纠纷解决程序规定优化，尤其是公共卫生事件后的程序立法体系化。但在体系化推进公共卫生程序立法的过程中，还需要注意所面临现实问题的高度复杂性，如地域差异大背景下给统一规定带来的难题。这些问题的解决，亦成为公共卫生立法体系化的重要突破口。对于公共卫生立法路径选择而言，以“领域法”为立法路径，有利于系统解决公共卫生领域所面临的复杂问题，在确保公共卫生行政主体依法行政、依法防疫的同时，以不同治理主体之间的协商与协作为核心，提升公共卫生“协同治理”效能；①在健全突发公共卫生事件处置规定的同时，完善健康风险规制相关法律条款；在推动实体性的权利保障的同时，明确公共卫生法定程序，细化涉及公共卫生事件后的纠纷处置等规定。通过领域立法，对于维护公共健康的公共卫生法律规范进行全面、系统的统合，推进公共卫生立法的体系化、系统化。以公共卫生组织法、行为法、程序法的统合为路径，深入推进“公共卫生法律法规体系”建设。②

二、预防型立法：重点场所、重点人群、重点领域公共卫生风险防控

预防型立法的确立，由公共卫生风险的危害性、影响范围的广泛性，以及所造成公共健康危害的“不可逆性”所决定。③ 公共卫生风险一旦发生，其影响范围通常不会局限于某一个体或某一地区，而是具有极强的扩散性；其所造成的危害并不局限于个体健康损害，而是给公众的健康和安全带来威胁；并且，这一危害所导致的结果一旦发生，即具有不可逆转性。基于这一特征，公共卫生立法过程中，应当确立预防型立法路径，切实推进“疫情风险的预防和控制”④。在实践领域，“十四五”规划纲要强调，要“坚持预

① 参见朱有明等：《中国社会组织协同治理模式研究》，上海交通大学出版社 2016 年版，第 27 页。

② 参见王琎：《加强公共卫生法律法规体系建设》，《光明日报》2020 年 5 月 29 日，第 7 版。

③ 参见宋剑勇等：《智能健康和养老》，科学技术文献出版社 2020 年版，第 52 页。

④ 王晨光：《疫情防控法律体系优化的逻辑及展开》，《中外法学》2020 年第 3 期，第 612 页。

防为主的方针”,“织牢国家公共卫生防护网”。① 在理论方面,预防型立法与回应型立法相对应。“回应型法”相较于压制型法、自治型法而言,具有历史进步性。压制型法以等级社会“压制性的工具主义”为表现;“在争取自治型法的过程中”,出现“某种对目的的脱离”现象。进而,“在回应型法的情况下”,法律是为了“客观的公共目的”而制定的,②其对于社会公共目的的实现具有支撑作用。但从法律介入的阶段和立法逻辑角度看,在应对公共卫生风险的过程中,回应型法的作用相对具有局限性。在立法逻辑方面,回应型立法是针对已经发生的社会问题,启动相应的立法程序予以解决的过程。在法律介入阶段方面,回应型法所规定的措施、行为等内容以事后救济为主要特征。这与公共卫生风险防控要求存在差距。公共卫生风险防控是针对未来可能发生的公共卫生危害,通过采取预防性的措施,降低公共卫生事件发生的概率,避免公共卫生危害的过程。在立法逻辑方面,公共卫生风险防控立法具有前瞻性特征,也即其是针对尚未出现的社会问题,通过预先立法、前瞻性立法,避免问题的实际产生。在法律介入阶段方面,公共卫生风险防控措施以事前预防为主要特征。基于公共卫生风险防控的特殊性、公共卫生风险可能造成危害的不可逆转性,公共卫生立法需要实现从回应型向预防型立法的进阶。

以预防型公共卫生立法为路径,切实推进重点场所、重点人群、重点领域公共卫生风险防控,是强化公共卫生法治保障的应有之义。如果预防型立法及相应的预防性制度做得好,就能够极大地降低公共卫生事件发生的概率,最大程度地减少公共健康损害,同时在客观上也能够节约公共卫生资源,保障人民健康水平的稳步提升。在推进预防型公共卫生立法路径的过程中,需要立足公共卫生立法所涉及的法律关系及所面临的问题的复杂性,从公共卫生立法的体系化、系统化这一根本问题出发,提出具体落实预防型公共卫生立法路径的建议。预防型公共卫生立法路径的贯彻落实,不仅能够推动公共卫生立法对疫情防控现实需求的快速反应,而且能够有效防范公共健康损害的发生,为人民的生命安全、健康和美好未来保驾护航。推进预防型公共卫生立法路径的关键节点,主要包括三个方面。一是疑似新发传染病的预防措施设置。公共卫生立法要具备前瞻性思维,以新发传染病与再发传染病防治所遵循的不同原则为基础,实现从“重救轻治”向“预防

① 《中华人民共和国国民经济和社会发展第十四个五年规划和 2035 年远景目标纲要》,中国政府网,www.gov.cn/xinwen/2021-03/13/content_5592681.htm,2022 年 1 月 10 日访问。

② 参见[美]诺内特、塞尔兹尼克:《转变中的法律与社会:迈向回应型法》,张志铭译,中国政法大学出版社 1994 年版,第 17 页。

为主”转变。在这一背景下，公共卫生立法不仅要促进严密的疫情防控法律体系建设，更要在法治的轨道上明确对于疑似新发传染病能够采取哪些预防措施，以避免疫情的暴发。同时，还要避免公共卫生预防措施适用的泛化，防止对个体权利的不当限制。二是重点场所、重点领域、重点行业防疫特殊规定，面对复杂的公共卫生法律关系与短期内集中显现的现实问题，不能“头疼医头”或是碎片化地提出对策；公共卫生立法要抓住问题的关键环节，从重点场所、重点领域、重点行业防疫出发，以体系化、系统化思维统筹计议，通过免疫计划、健康影响评价、市场监管等规定，将公共卫生风险防控融入环境卫生、市场监管、社会管理的全过程，将公共健康维护目标融入经济社会的各个环节和生产生活的各个方面，织就严密的“公共卫生防护网络”①。三是灾害、献血、探险、生物恐袭等特殊情境的防疫规则制定。在灾害、献血、探险、生物恐袭等情况下，不仅需要“救灾制度”、献血管理制度、户外探险安全保障制度、生物安全事件应对制度，②而且需要健全和完善特殊情境的防疫规则，有效防范特殊情况下公共卫生事件的发生。预防型公共卫生立法的路径，即是从全面、系统的防控环节出发，以预防性的制度链条阻断病原体传播，最大限度地降低疫情暴发的概率。回应型向预防型公共卫生立法的转变，是风险社会公共卫生立法的必由之路。

预防型立法的适用并不是没有边界的，预防措施的采取以重点场所、重点人群、重点领域、特殊情境的公共卫生风险防控为切入点，实现公共卫生安全与权利保障之间的平衡。在推进预防型立法的过程中，需要避免预防措施适用的泛化，防止对于相关权益的不当干预。同时，这一规律不仅适用于国家立法层面预防型公共卫生立法路径的推进，而且适用于地方立法层面相应规范的制定过程，尤其是在跨区域公共卫生风险防控方面，通过跨区域的有效协同，推动对于重点场所、重点人群、重点领域公共卫生风险的系统防控过程中，需要明确预防措施适用的法定条件及范围边界。从实践上看，“全国性的公共卫生立法”“面临重重障碍”。③ 在具体的立法过程中，可结合先行先试模式探索地方立法层面的预防型公共卫生立法。从功能上看，地方性法规是对上位法的具体实施提供保障的规则，国家公共卫生立法最终要在地方疫情防控实践当中得到贯彻落实，并接受疫情防控实践的检验。因此，在公共卫生立法过程中，不论是立法结构，还是立法内容，均须遵

① 王宇明等主编：《新发感染病》，科学技术文献出版社 2006 年版，第 93 页。

② 参见刘斌：《中国当代法治文化体系建构研究》，人民法院出版社 2020 年版，第 133 页。

③ 葛洪义主编：《地方法制评论》（第 3 卷），中国民主法制出版社 2018 年版，第 183 页。

循立法路径选择的共同规律、功能定位。与此同时,在地方性规范制定过程中,跨区域协同推进地方立法,在解决行政区划与跨区域公共事务之间矛盾和冲突的过程中,同样需要符合立法路径选择的要求,以确保“法制的统一”。① 随着社会交往的加深与人员流动的加快,对于危害行为、危害结果的界定已经超出了特定的行政区划范围,而呈现出跨区域特征。公共卫生地方性法规,尤其是区域协同立法,在公共卫生法治保障体系中具有基础性地位。在跨区域人员流动频繁的背景下,疫情防控过程中的地方性法规制定,需要贯彻落实预防型立法的要求,从防疫形势的整体需要出发,推动跨区域协同制定公共卫生地方性法规的整体进程。与此同时,跨区域协同制定公共卫生地方性法规的过程,需要与地方立法的清理和修改相结合,以体系化的思维,对于公共卫生地方立法进行全面的梳理,准确定位地方立法的短板和漏洞,推动公共卫生领域预防型地方立法的发展和完善,在国家与地方的公共卫生职权配置方面,②为预警权限下放的立法建议的落实提供规范支持。

三、统一立法:传染病防治与突发公共卫生事件应急管理的立法统筹

作为全面推进依法治国的重要组成部分,公共卫生立法是强化公共卫生法治保障的基础和前提。公共卫生立法的体系化、系统化,“强化公共卫生法治保障立法”③,是构建强大的公共卫生体系的关键所在。但在具体的立法路径选择上,仍然存在公共卫生专项立法与统一立法不同主张。公共卫生专项立法是通过单行立法路径,分别对突发事件应急管理、传染病防治、动物防疫、食品卫生、环境卫生、职业病防治、公共场所健康保障等特定领域作出规定。公共卫生统一立法是在同一部法律当中,规定传染病防治、突发公共卫生事件应急管理、食品卫生等立法内容。公共卫生立法所涉及的法律关系复杂,公共健康维护所涉及的因素繁多,统一立法路径更有利于从根本上解决规范冲突问题。公共卫生统一立法以体系化、系统化的立法体例,形成内在协调、系统完备的公共卫生统一规定。④ 公共卫生统一立法

① 参见房文翠:《法律统一适用内在约束力研究》,厦门大学出版社 2018 年版,第 179 页。

② 参见曹树基:《国家与地方的公共卫生——以 1918 年山西肺鼠疫流行为中心》,《中国社会科学》2006 年第 1 期,第 178 页。

③ 《全国人大常委会 2020 年度立法计划调整　增加有关强化公共卫生法治保障的内容》,《人民日报》2020 年 6 月 17 日,第 4 版。

④ 参见孙国华主编:《中国特色社会主义法律体系研究》,中国民主法制出版社 2009 年版,第 112 页。

过程本身,能够全面、系统地对相关法律规范进行梳理,并统筹解决其中存在规范冲突等问题。相较而言,公共卫生专项立法需要通过系统的法律清理和修改解决单行法之间的冲突及交叉重叠问题。

在立法内容方面,通过公共卫生专项立法的清理与修改,难以从根本上解决单行法之间交叉重叠问题。例如,传染病防治法与突发事件应对法的交叉重叠问题,难以通过单行法清理得到解决。在传染病防治立法的具体规定方面,主要包括传染病的立法宗旨、预防为主的方针、法定的传染病类型、乙类传染病采取甲类传染病防控措施的条件、政府职责、疾控机构任务、医疗机构责任、健康教育、卫生设施、预防接种、监测制度、现场处理、预警制度、防控预案、院感防范、卫生产品、专项防疫、疫情报告与通报、疫情信息公布制度,以及医疗机构、疾控机构、政府、专业技术机构采取的法定传染病防治措施等内容。在突发公共卫生事件应急管理立法的具体规定方面,突发事件应对法包含了具有严重危害的突发公共卫生事件应急管理规定,主要包括需要采取的应急处置措施、应急预案、应急准备、监测、预警、处置、救援、恢复、信息系统、救助措施、控制措施、保障措施、保护措施、物资、设施、服务、必需品供应及其他必要措施等内容。从立法内容上看,突发事件应对法所调整的范围,包含造成严重危害的传染病疫情,其在预警、预案、处置等方面的规定,与传染病防治立法存在交叉重叠的内容,也有规定不一致的地方。这一立法状况,会影响到疫情防控的整体效能。与此同时,公共卫生立法不仅是应对传染病的重要保障,而且涵盖应对战争、"灾害引发的公共卫生事件"①规定。这一具有高度复合性的立法问题,难以在单行法清理层面得到根本的解决。通过公共卫生统一立法,能够系统解决规范之间的交叉重叠、矛盾与冲突等问题。在具体立法方式上,突发公共卫生事件应急管理规定,包含对于重大传染病疫情、重大食物和职业中毒等事件的应对规则。在立法实践中,可以探索将传染病防治中的重大疫情防控,纳入突发公共卫生事件应急管理规定,将传染病防治的其他内容纳入公共卫生服务及保障措施部分,形成传染病防治、非传染性疾病防治与健康促进等方面的统一立法格局。

在立法技术方面,在公共卫生专项立法领域应用"包裹立法"技术,难以从根本上解决"公共卫生立法分散"问题。② "包裹立法"指的是将"要

① 左小德主编:《应急物流管理》,暨南大学出版社2011年版,第245页。

② 参见王萍等主编:《医事程序法律实务》,浙江工商大学出版社2012年版,第19页。

立、改、废的法律进行整体处理"①，也即立法机关为了系统地推动同一立法目的的实现，在立法审议时将一次性地增订、制定、清理、废止相关立法的活动。"包裹立法"技术区别于一例一议的立法方式。"包裹立法"有利于提升单行法之间的协调性。由于公共卫生领域所涉及的法律关系众多，因而相关法律规定散见于不同的单行法当中，同时也有行政法规、部门规章等规定对公共卫生领域的社会关系进行调整。针对这一状况，运用"包裹立法"技术推动公共卫生立法、修法的系统化，具有一定的积极作用。但经过"包裹立法"的公共卫生法律规定，仍然散见于不同的单行法律、法规、规章、规范性文件当中，立法之间的交叉重叠问题，例如，传染病防治法与突发事件应对法之间的重叠规定问题，难以得到根本的解决。公共卫生统一立法势在必行。

在立法形式方面，公共卫生统一立法目前主要以公共卫生基本法为立法形式。目前公共卫生基本法的缺位状况，与公共卫生涵盖领域的广泛性及立法层级的统领性要求并不相符。从属性上看，"基本法""一般法"是相对应的两个概念，②二者共同构成一个国家法律规定的重要内容。但不同的是，基本法与一般法的制定程序、审议及主体性要求存在差异。基本法是由每年召开一次的全国人大在会议召开期间表决通过的，一般法则由全国人大常委会制定。对于公共卫生立法而言，其所涉及的内容十分复杂，针对这些复杂内容的立法亦相对分散。如果缺乏基本法来对这些规范进行统领，则会影响到整个公共卫生立法的体系化推进，不利于公共卫生立法冲突的解决与内在协调的维护。目前中国的公共卫生立法仅有一般法，没有基本法，难以从宏观布局上形成调整公共卫生法律关系的科学立法格局，不符合公共卫生涵盖领域的广泛性与立法层级的统领性要求。与此同时，公共卫生领域的新发传染病防治缺乏基本的法律原则与明确的法律规定，从疫情发生到纳入传染病管理的黄金防控期职能配置空缺，封闭式管理、居家隔离等疫情防控措施缺乏法律依据，基层群众性自治组织公共卫生管理权限范围不明。这些问题直接影响公共卫生立法的完备性。公共卫生统一立法能够统领覆盖面广泛的公共卫生领域立法，将公共健康维护理念贯彻落实到公共卫生管理的各个环节。公共卫生基本法能够形成具有统率性的统一规定，通过确立基本的公共卫生原则和规则，系统地推动现实问题的解决。

---

① 胡夏枫：《立法与改革：1978—2018年法律修改实践研究》，中国政法大学出版社2018年版，第81页。

② 参见江利红：《行政过程论研究》，中国政法大学出版社2012年版，第274页。

在立法阶段方面，公共卫生统一立法需要经历一个发展过程。这一发展过程主要包括两个阶段。第一个阶段是公共卫生基本法的制定，这一阶段以公共卫生统一立法为路径，推动传染病防治与突发公共卫生事件应急管理立法、常规状态公共卫生立法与应急状态公共卫生立法，以及公共卫生预防措施、应急措施、保障措施立法的有机统一，从根本上解决单行法之间的冲突及交叉重叠的问题，①从立法体例、立法结构、立法形式三个方面，有序推动公共卫生基本法律的制定，为疫情防控提供法治保障。公共卫生领域所涉及的法律关系众多，通过统一立法，能够解决公共卫生立法的分散化问题，公共卫生管理各个环节之间的衔接协调能够得到有效推进。在第二个阶段，适时推动"公共卫生法典"编纂，②以公共健康保障为立法逻辑，以内在一致性的价值为基础，将疾病防治、健康促进、卫生教育、卫生设施、环境卫生、食品卫生、职业卫生、精神卫生等公共卫生各个领域制度和规范，凝聚成具有一定体系结构的整体，并细化对于相关领域的卫生健康规定。公共卫生法典编纂化，不仅是通过章节安排推动形式逻辑体系的协调，更强调以内在一致的价值追求，从根本上实现公共卫生法律规定的体系化、系统化。以立法结构的优化和立法内容的协调为导向，通过法典的制定对公共卫生领域的社会关系进行调整，理顺不同公共卫生机构、组织之间的关系，并在总论的完善和分则的科学界定基础上，形成完备的法典结构。

---

① 参见莫纪宏：《人大立法中的"法法衔接"问题研究》，《人大研究》2019 年第 5 期，第 6 页。

② 参见[法]吉尔·杜阿迈尔、雷萍、于广军编著：《法国现代卫生体系概论：医院管理与医院改革》，复旦大学出版社 2019 年版，第 12 页。

第四章 公共卫生立法的主要问题

习近平总书记强调,要"坚定不移推进法治领域改革"①。就公共卫生领域而言,法治改革的推进以解决公共卫生立法问题,弥补公共卫生立法短板为重要议题。在组织立法方面,不同立法关于公共卫生机构职权配置的规定存在冲突,卫健委医疗应急司、应急处理指挥部、疾控机构等的职责及关系尚未理顺,基层群众性自治组织等参与公共卫生治理的规则缺位。在行为立法方面,突发公共卫生事件层报制度规定相对较为零碎,管控区域划定依据不明,隔离措施适用范围的规定存在冲突,疫情防控流调溯源、检测救治、疫源消毒等规定并不完善,对疑似新发传染病的防治措施不明确,公共卫生服务规定分散、公共卫生产品规定不健全。在程序立法方面,存在"重实体轻程序"现象,②封控与征用等的标准不明及合比例审查缺位。

第一节 公共卫生机构职权配置与社会参与问题

关于公共卫生机构及组织的规定,重心在于明确公共卫生行政机关的职权配置、授权参与公共卫生管理的基层群众性自治组织的行为规范,以及志愿者组织、红十字会、第三方检测机构等的参与规则。公共卫生法律关系涉及的主体众多,突发事件应对法、传染病防治法、生物安全法职权配置存在冲突,公共卫生治理领域的社会参与规则尚不完善,公共卫生机构之间的关系并未理顺。

一、突发事件应对法、传染病防治法、生物安全法职权配置的冲突

突发事件应对法、传染病防治法、生物安全法规定的冲突,集中体现在传染病疫情应急处置领域,突发事件应对法关于突发公共卫生事件处置的规定、传染病防治法关于疫情防控的规定、生物安全法关于生物应急制度的

---

① 习近平:《论坚持全面深化改革》,中央文献出版社 2018 年版,第 141 页。

② 参见干以胜:《新形势下防止利益冲突制度研究》,中国方正出版社 2015 年版,第 148 页。

规定之间存在冲突。突发事件应对法与传染病防治法是公共卫生立法的两大支柱，属于同一位阶的法律。在实践当中，关于突发事件应对法与传染病防治法之间的关系，存在三种不同的观点：一种观点认为突发事件应对法与传染病防治法是一般法的基础性规定与特别规定的关系，在公共卫生领域应当优先适用传染病防治法的规定；第二种观点是突发事件应对法所规定的四类突发事件当中，关于突发公共卫生事件的规定应当援用传染病防治法，其他事件仍然适用突发事件应对法的规定；第三种观点是在已有突发事件应对法的突发事件四种类型划分基础上，可以将其中的公共卫生事件类型再次细化，在细化分类的基础上，仅对其中的传染病类型适用传染病防治法的规定，对于其他的公共卫生事件仍然适用突发事件应对法的规定。第三种观点更有利于解决突发事件应对法与传染病防治法之间的矛盾和冲突。就疫情防控而言，突发事件应对法与传染病防治法分别适用于突发公共卫生事件应急管理、传染病防治两个领域。但由于突发事件应对法不仅针对突发公共卫生事件，而且广泛涵盖了事故灾难、社会安全事件、自然灾害等突发事件的应对问题，目前突发公共卫生事件领域没有专门的法律规定，导致突发事件应对法在一般规定层面缺少关于阻断病原体传播等专门措施的规定。单独适用突发事件应对法难以明确“防范疫情扩散”的具体措施。① 从调整对象的角度看，突发事件应对法针对的是造成或可能造成“严重危害”的突发事件，②在传染病疫情防控领域，突发事件应对法包含了造成或可能造成严重危害的突发公共卫生事件应急管理规定。传染病防治法针对法定传染病规定相应的防治措施。法定传染病出现并不必然导致突发公共卫生事件的发生，只有影响达到严重程度的传染病疫情，才适用突发事件应对法的规定。常规状态的传染病防治不适用突发事件应对法，而是适用传染病防治法的规定。当突发公共卫生事件发生，出现造成或可能造成严重危害的传染病疫情时，突发事件应对法与传染病防治法是并行适用的，但两部法律的制定背景与制定过程又相互独立。《传染病防治法》于1989 年制定，于 2004 年、2013 年进行了修正。《突发事件应对法》于 2007年制定，截至目前没有修订版本。这就造成了并行适用的突发事件应对法与传染病防治法之间规定的矛盾和冲突。与此同时，生物安全法当中也有关于疫情应急处置的规定。从宏观角度看，公共卫生安全、生物安全都属于国家安全的组成部分，公共卫生安全与生物安全密不可分。因此，在公共卫

① 参见洪毅主编：《中国应急管理报告 · 2016》，国家行政学院出版社 2016 年版，第 114 页。

② 参见黄传英：《城市公共安全治理与地方实证研究》，广西人民出版社 2019 年版，第 11 页。

生立法领域，除了突发事件应对法与传染病防治法之间的冲突之外，还存在这些规定与生物安全法之间的矛盾。从总体上看，突发事件应对法、传染病防治法、生物安全法职权配置的冲突，主要体现在预警职权、应急职权两个方面。

在预警职权配置方面，《传染病防治法》第 19 条对传染病预警制度作出规定，国家卫健委、省级政府有权发布传染病预警。传染病防治法所规定的预警职权，配置在省、部一级行政机关。①《突发事件应对法》第 43 条规定，在符合法律规定的情形下，县级以上地方政府应当发布警报，有权决定相关地区进入预警期。突发事件应对法所规定的预警职权，配置在地方政府。《中华人民共和国生物安全法》第 28 条规定，根据疾控机构等的监测、预测情况，国务院相关部门、县级以上地方政府及相关部门应当发布预警。生物安全法所规定的预警职权，配置在省、部一级行政机关，以及地方政府及其组成部门。现有立法的公共卫生事件预警规定，主要面临两个方面的问题：一是预警主体层级问题，究竟是由国家卫健委或省级人民政府发出预警，还是可以将预警权限下放到地方政府；二是预警的具体负责机构，究竟是由政府发布预警，还是由其具体职能部门负责。其中，传染病防治法规定，预警主体的层级是省、部一级，预警的具体负责机构应当是省、部一级政府；突发事件应对法规定，预警主体层级是县级以上机关，预警的具体负责机构是地方政府；生物安全法规定，预警主体层级是省部一级或县级以上机关，预警的具体负责机构应当是国务院部委、地方政府及其职能部门。突发事件应对法、传染病防治法、生物安全法，在预警主体层级、预警具体负责机构方面的规定不同。依照现有的法律规定，难以明确预警的主体及权限。

在应急职权配置方面，《传染病防治法》第 20 条规定，县级以上地方政府制定传染病防控预案，其中包括防控指挥部组成、疾控机构与医疗机构的职责、疫情分级及应急方案、疫点疫区现场控制、应急设备与设施、物资储备与调用等内容；地方政府、疾控机构按照预案采取防控措施。突发事件应对法与传染病防治法的公共卫生事件应急预案规定不同。《突发事件应对法》第 17 条规定，国务院制定总体应急预案。其中，制定部门应急预案的是国务院部委机关，②地方政府、县级以上政府部门制定本行政区划相关应急预案。《突发事件应对法》第 23 条至第 24 条规定矿山、建筑施工单位、

---

① 参见江平主编：《中华人民共和国法律全释》（第 7 册），中国民主法制出版社 2002 年版，第 95 页。

② 参见叶文松主编：《中华人民共和国政府机关总览》，中国物资出版社 1993 年版，第 13 页。

公共场所管理单位等领域的具体应急预案，由相关单位制定。《生物安全法》第21条规定，国务院部委组织制定相应领域的生物安全事件应急预案，县级以上地方政府及其职能部门制定生物安全事件应急预案；第38条对生物技术研发领域的风险评估、具体应急预案作出规定，从事生物技术研发活动，并且，该活动存在中高风险的，相关单位应当制定生物安全事件应急预案；第50条规定，设立病原微生物实验室的单位制定生物安全事件应急预案。此外，在下位法层面，根据《突发公共卫生事件应急条例》第10条的规定，国家卫健委制定全国突发事件应急预案，省级政府制定地方突发事件应急预案；第11条对全国突发事件应急预案的内容进行了列举，包括应急处理指挥部组成、监测、预警、报告、分级、处理、现场控制、应急设施等规定。《突发事件应急预案管理办法》第7条规定，政府及其职能部门制定相应的应急预案，县级以上人民政府制定总体应急预案，职能部门制定部门应急预案；专项应急预案涉及多部门协同，有关部门牵头组织制订并报政府批准实施。在同一位阶的法律规定方面，传染病防治法规定的应急预案制定主体，是县级以上地方政府；突发事件应对法规定的应急预案制定主体，包括国务院、国务院部委机关、地方政府、县级以上政府部门、公共场所管理等单位；生物安全法规定的应急预案制定主体，包括国务院部委机关、县级以上地方政府及其职能部门、设立病原微生物实验室的单位等主体。同时，突发事件应对法关于突发公共卫生事件处置的规定、传染病防治法关于疫情防控的规定、生物安全法关于生物应急制度的规定，难以用特别法优于一般法的原则，解决规范之间的冲突。这些法律规定中一般规定与特殊规定相互交织。关于疫情上报、分析、研判、预案制定等一系列规定需要优化，“应急职权的配置”需要进一步理顺。①

二、医疗应急司、应急处理指挥部、疾控机构职责关系未理顺

卫健委医疗应急司、应急处理指挥部、国家疾控局，负有组织、协调、指挥处置危害公共健康相关事件的职责，相应的职责关系有待理顺。2022年，根据国家卫健委职责及“内设机构调整”，国家卫健委负责卫生应急事务，以及传染病疫情应对、其他突发公共卫生事件防控工作的组织协调，管理医疗应急司、国家疾病预防控制局等机关司局，同时，撤销原综合监督局。②

---

① 参见朱凤才等:《公共卫生应急——理论与实践》，东南大学出版社2017年版，第7页。

② 参见《中共中央办公厅　国务院办公厅关于调整国家卫生健康委员会职能配置、内设机构和人员编制的通知》，国家卫健委网站，http://www.nhc.gov.cn/wjw/jgzn/202211/54635ecaefa347fd8270e92224f82240.shtml，2022年5月1日访问。

由国家疾控局制定、执行传染病防控规划与国家免疫规划，组织实施针对严重危害公共健康因素的干预措施，制定法定传染病目录、执行专项预案，负责疫情信息发布，指导疾病防控，监督管理传染病防治、职业卫生、环境卫生、公共场所卫生、饮用水卫生等事务。国家卫健委医疗应急司负责传染病疫情应对、突发公共事件的医疗救治等工作的组织协调，拟订采供血机构管理、重大疾病与慢性病防控规定并监督相关规定的实施。同时，在传染病疫情发生时，根据传染病防治法等法律规定，相应地区会按照有关规定，如省级政府突发事件应急预案中对应急处理指挥部组成的规定、县级以上人民政府传染病防控预案中对防控指挥部组成的规定等，组建应急处理指挥部，负责突发公共卫生事件应急管理的相关事务。这些机构设置及其职能配置，对于有效防范疫情扩散起到了重要的保证作用，但其中卫健委医疗应急司、应急处理指挥部、疾控机构的职责关系尚未理顺。“理顺职责关系”①，直接关系到突发公共卫生事件应急管理的整体效能。从立法角度看，理顺不同机构之间职责关系的规定有待完善。

在传染病防治领域，地方政府、卫健委、疾控机构采取传染病防控措施的权限需要进一步厘清。《传染病防治法》对公共卫生机构的职权作出规定，涵盖关于传染病防治主管机关、传染病监测机关、防控措施执行机关、监督机构等内容。根据《传染病防治法》第 6 条规定，国家卫健委主管全国传染病防治工作，县级以上卫健委负责本地区传染病防治工作；第 7 条规定，疾控机构负责传染病监测、流行病学调查、疫情报告等工作，医疗机构负责传染病救治与预防工作；根据第 17 条的规定，国家卫健委制定传染病监测规划，省级政府卫健委制定地区传染病监测计划，疾控机构实施传染病监测、流行趋势预测、现场处理等工作。国家、省级疾控机构负责重大传染病流行趋势预测等工作，地级市和县级疾控机构负责本地区疫情监测、报告等事务。《传染病防治法》第 20 条对采取防控措施的决定机关作出规定，地方政府、疾控机构在收到国家卫健委、省级政府发布的传染病预警之后，应当按照要求采取防控措施；第 40 条规定，疾控机构有权采取防控措施，包括开展流行病学调查，建议划定疫点、疫区，对相关区域进行卫生处理，对密切接触者采取预防措施等；第 41 条规定，针对甲类传染病相关场所及人员，县级以上人民政府可以采取隔离措施，并向上一级政府报告，上级政府不予批准的，应当立即解除隔离；第 42 条规定，符合法定情形时，县级以上人民政府可以采取限制或停止人群聚集、停课或停业、封闭或封存、控制或扑杀染

① 夏一雪：《应急管理——整合与重塑》，天津大学出版社 2017 年版，第 135 页。

疫动物等紧急措施；第 44 条规定，针对甲类传染病，可以采取交通卫生检疫措施；根据第 53 条的规定，县级以上卫健委负责对传染病防治进行监督检查，包括对疾控机构、医疗机构、采供血机构、消毒产品及其生产单位、饮用水供水单位等的监督管理。相对较为分散的传染病防控措施规定，有待以机构与主体为脉络，进一步明确和厘清相关职权。

在突发公共卫生事件应急管理方面，负责应急指挥与组织的机构及相应职责有待进一步明确。突发事件应对法包含了针对具有严重影响的传染病疫情防控的相关规定。《突发事件应对法》第 7 条规定，县级政府负责本地区的突发事件应对工作，一旦突发事件发生，县级政府应当立即采取措施，组织应急处置。此外，依照法律法规规定，特定情形下的突发事件应对工作由国务院职能部门负责。根据突发事件应对法的规定，国务院负责“特别重大的突发事件应对工作”①，设立“国家突发事件应急指挥机构”②，县级以上人民政府设立突发事件应急指挥机构统一指挥突发事件应对工作。《突发事件应对法》第 9 条规定，国务院、县级以上地方政府领导突发事件应对工作。《突发事件应对法》第 44 条至第 45 条规定，在符合法律规定的情形下，根据预警级别，县级以上人民政府有权启动应急预案、加强预警预测、定时发布信息，实施调集物资、准备应急设施、转移或疏散人员、控制或者限制公共场所活动等措施；第 51 条规定，如果“严重影响国民经济正常运行”，国务院或其授权部门可采取必要的应急措施。

在突发公共卫生事件应急管理过程中，应急指挥应当由哪一部门实施？疾控机构的法律定位是什么？防控措施的决定机关及执行机关如何理顺？这些问题有待通过立法的完善加以解决。（1）在应急指挥机关的规定方面，传染病防治法规定国家卫健委医疗应急司负责传染病疫情应对的组织协调；《突发事件应对法》第 7 条规定县级政府负责本地区的突发事件应对工作；第 8 条规定国务院负责“特别重大的突发事件应对工作”并设立“国家突发事件应急指挥机构”，县级以上各级政府设立突发事件应急指挥机构；第 9 条规定，国务院、县级以上地方政府领导突发事件应对工作。在关于应急管理机构的众多不同规定当中，国家卫健委医疗应急司、应急指挥机构等主体之间的关系有待理顺。应急指挥部是根据疫情防控需要而设立的机构，负责对突发公共卫生事件的“统一领导、统一指挥”③。在层级上又可

① 乔仁毅等主编：《政府应急管理》，国家行政学院出版社 2014 年版，第 42 页。

② 刘善春：《行政实体法与行政程序法标配》，人民法院出版社 2019 年版，第 226 页。

③ 胡少华主编：《灾害救援与护理手册》，安徽大学出版社 2019 年版，第 94 页。

以分为指挥特别重大突发公共卫生事件应对工作的国家应急指挥机构，以及指挥特定地区突发公共卫生事件应对工作的地方应急指挥机构。当突发公共卫生事件发生时，应急指挥机构直接决定着疫情防控反应速度与防控效果。究竟应当由哪一机构进行应急指挥，需要通过健全公共卫生立法加以明确。（2）在疾控机构的法律定位方面，根据目前的机构设置，又可以分为两类疾控机构，一是国家疾控局，是由国家卫健委"管理的国家局"，属于"副部级"国家机关，①负责制定和执行传染病防控规划、国家免疫规划、法定传染病目录，监督管理传染病防治、职业卫生、公共场所卫生等事务；二是中国疾控中心属于事业单位，②主要负责疾病预防控制、突发公共卫生事件应对、环境卫生、学校卫生等工作。疾控机构的"职能定位是技术指导支撑"③。国家疾控局具有行政决策权和执行权。在机构归属明确的基础上，疾控机构具体的职能定位如何进一步明确仍有待探索解决。（3）在防控措施的决策和执行机构方面，根据传染病防治法的规定，地方政府、疾控机构在收到国家卫健委、省级政府发布的传染病预警之后，应当按照要求采取防控措施；疾控机构有权采取防控措施；符合法定情形时，县级以上人民政府可以采取限制等措施。突发事件应对法规定，县级政府有权采取应急处置措施；特定情形下，国务院或其授权部门有权采取应急措施。防控措施的决策和执行机构，以及疾控机构的具体类型及职能有待进一步明确。

三、基层群众性自治组织等参与公共卫生治理的规则相对薄弱

公共卫生治理领域的参与规则，主要包括公共卫生治理领域参与主体的规定与参与行为的规定两个方面。在新冠病毒感染疫情防控中，公共卫生治理当中的参与主体，在基层一线防控过程中发挥了重要作用，如参与社区封闭式管理、居家隔离、闭环管理等措施的推进，④对捍卫人民生命健康安全具有重要意义。在公共卫生立法领域，对于这些主体的参与行为，如有权采取什么样防控措施、如何采取防控措施等，没有法律的明确规定。从法

---

① 参见《国家疾病预防控制局职能配置、内设机构和人员编制规定》，中国政府网，http://www.nhc.gov.cn/renshi/s7745/202202/ce8b3af5ab234dfd88bde1a496959e25.shtml，2022 年 5 月 1 日访问。

② 参见李振良等：《行知之间：健康中国视域下的健康文化建设》，中国经济出版社 2020 年版，第 156 页。

③ 张广清、周春兰主编：《突发公共卫生事件护理工作指引》，广东科技出版社 2020 年版，第 17 页。

④ 参见魏礼群主编：《中国改革与发展热点问题研究 2021》，商务印书馆 2021 年版，第 397 页。

理的角度看，享有公共卫生执法权的应当是行政机关，隔离防控等法定措施的采取，应当由卫健委及其组成机构等公共卫生行政执法机关实施。但在实践当中，基层群众性自治组织、医疗机构及公共卫生辅助服务人员等，也会参与到隔离、封控、转运、监测等公共卫生措施的执行过程。其中，基层群众性自治组织指居委会、村委会，负有参与公共卫生工作义务的医疗机构主要指公益性的医疗单位。公共卫生辅助服务人员与辅助医疗人员并不完全相同。① 辅助医疗人员主要包括"护士""药剂师""治疗师""学校医疗辅导员""语言治疗师""医学实验室技术人员"，②其属于医事立法的内容。公共卫生辅助服务人员包括"公共场所卫生管理员""防疫员""消毒员"，③应由公共卫生立法加以规范。针对行政机关的职权设置主要采取职权立法模式，行政机关采取的公共卫生措施有相对明确的法律规定，而居委会、村委会等主体仅基于概括式的授权，取得公共管理权限。这些主体具体能够采取什么措施、是独立实施还是配合执法，以及如何采取防控措施等，则没有明确的法律规定。对于公共卫生立法而言，上述规则缺位所造成的不利后果逐步受到了理论界与实务界的高度重视。

在公共卫生治理领域参与主体的规定方面，与公共卫生行政管理机关不同，参与公共卫生治理的主体，主要包括基层群众性自治组织、志愿服务组织、第三方检测机构、医疗机构及疫情防控中的公共卫生辅助服务人员。其中，基层群众性自治组织中设立有公共卫生等委员会。从公共卫生参与的权利与义务界定角度看，又可以分为两种情形：一是常规状态的公共卫生参与权利与义务设置，二是应急状态的公共卫生参与权利与义务设置。在常规状态下，基层群众性自治组织、医疗机构是负有参与义务的主体，基层群众性自治组织依照授权负有管理公共事务的职责，医疗机构负责传染病医疗救治等工作；其他单位和个人有权利参与传染病宣传、志愿服务、疫情报告等公共卫生工作。在紧急状态下，社会主体负有参与突发事件应对工作的义务，如《突发事件应对法》第 11 条规定主体有义务参与突发事件应对工作。在法律规定方面，1982 年《中华人民共和国宪法》经过了五次修正，其中，第 21 条规定，国家鼓励和支持企事业组织、集体经济组织、街道组织参与医疗卫生设施建设等活动；第 111 条规定，基层群众性自治组织包括居委会、村委会，下设公共卫生等委员会。《传染病防治法》第 7 条规定，医

① 参见周建军等主编：《社区卫生服务》，中国医药科技出版社 2018 年版，第 12 页。

② 陆荣华主编：《美国职业责任保险》（上册），中国金融出版社 2017 年版，第 401 页。

③ 《关于对拟发布新职业信息进行公示的公告》，人力资源和社会保障部网站，http://www.mohrss.gov.cn/SYrlzyhshbzb/zwgk/gggs/tg/202005/t20200511_368176.html，2020 年 5 月 18 日访问。

疗机构承担传染病医疗救治、相关预防工作；第9条规定，国家鼓励和支持个人、单位参与传染病防治，居委会、村委会应当组织相关人员参与传染病防控；第10条规定，医疗机构等应当定期对相关人员开展传染病防治培训。突发公共卫生事件发生之后，应急状态下的公共卫生参与权利与义务具有特殊性。《突发事件应对法》第11条对公民、法人和其他组织参与突发事件应对工作的义务作出规定；第29条规定，居委会、村委会、企事业单位应当开展突发事件应急知识宣传、应急演练等活动；第55条规定，相关居委会、村委会、其他组织应当按照决定组织救助等工作；第57条规定，公民应服从居委会、村委会等机构或组织安排，配合应急处置措施的实施。这些规定明确了公共卫生领域的参与主体。上述规定当中的其他组织、单位等主体，主要包括红十字会、志愿服务组织、第三方检测机构等"供给公共服务"的组织。①

在公共卫生治理领域参与行为的规定方面，目前主要有关于社会组织参与艾滋病防治基金设立、动员参与爱国卫生运动的通知或倡议等。其中，关于社会组织参与艾滋病防治基金设立的通知由原国家卫计委等多部门于2015年发布，关于动员参与爱国卫生运动的倡议由全国爱国卫生运动委员会等多部门于2020年联合发布。这两项规定均现行有效，前者属于部门规范性文件，后者属于部门工作文件。从参与行为及活动内容上看，主要包括疫情防控中的社会参与及参与爱国卫生运动两个方面。公共卫生运动的开展有两种形式：一是各级政府主导的公共卫生运动，即在政府的统一组织下，按照公共卫生管理计划，在社会中开展各种公共卫生活动，以改善卫生条件恶劣、过度拥挤等客观生活环境，提升社会公共卫生意识的过程；二是社会团体或个人通过组织化活动，有效防治疾病流行、促进健康的活动。②随着城市规模的扩大、人口数量的增长，公共卫生运动的形式也在不断发生变化，并逐渐向着规范化、程序化的方向发展；通过公共卫生法治建设，推动社会主体参与公共卫生治理能力的提升，成为21世纪公共卫生体系建设的核心要义。公共卫生社会治理领域的参与行为准则，主要面临三个方面的问题。

第一，基层群众性自治组织采取公共卫生措施缺乏法律依据，公共卫生委员会的具体职能不明。这里的法律依据主要包括基于授权行使公共管理职能的组织，在概括式授权的范围内是否有自主的决定具体事项推进的职

① 参见黄汉标等主编：《行政改革和社会政策的创新》，中山大学出版社2017年版，第143页。

② 参见梁远：《近代英国城市规划与城市病治理研究》，江苏人民出版社2016年版，第112页。

权,具体措施的实施遵循什么样的程序、限制,一旦在防控中这些组织根据自己对于疫情的判断采取了不当的防控措施,给疫情防控造成不利的影响,需要承担什么责任等内容。在新冠病毒感染疫情防控过程中,居委会、村委会及其他组织发挥了重要的作用,但其参与公共卫生管理的具体要求不明,可能造成突发公共卫生事件防控中过度规制或规制缺位现象的出现。作为基层群众性自治组织的重要组成,公共卫生委员会在疫情防控中的职能界定,直接关系到公共卫生社会参与的效能。只有明确公共卫生委员会参与防控的具体职能,以及授权组织防控行为的规制,才能够充分发挥公共卫生社会参与作用,实现疫情防控与经济社会发展的有机协调,在整体上形成良好的法律效应。

第二,志愿服务组织、红十字会等公益组织参与疫情防控的行为准则缺位。"志愿服务组织"也称"志愿者组织"(voluntary organization),其"以促进公共利益为工作导向","发挥人道的功能","鼓励人民参与地方事务",①具有非营利性、志愿性质、非政府性质。在常规状态下,志愿服务组织、红十字会享有参与传染病防治等工作的权利;在紧急状态下,包括志愿服务组织、红十字会在内的社会主体负有参与突发事件应对工作的义务。在这两种情形下,志愿服务组织、红十字会参与公共卫生工作遵循什么样的行为准则,具体参与行为准则设置有哪些差异,如果这些组织的不当行为引发公共卫生事件后的法律风险应当如何处理并不明确。

第三,疫情防控中公共卫生辅助服务人员、第三方检测机构的管理规范尚不健全。对于公共卫生辅助服务人员、第三方检测机构的管理主要由单位规章加以规定,缺乏针对疫情防控特定要求的具体管理规则。在新冠病毒感染疫情防控过程中,核酸检测机构主要有三类:一是医疗机构提供的核酸检测服务,二是疾控机构的核酸检测服务,三是医学检验实验室进行的核酸检测。其中,第三类属于第三方检测机构,这也是核酸检测机构监管的重点领域。在疫情防控过程中,医疗机构的公共卫生辅助服务人员、核酸检测部门按照安排参与防疫工作,如何在紧急状态下既满足医疗需求、人员配置要求,②又保证公共卫生辅助服务人员的行为符合"规范性、科学性、合理性"的要求,③是这一领域立法的重点所在。其他组织的公共卫生辅助服务

① 陆士桢:《中国特色志愿服务概论》,新华出版社2017年版,第41页。

② 参见[美]贝内迪克特·克莱门茨等:《医保改革的经济学分析》,王宇等译,商务印书馆2017年版,第104页。

③ 参见陈云等:《公立医院医务人员绩效考核配套政策研究》,内蒙古大学出版社2019年版,第9页。

人员、第三方检测机构在紧急状态下有参与突发事件应对工作的义务，在常规状态下有参与传染病防治等工作的权利，在如何区分情形作出规定方面，其与志愿服务组织、红十字会存在相似之处。但在具体的管理规则制定方面，其与志愿服务组织、红十字会并不完全相同。志愿服务组织参与疫情防控工作的类型较为广泛，公共卫生辅助服务人员、第三方检测机构参与疫情防控活动的领域应充分运用其医疗卫生专业知识。因而，应当制定专门的公共卫生辅助服务人员、第三方检测机构管理规范。

第二节　突发公共卫生事件应急措施相关规定有待强化

从法律层级看，目前没有专项的突发公共卫生事件应急管理立法，而是由突发事件应对法针对不同类型突发事件的共同特征，对事故、灾害、社会安全事件、公共卫生事件应急管理作出一般规定。但突发公共卫生事件与其他三类突发事件的应急管理要求并不完全相同。突发公共卫生事件主要包括两种情形。一是由病原体的传播、扩散、蔓延所引发的突发公共卫生事件。在突发事件应对法列举的突发事件类型当中，事故、灾害、社会安全事件的影响范围多以突发事件发生地为中心，影响范围多限定在发生事故或灾害的地区、行业等领域，社会危害的扩散范围相对有限。与事故、灾害、社会安全事件所造成的社会危害不同，由病原体的传播引发的突发公共卫生事件，其所造成的社会危害并不局限于特定地区、行业或某一群体，而是具有较强的扩散性特征，并且，根据传染病病原体的致病机理、传染速率，[①]相应的社会危害可能在短时间内迅速扩散且较难控制。二是由毒理作用引发的重大食物和职业中毒，尽管在作用机理方面，从引发原因、致病机理、影响程度等方面看，其与环境污染等事故应急管理呈现出不同的特征。环境污染事故的发生以对于自然生态环境造成的危害为表征，而由毒性物质引发的突发公共卫生事件，则侧重于对人的健康的危害方面。但在应对措施方面，重大食物和职业中毒的应急管理措施，与事故、灾害、社会安全事件较为近似，适用突发事件应对法的规定能够有效解决重大食物和职业中毒应对问题。因此，在公共卫生统一立法路径基础上，主要从病原体引发的突发公共卫生事件角度，探讨应急管理的特殊规则。

---

①　参见何诚主编：《实验动物学》，中国农业大学出版社2013年版，第160页。

一、突发公共卫生事件报告制度规定相对较为分散

传染病防治法及其实施办法是突发公共卫生事件报告的规范基础。根据《传染病防治法》的规定，疾控机构承担疫情报告等防控工作；政府应当为单位和个人参与疫情报告等工作提供制度保障；县级以上人民政府制定的传染病防控预案应当包括传染病报告等制度；医疗机构应当确定专门部门或人员，承担传染病疫情报告等工作；疾控机构、医疗机构、采供血机构及相关人员，以属地管理为原则，按照国务院或国家卫健委规定的方式等，报告传染病疫情和突发不明原因传染病；单位和个人应当及时向疾控机构或医疗机构报告传染病、疑似传染病线索；国境卫生检疫机关，以及港口、铁路、机场疾控机构，应当向国境口岸所在地疾控机构或所在地相关卫健委报告甲类传染病和疑似传染病等情况；疾控机构应当向所在地卫健委，报告其接到的甲类、乙类传染病疫情报告信息，或者其所发现的传染病暴发情况，当地卫健委应当将相关信息报告当地人民政府、上级卫健委和国家卫健委。《传染病防治法实施办法》第三章共 10 条规定，对“疫情报告”作出专项规定。① 责任疫情报告人，如相关医疗保健人员、卫生防疫人员，应当向卫健委指定的卫生防疫机构报告疫情；责任疫情报告人应当向相关卫生防疫机构，报告其所发现的甲类传染病、特定类型的乙类传染病情况，发病地在城镇或农村的报告时限分别是 6 小时、12 小时，并按照规定报出传染病报告卡；责任疫情报告人应当向相关卫生防疫机构报告疫情，相关卫生防疫机构应当向上级卫生防疫机构、当地卫健委报告疫情，接到报告的卫健委应当立即向政府报告情况，省级政府卫健委应当向国家卫健委报告甲类传染病、传染病暴发等情况；诊治地负责流动人员的传染病报告；交通、厂（场）矿等卫生防疫机构，应当向卫健委指定的卫生防疫机构报告疫情；传染病管理检查员应当向卫健委指定的卫生防疫机构报告紧急情况等；相关个体行医人员“不报、漏报、迟报传染病疫情”②的，需要责令限期予以改正。

除传染病防治立法的疫情报告规定之外，突发事件应对法、国境卫生检疫法包含“传染病疫情报告”及其他类型突发公共卫生事件的一系列相关规定。③《突发事件应对法》第 7 条规定，突发事件发生地县级政府应当向市一级政府报告，必要时可越级上报；第 38 条规定，县级政府应在居委会、

① 参见胡怀明等主编：《预防医学》，人民军医出版社 2003 年版，第 300 页。

② 王和平主编：《医师的权利和义务》，中国协和医科大学出版社 2012 年版，第 113 页。

③ 参见中国疾病预防控制中心、北京协和医学院组织编写：《现代流行病学与中国应用》（下册），中国协和医科大学出版社 2021 年版，第 966 页。

村委会、相关单位设置信息报告员，公民、法人、其他组织应当向政府或指定专业机构报告其获知的突发事件信息；第39条规定，地方政府应向上级政府报送突发事件信息，专业机构、信息报告员、监测网点应向所在地政府及相关部门报告突发事件信息；第40条规定，县级以上人民政府认为存在重大或特别重大突发事件发生可能性的，应立即向上级政府报告；第56条规定，受到灾害、事故、公共卫生事件影响的单位，应当立即采取应急救援等措施，并防止危害扩大，同时向县级政府报告。根据《中华人民共和国国境卫生检疫法》第5条的规定，国境卫生检疫机关应当在24小时内，向国家卫健委报告其所发现的检疫传染病、疑似检疫传染病情况，并通知当地卫健委；第9条规定，如果来自国外的船舶、航空器停降于非口岸地点，相关负责人应当立即向国境卫生检疫机关或卫健委报告；第10条规定，口岸有关单位、交通工具负责人，应当向国境卫生检疫机关报告检疫传染病、疑似检疫传染病、不明原因死亡事件。

此外，还有《突发公共卫生事件应急条例》《传染病信息报告管理规范》《国境口岸卫生许可管理办法》《艾滋病防治条例》《血吸虫病防治条例》《结核病防治管理办法》对法定传染病的"常规疫情报告"，以及突发不明原因的传染病、新发现的传染病等"特殊疫情报告"作出规定。① "传染病报告实行属地化管理"，责任疫情报告人发现法定传染病、其他地方性传染病、原因不明的传染病，"应填写传染病报告卡"。② 根据《突发公共卫生事件应急条例》第19条的规定，省级政府接到报告1小时内应当向国家卫健委报告，国家卫健委应当立即向国务院报告可能造成重大社会影响的突发事件；第20条对突发事件监测机构、医疗卫生机构、有关单位的报告义务，以及层报制度作出规定，在特定情形下，这些负有报告义务的主体应在2小时内向县级政府卫健委报告，该卫健委应在2小时内向本级政府、上级卫健委和国家卫健委报告，县级政府应向地级市政府或上一级政府报告，地级市级政府应在2小时内向省级政府报告；第21条规定了单位、个人对突发事件的报告义务；第24条对突发事件举报制度作出规定；第38条规定，交通工具负责人应当向相关营运单位报告交通工具上发现的特定类型传染病、疑似传染病情况，营运单位等主体应立即向其行政主管部门、县级以上卫健委报告；第39条规定，医疗机构应当向疾控机构报告其收治传染病、疑似传

---

① 参见卿周刚等主编：《传染病预防与控制》，江西科学技术出版社2018年版，第159页。

② 樊立华主编：《中华医学百科全书·卫生法学　卫生监督学》，中国协和医科大学出版社2018年版，第352—353页。

染病病人情况;第 42 条规定,在传染病防治方面,有关部门、医疗卫生机构负有早发现、早报告等义务。2015 年印发的《传染病信息报告管理规范》对传染病报告机构及相应职责作出规定,报告病种的范围包括法定传染病、其他地方性传染病、原因不明的传染病等类型。甲类传染病或按照甲类管理的传染病类型、不明原因疾病的报告时限为 2 小时,其他乙类和丙类传染病、疑似传染病、有关病原携带者情况报告的时限是 24 小时。《国境口岸卫生许可管理办法》第 48 条规定,经营者如果隐瞒不报、缓报或谎报危害健康事故,应当承担相应的法律责任。《艾滋病防治条例》第 22 条规定,出入境检验检疫机构应当向卫生主管部门报告出入境人员艾滋病监测结果。《血吸虫病防治条例》第 22 条规定,医疗机构、疾控机构、植物检疫机构、动物防疫监督机构负责血吸虫病疫情报告等工作。《结核病防治管理办法》第 7 条规定,疾控机构应当准确报告肺结核疫情信息;第 8 条规定,结核病定点医疗机构负责肺结核患者报告等工作;第 9 条规定,在结核病疫情的报告中,非结核病定点医疗机构指定内设职能科室和人员负责具体报告事务;第 18 条规定,医疗机构应当报告确诊、疑似肺结核患者情况。

如何把关于突发公共卫生事件报告的相对零碎的规定进行整理,形成主体明确、报告义务清晰、层报规范的报告制度体系,是公共卫生立法的重点。与此同时,从立法内容上看,上述规定主要集中于疫情防控层报制度,对于直报制度的相关规定有待完善。在公共卫生立法过程中,可以从疫情报告主体及其报告义务出发,以层报与直报制度为脉络,进行立法优化。其中,疫情报告的主体广泛涵盖疾控机构、医疗机构及相关部门或人员、采供血机构及相关人员、国境卫生检疫机关、机场等的疾控机构、国家卫健委、当地卫健委、医疗保健机构相关组织或人员、卫生防疫人员、诊治地、厂(场)矿等的卫生防疫机构、传染病管理检查员、个体行医人员、地方政府、居委会或村委会的信息报告员、专业机构、监测网点、受到灾害或公共卫生事件影响的单位、来自国外的船舶或航空器的负责人、口岸有关单位或交通工具负责人、突发事件监测机构、交通工具营运单位、经营者、植物检疫机构、动物防疫监督机构,以及其他单位、个人。同时,立法中还存在协调性问题,《传染病防治法》于 2013 年修正,《传染病防治法实施办法》于 1991 年公布,由此造成《传染病防治法》的规定与其实施办法不相协调的情形。例如,《传染病防治法》没有关于个体行医人员的报告义务规定,但《传染病防治法实施办法》中有关于个体行医人员不履行报告义务的处置规定。在解决立法问题的基础上,体系化、系统化的疫情报告制度亟待得到确立。

二、管控区域划定、隔离管控措施的法律依据不明

在传染病防治法中，管控区域划定以“疫点疫区”为标准，①但并没有关于“封控区、管控区、防范区”，②或是低中高风险区的规定。实践当中的“三区”、低中高风险区划定，或是静态管理、区域静默的法律依据不明，多是以工作文件或规范性文件的形式加以推进。在部门规范性文件方面，以防控方案为基础，2022 年 11 月，疫情联防联控机制综合组出台疫情风险区划定及管控方案，③对低中高风险区的划分标准、防控措施等作出规定。工作文件或规范性文件中设置的“三区”及低中高风险区划定标准缺乏上位法的依据。有观点认为传染病防治法对疫点疫区的规定具有概括性，在具体的疫情防控实践中应当通过“三区”、低中高风险区域划分方式加以细化。但“三区”、低中高风险区域与法律规定的疫点疫区之间是什么关系？疫点疫区究竟如何划定？“三区”、低中高风险区域划定的依据是什么？这些问题需要在公共卫生立法当中加以解决，为依法防疫提供“明确法律依据”④。

在现有立法当中，《传染病防治法》第 20 条规定，县级以上地方政府传染病防控预案应当包含疫点疫区现场控制等内容；根据第 40 条的规定，疾控机构应当根据流行病学调查提出划定疫点、疫区的建议，提出疫情控制方案；第 43 条规定，经上一级政府决定，在甲类、乙类传染病暴发等情况下，县级以上人民政府可进行疫区宣布并采取法定的紧急措施、实施卫生检疫，跨行政区划的疫区由国务院决定并宣布；第 47 条规定，疫区中已经或可能被病原体污染的物品，需要进行消毒处理；第 48 条规定，疾控机构等可进入疫点疫区开展调查检验等工作；第 73 条规定，如果运输、出售未经消毒的疫区中已经或可能被病原体污染的物品，需要承担法律责任；第 78 条规定，疫点指的是单个疫源地，疫区指的是病原体扩散影响的范围相对较大的区域，自然疫源地指的是可能引发传染病的野生动物活动地区。

在突发事件应对法中，管控区域的划定以“宣布有关地区进入预警期”为标志。⑤ 在这一法律当中，同样没有关于封控区、管控区、防范区，或是低

---

① 参见中国疾病预防控制中心编：《传染性非典型肺炎防治工作指南》，中国协和医科大学出版社 2003 年版，第 94 页。

② 参见《封控区、管控区和防范区是如何管理的？》，新华网，nmg.news.cn/xwzx/2022-02/26/c_1128419448.htm，2022 年 9 月 20 日访问。

③ 参见祁俊菊主编：《社区护理》，中国医药科技出版社 2020 年版，第 165 页。

④ 张显伟：《行政诉讼程序性制度研究》，广西人民出版社 2013 年版，第 223 页。

⑤ 参见庹继光等：《突发事件手机舆情的生成与应对》，电子科技大学出版社 2017 年版，第 35 页。

中高风险区的规定。《突发事件应对法》第 43 条规定，通过包括公共卫生事件在内的突发事件即将发生或发生可能性增大，县级以上人民政府应当决定并宣布有关地区进入预警期；第 44 条、第 45 条分别对宣布进入预警期之后所要采取的法定措施作出规定，第 44 条是发布三级、四级警报之后的法定措施规定，第 45 条是发布一级、二级警报之后的法定措施规定。2020 年至今，关于“三区”的部门规章，主要包括煤矿防治水“三区”管理、“三区三州”等的执业药师注册工作、“三区三州”深度贫困地区扶贫工作的规定，没有关于封控区、管控区、防范区，或是低中高风险区的部门规章。在医学及食品管理领域，有关于患病或食品安全的低中高风险的划分，如慢性病风险筛查中的低中高风险体检报告、食品及食品用产品的低中高风险评定。但在疫情防控领域并无相关划分规定。

在管控区域划定是否构成采取紧急措施的前提方面，传染病防治法与突发事件应对法的规定也不相同。传染病防治法关于疫区的宣布和划定，①是采取疫区封锁措施的前提。《传染病防治法》第 43 条规定，省级政府可决定封锁甲类传染病疫区，如果涉及特定范围的疫区封锁措施，由国务院决定，解除疫区封锁措施遵循谁决定、谁解除原则。除疫区封锁措施之外，其他公共卫生强制措施的采取以特定类型的传染病暴发、流行为前提。与传染病防治法不同，突发事件应对法关于“宣布有关地区进入预警期”的规定，是县级以上人民政府采取紧急措施的前提和依据。第 44 条规定，宣布进入预警期，如果发布的是三级、四级警报，县级以上政府应当启动应急预案，组织突发事件信息的分析评估，定时向社会公布相关评估结果等情况，采取发布危害警告、减轻危害的常识等措施；第 45 条规定，宣布进入预警期，如果发布的是一级、二级警报，县级以上人民政府在采取第 44 条规定的措施基础上，还应当根据情况，采取动员应急救援、调集应急救援相关物资、加强安全保卫、转移或撤离相关人员、关闭或限制使用相关场所等措施中的一项或数项。

其中，传染病防治法的隔离管控措施仅适用于“甲类传染病”防治领域，②且无关于新发传染病防治领域的相关规定。突发事件应对法中针对突发公共卫生事件并未规定隔离措施。《传染病防治法》第 39 条规定，当发现甲类传染病时，医疗机构应当对甲类传染病病人及病原携带者，采取隔离治疗措施，对甲类传染病疑似病人确诊之前采取指定场所隔离治疗措施，

① 参见雷原主编：《卫生监督管理实践与探索》（下册），中国工人出版社 2007 年版，第 1465 页。

② 参见李巧霞等主编：《现代护理学》（下册），吉林科学技术出版社 2019 年版，第 613 页。

如果相关人员拒绝隔离治疗或擅自脱离隔离治疗，可由公安机关协助实施强制隔离治疗；第 41 条规定，针对出现甲类传染病的场所或相关人员，县级以上人民政府可采取隔离措施，并向上一级政府报批。与此同时，传染病防治法与其实施办法关于隔离措施的规定存在冲突。传染病防治法实施办法第 18 条规定针对三类传染病采取隔离治疗措施，其中包含了甲类及部分乙类和丙类传染病，如鼠疫、艾滋病、麻风病等；第 54 条规定，解除采取相关紧急措施的条件包括甲类传染病全部治愈、乙类传染病得到有效的隔离治疗等；第 66 条规定，如果患有甲类传染病的相关人员、乙类传染病当中的艾滋病与肺炭疽病人，拒不遵守隔离治疗规定，需要承担相应的法律责任。

从立法逻辑上看现有的立法问题，其一，疫点疫区划定应当是采取特定疫情防控措施的前提，[①]以疫点疫区划定为基础，相关部门可以对区域实施封锁或对区域内的人员、财物流动进行限制，采取检疫隔离等防控措施，但现有公共卫生立法没有关于疫区划定的统一规定，管控区域划定是以疫点还是疫区为原则并不明确，疫点疫区划定与强制措施之间的关系也有待理顺；其二，传染病防治法关于隔离管控措施仅针对甲类传染病的规定存在一定的局限性，传染病防治法与其实施办法对于隔离措施适用规定的冲突尚未得到解决；其三，突发公共卫生事件与疫区的宣布遵循不同的标准、程序，二者的影响范围、危害程度、应对措施等均存在差异，现有立法规定中统一标准的缺失，会导致突发公共卫生事件应对工作标准不一，强制措施的法定边界不明。强制隔离、封闭管理、闭环管理实施中的层层加码问题，以静默代替管控，以及静态管理、管控区域划定的一刀切等问题亟待得到解决。

三、流调溯源、检测救治、疫源消毒规定尚不完善

传染病防治法、突发事件应对法并无关于防疫流调溯源的统一规定。现行有效的部门规范性文件是传染性非典型肺炎流调人员防护的规定，通过三级现场防护防范流调过程中的感染现象，但没有关于流调“信息公开”范围、转发权限等方面的统一规定。[②] 在疫情防控实践当中，流调信息公开与隐私权保护不平衡，[③]流调信息泄露引发人肉搜索、网络暴力等现象。流调信息公开范围过大，包含了当事人姓名、性别、居住地、工作单位、具体干

① 参见国家卫生健康委员会编：《2018 中国卫生健康统计年鉴》，中国协和医科大学出版社 2018 年版，第 325 页。

② 参见孔繁华：《政府信息公开的豁免理由研究》，法律出版社 2021 年版，第 1 页。

③ 参见许中缘、何舒岑：《公共卫生领域大数据治理中个人信息的利用与保护》，《中南大学学报》（社会科学版）2022 年第 3 期，第 20 页。

了什么事情等个人隐私信息。社区张贴相关人员的身份证信息，流调报告被作为“吃瓜素材”，返乡人员家门口被拉横幅警告，一些社区业主微信群出现确诊病例详细信息，确诊病例照片、身份证号等信息在多个社交平台传播，疫情防控信息报告与隐私权、个人信息权益保护存在冲突。同时，流调过程参与主体众多，政府机构、疾控人员、社区单位、医疗机构、市镇县村、公共场所均在收集、获取个人信息，为了动员全社会参与防疫，相关信息被转发在 QQ 工作群、微信工作群中，但流调信息转发权限不明、管理不规范，群成员再次向家庭群、社交群转发而导致隐私权受侵害，中间诸多转发环节是否全部清除了储存的隐私信息不得而知，对于已经发生的流调信息泄露案件，当事人的隐私信息仍处于可查状态，未要求全部清除储存的隐私信息，受害者的生活难以恢复到正常状态，违反以尽可能小的损害达到防疫目的的比例均衡要求。社会协防并不意味着所有主体均有权转发流调信息。流调信息公开范围、转发权限等规定亟待完善。

检测救治是应急状态下疫情防控的基础性工作。突发公共卫生事件发生后，医疗机构的运行受到影响，医疗资源向传染病防控倾斜，医疗资源的有限性与群众的“医疗需求之间的矛盾”加剧。① 在这一背景下，患者或因等待核酸检测结果而延误最佳救治时机，或因核酸检测阳性而被拒绝对其所患非传染性疾病进行治疗，引起了社会广泛关注。在病原体检测方面，《传染病防治法》第 18 条规定了疾控机构开展实验室检测、诊断职责内容，国家及省级疾控机构负责检测质量控制及传染病病原学鉴定工作，并进行相应的卫生评价，地级市和县级疾控机构负责常见病原微生物检测、流行病学调查等工作；第 26 条对传染病检测样本等的管理作出规定，如果需要采集、运输、携带、使用、保藏会导致甲类传染病传播的国家卫健委规定的检测样本，应当由省级以上卫健委批准；根据第 53 条的规定，县级以上卫健委对传染病防治中的检测样本采集、运输、携带等工作进行监督检查；第 74 条规定，如果违反有关检测样本等的管理规定，需要承担法律责任。突发事件应对法中没有关于病原检测的专项规定。在行政法规层面，国务院印发了关于新冠病毒核酸检测能力建设的规定，着力提高日常核酸检测能力，强化检测人员队伍建设，加强实验室“质控和质评”，②推动技术创新与物资保障，在新冠病毒感染疫情防控中起到了至关重要的作用。在部门规章层面，主

① 参见万婷主编：《医德与伦理》，科学技术文献出版社 2018 年版，第 199 页。

② 参见尚红主编：《中华医学百科全书 · 实验诊断学》，中国协和医科大学出版社 2019 年版，第 596 页。

要包括 34 项规定，涵盖对新冠病毒、EB 病毒、非洲猪瘟病毒、结核分枝杆菌、H7N9 禽流感病毒等的核酸检测规定。2022 年出台的疫情风险区划定及管控方案，包含了高风险区封控之后的第 1 天、第 3 天进行全员核酸检测，第 2 天进行抗原检测，封控解除之前 24 小时内进行全员核酸检测等规定。在检测过程中要采取措施防止交叉感染。阳性感染者所居住的单元楼可先进行抗原检测，抗原检测阴性之后再进行核酸检测。其中，密切接触者 8 小时内进行集中隔离，核酸检测阳性者 2 小时内转运至相关医疗机构。对于低风险地区，根据风险评估等情况，确定核酸检测频次。针对新冠病毒感染疫情防控形势，2022 年 11 月出台了核酸检测实施办法，对医疗机构就诊人员、口岸及隔离场所等风险职业人群、购买特定药物的人员、跨区域流动人员的核酸检测作出规定。其中，如果存在疫情扩散风险等特定情形，可每天进行全员核酸检测，连续 3 次没有检出社会面感染的，间隔 3 天再进行全员检测，未检出社会面感染的可停止检测。在新冠病毒感染疫情防控中，出现了检测不规范或违法现象。例如，核酸检测机构妨害传染病防治秩序，违反传染病防治法及检测规定；对于检测间隔时间的“自由裁量”缺乏统一标准。① 在持续无社会面新增阳性病例的情况下，要求居民每天完成核酸检测，引发社会广泛关注。同时，为严查漏检违法加重处罚，出现居民因漏检被派出所传唤，并被要求缴纳以往检测费用，如果两次未参加核酸检测的，还需被处以行政拘留 10 日，以及公开通告、罚款等多项处罚，针对漏检人员的处罚存在违法、不当多重问题。

在疫源消毒方面，《传染病防治法》第 18 条规定，地级市和县级疾控机构负责组织实施消毒等工作；第 21 条规定，医疗机构应确定专门部门或人员，负责与“院感防控”有关的消毒、废物处置等工作；②根据第 27 条的规定，疾控机构指导单位和个人，对于传染病病原体污染的相关物品、场所进行消毒，如果相关单位或个人拒绝消毒处理，由卫健委或疾控机构进行强制消毒；第 47 条规定，疫区中的相关物品，需要在疾控机构指导下进行消毒后才能够运输、出售、使用；根据第 55 条的规定，县级以上卫健委在特定情形下，可封闭被传染病病原体污染的水源、食品、其他相关物品，并进行检验或消毒。突发事件应对法中没有关于疫源消毒的专项规定。在新冠病毒感染疫情防控中，已有消毒规定发挥了重要作用，但也出现了暴力入户消杀现

① 参见中国社会科学院法学研究所《法律辞典》编委会编：《法律辞典》，法律出版社 2003 年版，第 701 页。

② 参见张玉等主编：《新冠肺炎诊疗应急工作手册》，世界图书出版广东有限公司 2020 年版，第 1 页。

象。其一,消毒方案不为公众知悉,难以使居民提前做好必要的准备,出现暴力入户消杀随意处置居民财产的现象,同时,还出现强制对集中隔离的核酸阴性居民住宅进行消杀的情形;并且,在消毒过程中,并未了解住户情况与需求,强制要求居民上交钥匙,不区分食物、家具、空间等不同情况,采用单一方法进行消毒,随意处置居民财产,出现食源污染、物品毁损、宠物死亡等现象。其二,消毒不当引发中毒风险,村委会在小区公共区域投发大量氯制剂消毒片,造成居民头痛、呕吐、眼睛刺痛,存在中毒风险。小区物业等没有专业资质的主体采取的不当消杀措施,引发次生健康风险。其三,消毒方法不科学,导致无效消杀、过度消杀。用"大炮车""弥雾机""无人机"等对室外空气、外环境进行大规模消毒,或者设置喷洒消毒通道对人体进行消毒,违背疫源的消杀规律。无效消杀不仅对防范病原体传播没有效果,更会给人体健康、生态环境带来危害。

第三节　公共卫生立法结构问题

"重救治轻预防"①,是卫生防疫与公共卫生立法需要解决的重要问题。新发传染病、疑似新发传染病等的预防措施不明确,预防型公共卫生立法的相关制度设计有待及时跟进现实需求。同时,在公共卫生立法结构设置方面,还需要通过明确预警、封控、征用及合比例审查等具体程序规定,整合公共卫生产品、公共卫生服务、公共卫生教育规定,解决"重实体、轻程序",②以及"重应急轻常态"的问题,③为公共卫生治理提供更精细化、有力的规范支撑。

一、重救治、轻预防:新发传染病的预防措施不明确

重救治、轻预防现象,与公共卫生预防型立法的要求不相符。实践领域重救治轻预防的问题一直以来受到广泛关注。在立法领域,预防为主的宗旨有待细化为更为具体的预防措施规定。2019 年 12 月,《基本医疗卫生与健康促进法》公布,明确预防为主的立法宗旨,对传染病、职业病、地方病、精神障碍等疾病的预防控制,以及预防、保健等医疗卫生服务事项作出规定,为解决重救治、轻预防问题提供指引。《基本医疗卫生与健康促进法》

---

① 曹力主编:《卫生防疫时刻准备着直面灾害》,中国科学技术出版社 2015 年版,第 12 页。

② 参见黄捷等:《法律程序关系论》,湖南师范大学出版社 2009 年版,第 64 页。

③ 参见桑国卫等主编:《关注与探索——国家医药卫生体制改革研讨会文集》,中国医药科技出版社 2005 年版,第 191 页。

第6条规定，要坚持预防为主；第15条界定基本医疗卫生服务的内涵包括疾病预防等服务；第16条规定，国家采取措施提高疾病的预防控制水平；第20条规定，传染病防控制度建设"坚持预防为主、防治结合"①，单位和个人有义务接受、配合医疗卫生机构为预防传染病等采取的相关措施；第21条对预防接种制度作出规定；第24条至第26条分别对出生缺陷预防、老年人常见病预防、残疾预防工作作出规定；第28条对精神障碍的预防与治疗、精神卫生服务等作出规定；第35条规定，基层医疗卫生机构提供预防、保健等基本医疗卫生服务，专业公共卫生机构提供针对传染病、职业病、地方病等疾病的预防控制、院前急救、采供血等方面的公共卫生服务；第36条规定，医疗卫生机构应当为公民提供预防、保健等医疗卫生服务。此外，《传染病防治法》第二章对传染病预防作出规定，为预防传染病发生，加强相关的疾病预防控制体系建设，第13条至第29条分别规定预防传染病的健康教育、公共卫生设施建设、预防接种、传染病治愈前的职业禁止、疾控机构的传染病监测、传染病预防控制规划及方案、预警制度、传染病防控预案、医疗机构传染病预防、疾控机构与病原微生物实验室等的监督管理，以及防范血液制品传播疾病、艾滋病、人畜共患传染病、传染病菌种与毒种管理、污水与污物处理、大型建设项目防疫、消毒产品等的卫生管理。随着防疫形势的变化，对于预防措施的规定有待进一步细化。

对新发传染病、"疑似新发传染病"能够采取哪些预防措施有待明确。②现有立法没有关于新发传染病防治的规定，对于疑似新发传染病能够采取哪些预防措施也并不明确。在世界范围内，传染病防治立法，多从法定传染病、指定传染病、报告传染病类型划分出发，对传染病防治作出规定。其中，法定传染病是传染病防治法立法的重心，即在明确列举法定传染病类型基础上，规定相应的防治措施。与法定传染病的严格依法防控不同，指定传染病防治可以依据行政决定作出，应对措施的采取相对较为灵活，可以根据对传染源、疫区和传染径路的判断，选择性地采取部分或全部的必要防疫措施。例如，日本由厚生大臣指定的、法定传染病之外的"必须实施预防方法的传染病"③。单列报告传染病的立法思路目前在立法领域没有发挥其在防范公共卫生风险方面的应有作用，在实践当中多与法定传染病相统一，归

① 富爽等主编：《社区护理学》，陕西科学技术出版社2017年版，第346页。

② 参见金荣华主编：《新发突发传染病的医院应急管理》，科学技术文献出版社2021年版，第210页。

③ [日]我妻荣等主编：《新版新法律学辞典》，董璠舆等译，中国政法大学出版社1991年版，第421页。

为"法定报告传染病"(reportable infectious disease)类型。[①] 法定传染病、指定传染病、报告传染病类型对于传染病类型的划定,以"感染性疾病学"为基础进行的列举式立法,其中,既包括由细菌、真菌引发的传染性疾病,也包括由"病毒和寄生虫"等病原微生物"感染人体所致疾病",[②]"传播途径多样"[③],影响范围广泛。列举式立法模式的优点是"相对明确具体,有针对性",不足在于"不能适应社会千变万化的形势","即便有托底式的规定,难免因为不易裁量而引发更多的争端"。[④] 在列举式的立法模式下,一旦面临新发传染病,或是出现疑似新发传染病等情形,究竟能够采取什么样的防治措施缺乏明确的法律规定。

在具体的预防措施方面,有关重点场所、重点领域、重点行业防疫的特殊规定,有待进一步完善。同时,针对可能发生的潜在卫生健康风险采取的预防措施设置,需要遵循比例原则的要求,有明确的边界划定,以防范过度规制现象的出现。农贸市场等重点场所、灾害等重点领域的防疫守则,以及疫情防控下重点群体、重点行业的强制免疫申报制度亟待确立。预防措施确立的依据,在于从用后果控制、回应型立法,向风险规制、预防型公共卫生立法模式的转变。基于健康损害的不可逆转性,以及公共卫生风险的扩散性特征,应当在公共卫生统一立法当中,设置专门的预防措施章节,以风险规制立法模式为导向,对于涉及人民生命安全与健康保障的相关预防性法律制度作出系统规定。公共健康是个人基本生存的重要基础,也是一个国家、一个民族可持续发展的重要前提。根据公共健康问题的严重性和不可逆转性,公共卫生危机的化解要求立法对于卫生健康领域的重大风险进行规制,在符合法定条件时,推动公共卫生行政管理机构对卫生健康领域重大风险的介入时间的提前,从应对突发公共卫生事件转变为预防突发传染性疾病发生。这一立法转型具备合理性和正当性。贯彻预防为主的立法宗旨,以预防型立法为路径,明确重点场所、重点领域、重点行业防疫的特殊规定,以比例原则为基础制定公共卫生预防措施适用规则,防范灾害、献血、探险、生物恐袭等引发公共卫生事件,建立重点群体强制免疫申报与疫苗接种

---

① 参见于学忠等主编:《中华医学百科全书·急诊医学》,中国协和医科大学出版社 2018 年版,第 431 页。

② 李太生主编:《中华医学百科全书·感染性疾病学》,中国协和医科大学出版社 2020 年版,第 1 页。

③ 刘华平主编:《中华医学百科全书·护理学》(第三册),中国协和医科大学出版社 2019 年版,第 185 页。

④ 戴小俊:《现代法学理论与实践研究》,吉林人民出版社 2020 年版,第 40 页。

制度成为建设健康中国的立法保障。

2020年,《中华人民共和国传染病防治法(修订草案)》公布,其中,在法定传染病类型基础上,增加了不明原因疾病,但关于不明原因疾病的筛查、防控并无明确的规定。在预防型立法推进的过程中,常态化的公共卫生风险监管、评估、预防的程序设置有待完成。同时,一方面,人畜共患传染病风险监测及预防尚未成为"市场准入"的必要程序,①很大程度上会影响到公共卫生风险预防的实际效果;另一方面,食品、医药、公共场所等重点领域和行业的健康影响评估程序尚未确立,以"环境影响评价"代替健康影响评价的制度设置,②可能错失黄金防控期。《基本医疗卫生与健康促进法》第6条规定,建立健康影响评估制度,将健康指标改善等纳入政府考核范围;第71条规定,建立针对疾病和健康危险因素的风险评估等制度,县级以上政府及职能部门对于影响健康的问题制定相应的防治措施,推动影响健康的环境问题预防,开展环境质量对健康影响的相关研究。公共卫生领域具有特殊性,病原体与人体免疫系统的交锋出现不同主体的不同表征,尤其是在无症状感染的情况下,人们对于传染病扩散没有明显的感知,但病原体通过人与人的接触或环境因素已经处于扩散状况。因此,需要通过对聚集性的公共场所、重点行业设置健康影响评估制度。以基本医疗卫生与健康促进法的规定为基础,需要细化对于健康影响评估制度的实施程序规定,把握疫情防控的黄金时期,有效预防、"阻断疫情的暴发"③。

二、重实体、轻程序:应急管理程序不完善与合比例审查缺位

重实体、轻程序现象,与公共卫生"领域法"的要求不相符。公共卫生"领域法"不仅包括实体法方面的公法、私法等内容,还包括实体法与程序法的有效协同。与公共卫生实体法相比,公共卫生程序立法相对较为薄弱。根据《传染病防治法》第57条的规定,卫健委应依据法定职权和程序对相关活动进行监督。《突发事件应对法》第17条规定,国务院规定制定、修订应急预案的程序;第18条规定,应急预案应当包含突发事件应急管理预警机制、处置程序等内容;第43条规定,符合法定情形的,县级以上人民政府应当根据有关规定的权限和程序要求,决定、宣布进入预警期;第69条规定,在特定情形下,按照有关规定的权限和程序要求,决定进入紧急状态。

① 参见赵林如主编:《中国市场经济学大辞典》,中国经济出版社2019年版,第520页。

② 参见黄中华等:《环境模拟与评价》,北京航空航天大学出版社2019年版,第150页。

③ [美]詹姆·H.约根森等主编:《临床微生物学手册》,王辉等译,中华医学电子音像出版社2017年版,第1937页。

随着疫情防控实践的推进，相关立法的短板与问题愈加明显。从总体上看，主要包括以下四个方面的问题：第一，突发公共卫生事件应急管理的实施程序并不健全，目前立法中仅有突发公共卫生事件一级应急预案的适用范围规定，突发公共卫生事件四级应急预案适用程序规定有待完善，“突发公共卫生事件预警”的程序性规定有待细化；①第二，封控单元的划定标准并不统一且无法律层级的规定，隔离管控等应急措施的执行缺乏比例审查程序设置，封控单元划定、车辆及人员隔离管控等防疫措施的比例审查程序亟待建立；第三，疫情防控征用的程序性规定并不完善，对基于防疫需要进行的征用行为没有专门的程序规定，疫情防控中的征用决策、征用程序、征用补偿程序规定亟待完善；第四，存在重事中监管、轻事后处置的现象，在公共卫生事件后的涉法问题评估与救济程序设置方面，从公共卫生统一立法结构角度看，缺乏立足防疫特殊性专门规定涉及疫情防控强制措施等的争端解决程序，涉及公共卫生行政给付及应急物资保障的纠纷处理程序，以及涉及防疫信息相关问题处置程序的法律条款。在公共卫生统一立法过程中，细化公共卫生领域征收征用的程序性规定，并推动居家隔离、闭环管理等疫情防控措施适用的规范化、程序化，是充分发挥法律在疫情防控快速响应中的规范、保障作用的重要前提。

在突发公共卫生事件应急管理的实施程序设置方面，突发公共卫生事件预警程序与四级应急预案适用程序规定，还需要解决地域差异大导致预警标准与程序的统一规定难度较大等问题。地域差异大是公共卫生立法面临的现实困境。作为公共卫生事件应急管理的启动程序，“突发公共卫生事件预警”需要有统一的法律依据，②究竟达到什么样的标准可以发出预警，预警主体、预警程序等如何细化，直接关系到疫情防控的效果。从客观层面看，如果公共卫生事件预警缺乏统一的标准和程序，则会由于内在的规范冲突、标准的不一致而给疫情防控带来极大困难。但地域差异给统一标准和程序的制定带来困难。“我国地域广阔”，“有着 14 亿多人口”，“各地医疗卫生条件存在差异”，③这需要在立法规定当中，立足客观实际，通过对于预警主体、预警程序等的统一规定，避免错失黄金防控期等现象的出现。对于已发现疫情但尚未纳入法定传染病管理的情况，地方政府需要承担何

① 参见陆耀良等主编：《社区灾难危机中的卫生应急防护手册》，苏州大学出版社 2016 年版，第 27 页。

② 参见孔庆华主编：《基层疾病预防控制工作手册》，科学技术文献出版社 2016 年版，第 410 页。

③ 《我们的防疫措施是最经济的、效果最好的》，《人民日报》2022 年 7 月 14 日，第 5 版。

种责任，是否有权做出预警，需要有法律的明确规定。

在封控单元划定、车辆及人员隔离管控等防疫措施的比例审查程序设置方面，比例审查直接关系到公共健康维护与基本权利保护之间的平衡。公共卫生立法既要避免“规制不足”，①也要防止过度防控，而应在公共健康维护与基本权利保护之间，选取一个平衡点。这一平衡点也是公共卫生立法的重要切入点。从更为根本的层面看，公共健康维护与基本权利保护相平衡原则，体现了公共利益与个人利益保护相结合的立法逻辑。比例原则是这一立法逻辑的具体化。从宏观层面看，根据比例原则，如果在疫情防控中有多种措施可供选择的，以对于权利的最小限制为前提，推动行政隔离、封锁、征收征用保障等紧急措施的适用。从微观层面看，以比例原则为基础，需要对隔离管控等措施是否适度且必要进行比例审查，以充分保障应急措施的合理性、必要性、适当性。2020 年 6 月 25 日，国家卫健委发布公告纠正不当的限制人员流动措施。在此基础上，需要在法律层级，通过公共卫生统一立法与比例审查程序设置，推动公共健康维护与基本权利保护的法律平衡。

在疫情防控征用的程序性规定方面，《宪法》第 13 条规定，国家基于公共利益需要进行征收或者征用，并给予补偿。《传染病防治法》第 45 条规定，基于传染病疫情控制的需要，国务院有权临时征用房屋、交通工具等，并依法给予补偿，对于被征用财产当中能够予以返还的应及时返还。《突发事件应对法》第 12 条规定，人民政府及其职能部门可以实施征用，应急处置后应当及时返还被征用财产，如果被征用财产毁损、灭失应进行补偿。疫情防控期间的征收征用面临主体、程序、标准等方面的问题。征用宾馆、学校等楼堂馆所的主体是否适格？疫情防控过程中征用决策的程序是什么？被征用的主体在什么情况下可以获得补偿？补偿的具体标准与时限什么？这些问题需要在公共卫生立法层面得到解决。征收征用的框架性规定如何具体在公共卫生领域，尤其是疫情防控中得到实施和适用，需要细化的程序性规定支持。在新冠病毒感染疫情防控过程中，方舱医院、旅馆安置点、学校宿舍被征用为隔离点等举措，为疫情防控提供基础条件。但从立法的角度看，在这一过程中所涉及的法律问题尚未得到解决。

在公共卫生事件后的涉法问题评估与救济程序设置方面，《基本医疗卫生与健康促进法》第 96 条对医疗纠纷预防和处理机制作出规定。《突发

① 参见［美］考默萨：《法律的限度：法治、权利的供给与需求》，申卫星等译，商务印书馆 2007 年版，第 57 页。

事件应对法》第61条规定，相关地区人民政府应当妥善解决“突发事件处置”引发的矛盾和纠纷。① 但在立足公共卫生事件后涉法问题特殊性的程序规定相对薄弱。同时，公共卫生事件后的涉法问题评估与救济程序，不仅涉及疫情防控强制措施等的争端解决程序、公共卫生行政给付及应急物资保障的纠纷处理程序，而且还包括防疫信息相关问题的处置程序设置。涉及疫情防控强制措施等的争端解决程序规定，反映在法治的轨道上推动封闭式管理、居家隔离等疫情防控措施适用规范化的要求。公共卫生事件后防疫信息相关问题的处置程序，是个人信息保护的程序性制度支持。公共卫生行政给付及应急物资保障的纠纷处理程序，是健康公平的程序保障。公共卫生立法需要综合“事前、事中、事后控制”要求，②促进严密的疫情防控法律体系建设。

三、重应急、轻常态：公共卫生产品与公共卫生服务规定不健全

重应急、轻常态现象，与公共卫生统一立法的要求不相符，不利于解决应急状态向常规状态转换中的“医疗挤兑”与药品供应等问题。③ 从公共卫生立法角度，解决重应急、轻常态问题，需要立足应急状态向常规状态转换，针对疫情防控的形势与要求，通过公共卫生统一立法，健全公共卫生产品供给保障制度，整合公共卫生服务、公共卫生教育等相关规定，为“提高治愈率”奠定制度基础。④ 应急状态向常规状态转换中，最大限度地提高治愈率，始终是最为核心的任务和目标。除个体差异之外，治愈率的影响因素主要包括公共卫生产品、公共卫生服务，其中，公共卫生教育、公共卫生设施规定有必要单列。在公共卫生产品供给方面，主要有国家基本药物制度、国家免疫规划疫苗接种等规定，在公共卫生服务方面，主要包括疾病防控、精神卫生、院前急救、妇幼保健、出生缺陷防治、老年人卫生保健、患者健康管理、健康教育、公民健康素养促进、重大疾病及危害因素监测、职业病防治、地方病防治、食品安全、卫生应急等规定。公共卫生教育主要包括以培养专业人

① 参见马瑞霞等：《全面风险管理工作手册》，中国原子能出版社2019年版，第92页。

② 参见王林雪主编：《管理学——原理、方法与技能》，西安电子科技大学出版社2014年版，第212页。

③ 参见赵亚双等主编：《新型冠状病毒肺炎 · 流行性感冒防控》，黑龙江科学技术出版社2020年版，第67页。

④ 参见夏文广等主编：《新冠肺炎中西医结合康复治疗指导》，中国中医药出版社2020年版，第17页。

才为核心的“公共卫生学教育”，[①]以及公民健康素养促进中的卫生知识宣传普及相关规定。公共卫生设施主要包括隔离救治设施、应急救援设施、环境卫生设施等。应急状态向常规状态转换阶段，与常规状态、应急状态下的公共卫生产品、公共卫生服务等面临的问题存在差异，应当立足所面临问题的特殊性，推动公共卫生统一立法的发展和完善。

在公共卫生产品立法方面，应急状态向常规状态转换阶段，人们对于医疗卫生资源的需求与公共卫生产品供给之间的矛盾尤为突出。在这一阶段，不再以集中隔离、治疗等方式供给公共卫生产品，而是放由市场和社会运行领域，推动新增的感染病例治疗和恢复。感染率的增长、哄抢防疫物品、药品及健康监测相关产品价格骤增，给公共卫生领域带来新的问题。针对这一状况，公共卫生立法应当及时跟进，立足应急状态向常规状态转换阶段公共卫生产品供给的特殊性，采取有效的应对措施，应社会之需，解人民之急，在公共卫生统一立法过程中解决相关规定缺位的问题。现有立法没有专门针对应急状态向常规状态转换中的公共卫生产品规定，较难立足这一阶段面临的特殊问题，对应对药物供应短缺的措施、生产与流通保障、血氧仪等特殊医学用途的产品监管等作出专门规定，难以应对应急状态向常规状态转换中面临的特殊问题。以新发传染病防治与药品供应为例，应急状态下的药品等公共卫生产品供给以“以全额保障的形式向居民免费提供”[②]，在常规状态下未列入基本药物的药品属于“自费药品”的范围。[③] 在应急状态向常规状态转换阶段则具有特殊性。在这一阶段，相关药品等公共卫生产品供给如果完全归由市场调节，可能出现因“哄抢、囤积”而导致的供给不均衡现象，[④]但完全实施全额保障模式会产生新的供给问题，仅对高风险人群实施全额保障又难以解决无法购买到相关药品的群体所面临的问题。例如，随着应急状态向常规状态转换，市场当中的相关治疗药物被哄抢，防疫物品价格攀升，医疗卫生资源配置出现供不应求、不均衡或医疗挤兑现象。在公共卫生立法层面，针对应急状态向常规状态转换所面临的特殊性，如何与国家基本药物制度相结合，探索立足社会需求的立法路径，是公共卫生产品相关立法需要解决的问题。

在公共卫生服务方面，应急状态向常规状态转换阶段，面临医疗卫生资

① 参见邓铁涛主编：《中国防疫史》，广西科学技术出版社 2006 年版，第 369 页。

② 薛原：《基药全额保障：新模式赋予新内涵》，《中国卫生》2017 年第 12 期，第 88 页。

③ 参见王兴鹏主编：《现代医院 SPD 管理实践》，上海科学技术出版社 2019 年版，第 125 页。

④ 参见叶光林主编：《工商行政监督执法与数字工商建设规划指导》，经济日报出版社 2013 年版，第 1865 页。

源紧缺等问题，公共保障与配置公平等公共卫生目标的实现面临巨大压力。2022 年 12 月，国家卫健委发布公告，将新冠肺炎改为“新型冠状病毒感染”，并出台了对其实施“乙类乙管”的总体方案。① 针对应急状态向常规状态转换中出现的诸多问题，有效应对管控方式调整之后可能引发的风险，以保护人民生命健康安全为目标，以健康促进与重症防治为原则，通过采取居家自我照护、亚定点医院治疗、定点医院集中治疗、三级医院治疗的分级分类收治，以及疫苗接种、救治床位与设备准备、重点机构健康管理、基层首诊负责制、老年人等特殊群体健康监测、重点人群健康调查、重症高风险人员监测救治、医疗救治资源区域协同、医疗机构预警、分类分级健康服务、用药指导等措施，减少疫情对经济社会发展的影响。在这一过程中，相关措施的落实需要有力的法律支持，分散于疾病防控、精神卫生、院前急救、妇幼保健、出生缺陷防治、老年人卫生保健、患者健康管理、健康教育、公民健康素养促进、重大疾病及危害因素监测、职业病防治、地方病防治、食品安全、卫生应急等领域的公共卫生服务规定，有待得到系统的整合，以形成应急状态向常规状态转换中的防疫合力。针对应急状态向常规状态转换所面临问题的特殊性，完善公共卫生服务立法的过程中，一方面，需要将提供公共卫生服务等总体性规定，细化为公共卫生服务的具体要求与规定，完善重点群体、重点领域的公共卫生服务规范；另一方面，需要在公共卫生统一立法框架下，与基本公共卫生服务项目相结合，整合公共卫生服务相关法律规定，以疾病防治与健康促进为脉络，系统推进公共卫生服务规定的整合和发展。

其中，较为特殊的是公共卫生教育与公共卫生设施领域的规定。在公共卫生教育方面，应急状态向常规状态转换阶段，不同秩序之间的平稳过渡会出现转换时期。在这一期间，除了防疫手册、个人防护指南、防疫健康饮食指南等教育、宣传、引导措施之外，大量自媒体信息涌现，客观上起到了涉疫宣传的效果。自媒体平台涉及防疫内容的文字、图片、视频等信息发布，是公共卫生教育及相关知识普及的重要传播途径。但在新冠病毒感染疫情防控过程中，面对不确定性，自媒体平台出现了“桃”过疫情、多种药物混着吃效果好、戴口罩导致肺结节、消毒剂浓度越高越好等信息传播，影响公共卫生教育的“正向效果”。② 强化公共卫生教育，需要制定关于公共健康内容发布的明确规则，尤其是关于感染者的治疗教育指导规定、个人防护措施

① 参见《关于印发对新型冠状病毒感染实施“乙类乙管”总体方案的通知》，国家卫健委网站，http://www.nhc.gov.cn/xcs/zhengcwj/202212/e97e4c449d7a475794624b8ea12123c6.shtml，2022 年 12 月 28 日访问。

② 参见周小波等主编：《公共关系学》，北京理工大学出版社 2018 年版，第 72 页。

的科学引导，确保公众接收的公共卫生教育“信息科学正确”。① 与其他公共卫生产品不同，公共卫生设施不属于“易消耗品”。② 狭义上的公共卫生设施指的是环境卫生设施，主要是满足人们室外活动过程中“对卫生条件的需求”。③ 广义上的公共卫生设施还包括以“监测、免疫”为主要功能的建筑设施等。④ 在这一方面，《传染病防治法》第14条对公共卫生设施的建设和改造作出规定；第20条规定，传染病防控预案应当包括救治药品、应急设施、医疗器械等的储备与调用内容；第51条规定，医疗机构的建筑设计等应符合预防传染病院感的要求。《突发事件应对法》第24条对应急救援设备、设施的配备作出规定，提出要标明安全撤离路线；第41条规定，建立健全突发事件监测制度，并提供必要的设备、设施；第45条对突发事件应对过程中准备应急设施等措施作出规定；第49条对调用急需设备、设施等作出规定。对应急设施空间布局、平战两用改造等进行细化规定，成为健全公共卫生立法的应有之义。

---

① 参见魏向君等主编：《信息管理概论》，吉林文史出版社2008年版，第332页。
② 参见赵德伟等主编：《护理管理学》，同济大学出版社2014年版，第200页。
③ 参见张婷等：《公共设施造型开发设计》，东南大学出版社2014年版，第135页。
④ 参见陈佩仪等主编：《灾害救治护理与实践》，中国中医药出版社2018年版，第16页。

第五章　公共卫生机构与组织立法

公共卫生机构与组织立法，是公共卫生治理的主体领域立法，其直接关系到“公共卫生内部运行机制”的健全和完善。① 其中，既包括公共卫生行政机关、参与公共卫生管理的基层群众性自治组织，也包括志愿者组织、红十字会、第三方检测机构等主体。公共卫生法律关系主体的应急职权、预警职权配置，以及机构法律关系的理顺，直接关系到全生命周期健康保障目标的实现。在突发公共卫生事件应急管理领域，由于涉及的主体众多、事项广泛，公共卫生应急管理组织协调的立法保障，成为全过程应急响应的重要规范支撑。在公共卫生社会治理方面，居委会、村委会、志愿服务组织、红十字会、公共卫生辅助服务人员、第三方检测机构等主体的参与，有利于凝聚疫情防控的组织合力。公共卫生社会治理规则的制定和完善，直接关系到全社会联防联控的规范化、制度化的实现。

第一节　全生命周期健康保障视角的公共卫生机构职责及法律地位

“全生命周期”健康保障是疫情防控法律修改的重心所在。② 全生命周期健康保障目标的实现，需要进一步明确疾控机构的法律地位，理顺卫健委医疗应急司、应急处理指挥部、疾控机构之间的职责关系，解决突发公共卫生事件的应急预案制定、应急职权配置方面的冲突，立足疫情防控现实需求，完善预警权相关制度设计。

一、突发公共卫生事件应急预案制定等方面规范冲突的解决

针对突发事件应对法、传染病防治法、生物安全法规定的冲突，可以在

① 参见龚向光：《从公共卫生内涵看我国公共卫生走向》，《卫生经济研究》2003 年第 9 期，第 6 页。

② 参见唐攀：《非常规突发事件应急响应管理方法与技术》，暨南大学出版社 2012 年版，第 13 页。

已有突发事件应对法所规定“突发事件的类型”基础上，[①]通过公共卫生统一立法，对其中的突发公共卫生事件，尤其是具有扩散和“传播”特性的传染病防治事项作出细化的规定，[②]并在统一立法框架下，协调突发公共卫生事件中的传染病疫情应急管理规定与传染病防治法之间，以及生物安全法关于疫情应急处置的规定之间的关系，解决相关规定在传染病疫情防控方面的冲突。从引起突发公共卫生事件发生的原因角度看，可以将突发公共卫生事件细分为传染病病原体引发的突发公共卫生事件、群体性不明原因疾病、重大食物中毒事件、重大职业中毒事件，以及由灾害、事故、社会安全等引发的对于身心健康造成严重影响的事件。其中，传染病病原体引发的突发公共卫生事件具有较强的扩散性，群体性不明原因疾病存在潜在的传染风险。从立法内容的角度看，传染病疫情防控立法优化，是解决突发事件应对法、传染病防治法、生物安全法之间规范冲突的重要切入点。具体而言，可以通过公共卫生统一立法，对具有严重影响的传染病疫情防控、涉及生物安全的传染病防治及其他情形作出系统规定，厘清不同立法关于突发公共卫生事件应急预案制定、应急职权配置等规定之间的关系。从立法体例的角度看，在公共卫生统一立法中，可以通过专章规定传染病疫情防控的预防措施、应急措施、保障措施，在具体的措施规定部分，明确相应的应急权、预警权主体及职责范围，一方面，理顺突发公共卫生事件的应急预案制定、应急职权配置，解决现有的规范冲突；另一方面，针对传染病病原体引发的突发公共卫生事件的特殊性，明确具有针对性的、专项应急措施的实施主体及职责范围，为疫情防控提供保障。

在预警职权配置方面，主要有三种模式：一是一体化模式，也即将预警权集中归于特定的卫生行政机构，通常情况下由国家机构统一进行预警，启动公共卫生应急程序；二是通过权限下放，在行政体制内部扩大预警权的授权范围；三是社会化模式，通过预警主体范围的进一步扩大，实现“早发现、早处理”[③]，如“授予疾控预警权”“构建预警社会动员机制”等。[④] 从疫情防控客观规律角度看，一体化模式能够增强突发公共卫生事件预警的统一性，但在预警时效方面存在局限性。在第一种模式下，传染病疫情等突发公共

---

① 参见魏礼群主编：《中国应急救援读本》，国家行政学院出版社 2016 年版，第 11 页。

② 参见李家庚等主编：《中医传染病学》，中国医药科技出版社 1997 年版，第 231 页。

③ 刘善慧等主编：《中国医学理论与实践：1997—1998 卷》，中国科学技术出版社 1998 年版，第 365 页。

④ 赵逸华等：《构建高效突发公共卫生事件预警制度的研究》，《中国卫生法制》2021 年第 6 期，第 1 页。

卫生事件发生之后，需要将疫情情况报告至相关机构，经过预判等程序之后做出预警。相较于分散化的预警模式，一体化模式的运行需要的时间更长，而时效性对于传染病疫情防控具有直接的影响。从客观规律来看，除研判等技术性因素之外，提升突发公共卫生事件预警时效性的制度路径，是拓展预警权的行使主体，也即，通过预警主体范围的扩大，尤其是授权地方做出预警，启动突发公共卫生应急管理程序。在这一背景下，“基层防疫一线”相关机关如果发现疫情、不明原因疾病等情形，①能够在第一时间发布预警信息，提醒公众注意防范，启动相应的防控程序，并采取措施避免疫情扩散至其他区域。在拓展预警主体范围的过程中，又有上述第二种模式与第三种模式产生，分别是行政体系内部的预警权限下放模式和多点触发预警的社会化模式。这两种路径的差异在于，在第二种模式下，预警权限仍然归属行政机关，如预警主体从国务院相关部门等省、部一级的行政机关，拓展至县级以上地方政府。在第三种模式下，突发公共卫生事件的预警主体拓展至事业单位等组织。从多点触发预警的角度看，相较于预警权限下放路径，突发公共卫生事件预警的社会化模式下的预警主体范围最为广泛，更有利于减少预警时间，提升“多点监测预警”的效率。② 与此同时，在突发公共卫生事件预警的社会化模式下，预警主体范围的拓展并不是没有边界的，而是需要有明确的法律规定，明确主体权限，确保突发公共卫生事件预警权行使的规范化、科学化。

社会化模式下的预警主体范围拓展包含了两个方面的内容：一是享有预警权的行政机关范围的拓展，二是预警主体向事业单位等组织的拓展。在第一个方面，公共卫生机构与组织立法，需要解决两个方面的问题：一是预警主体的层级问题，由国家卫健委或省级人民政府发出预警，转变县级以上地方行政机关发出预警，预警权限下放到地方政府，如《中华人民共和国传染病防治法》（修订草案征求意见稿）规定县级以上人民政府的预警权限，通过权限下放与“层级式”预警向“扁平模式”的转变，解决“预警过程出口过窄”的问题；③二是预警的具体负责机构问题，由政府发布预警，拓展至相关职能部门有权做出突发公共卫生事件预警，在确保预警科学性的基础上，最大限度地提升预警的速率。通过公共卫生统一立法，解决传染病防治

---

① 参见王怀安等主编：《中华人民共和国法律全书》（第 30 卷），吉林人民出版社 2007 年版，第 1526 页。

② 参见周晓农等：《全健康科技进展》，上海交通大学出版社 2021 年版，第 18 页。

③ 王建学：《论突发公共卫生事件预警中的央地权限配置》，《当代法学》2020 年第 3 期，第 54 页。

法、突发事件应对法、生物安全法在预警权规定方面的冲突。在第二个方面，预警主体向事业单位等组织的拓展具有合理性，如疾病预防控制中心具有预测、判断传染病疫情状况的专业知识，具备进行预警的现实基础；医疗机构、社会组织等主体，应当充分参与到突发公共卫生事件预警过程中，在拓展预警主体，并明确相关主体预警权限的同时，拓宽突发公共卫生事件线索来源渠道，增强预警社会动员的作用，为有效防范传染病疫情等的发生、传播奠定实践基础。

在应急职权配置方面，应急预案制定、应急程序启动是两项核心内容。这两个方面的规定是执行应急处置措施的基础。在应急预案制定方面，可以在公共卫生统一立法框架下，解决突发事件应对法、传染病防治法、生物安全法、突发公共卫生事件应急条例、突发事件应急预案管理办法规定的冲突。传染病防治法、突发事件应急预案管理办法采取应急权限下放方式，强化基层一线防控。传染病防治法规定县级以上地方政府针对传染病监测、疫点疫区现场控制、应急工作方案、应急设施调用等事项制定应急预案，突发事件应急预案管理办法规定总体应急预案由县级以上人民政府制定。与传染病防治法、突发事件应急预案管理办法不同，在立法方式上，突发事件应对法、生物安全法、突发公共卫生事件应急条例关于应急预案的规定，采取“中央与地方相结合”的方式，①在国家应急预案与地方应急预案两个方面推动应急管理工作的开展。其中，国家总体的应急预案具有统领性、引导性，地方行政机关及有关单位所制定的应急预案具有具体性与针对性特征，针对具体领域面临的具体问题做出预案。这一立法方式具有正当性和合理性。在关于应急预案的具体规定上，突发事件应对法、生物安全法、突发公共卫生事件应急条例存在一定差异。突发事件应对法规定，国务院负责国家突发事件应急预案的制定，地方政府和县级以上政府部门在权限内制定突发事件应急预案，公共场所等人员聚集场所的管理单位制定具体的应急预案。生物安全法规定，国务院部委组织、县级以上地方政府及其职能部门有权制定相应领域的应急预案，存在中高风险的生物技术研发单位、设立病原微生物实验室的单位应当制定生物安全事件应急预案。突发公共卫生事件应急条例规定地方突发事件应急预案由省级政府而非县级以上行政机关制定。从“预案的统筹作用”与突发公共卫生事件应急管理的特殊性方面

---

① 参见黄松涛主编：《加强党对全面深化改革的领导与全面推进依法治国理论研究》（上册），经济日报出版社 2016 年版，第 241 页。

看,①由国家卫健委制定突发公共卫生事件总体应急预案,能够立足传染病疫情防控等突发公共卫生事件的特殊性,制定具有引导性、统筹性的条款更具有合理性。从应急预案制定的针对性、可操作性、具体化方面看,县级以上政府及其职能部门制定应急预案的规定,能够立足基层疫情防控一线的实际情况制定相应的应急预案。

二、明确疾控机构法律地位:通过预警权等设置强化疾控机构职能

强化和“优化疾控机构职能设置”②,是公共卫生立法的重要议题。在进一步理顺疾控机构职权配置的过程中,首先需要解决疾控局与疾控中心法律定位问题。针对这一问题,主要有两种解决方式:一是保留现有疾控局与疾控中心机构建制,分别负责疾病预防控制政策与专业技术工作,其中,疾控中心由卫健委主管的事业单位转变为疾控局管理的事业单位;二是将疾控中心并入疾控局当中,疾控局从“技术”“政策”“科研”方面,③综合协调疾病预防控制、健康促进、健康危害因素监测控制、突发公共卫生事件应急处置、疫情及健康相关因素信息管理、实验室检测分析评价、技术管理与应用研究指导等事务。④ 从公共卫生体系建设角度看,第二种方案有利于从“组织结构”“人力资源储备和素质”“信息系统”出发,促进疾病预防控制体系的改革和完善。⑤ 从组织特征角度看,疾控机构是高度专业化的机构,其在流行病学调查、突发公共卫生事件判定等方面具有专业技术优势。一体化的疾控机构有利于疾控工作的统筹、组织、协调、指导。在人员方面,疾控机构工作人员既包括急性传染病防控专业人员,也包括“慢性病防控专业人员”⑥,也有主张“疾控机构专业人才到医院多点执业”⑦。一体化的疾控机构有利于疾病预防控制领域的人力资源统筹协调。从防疫信息角度看,疾控机构具备发布疫情信息的现实基础和专业能力。从疫情防控的客观要求看,赋予疾控机构“对外公布消息的权力”,能够使人们“提前

---

① 参见贾群林等:《突发公共事件的应急指挥与协调》,当代世界出版社2010年版,第16页。

② 张占斌主编:《开新局》,国家行政学院出版社2021年版,第92页。

③ 参见中国疾病预防控制中心公共卫生政策研究办公室编:《公共卫生政策研究报告·中国公共卫生的改革与思考》,中国协和医科大学出版社2003年版,第29页。

④ 参见《卫生防疫与疾病控制规范化管理实务》编务会:《卫生防疫与疾病控制规范化管理实务》(下册),中医古籍出版社2006年版,第1906页。

⑤ 参见石海兰、菅辉勇主编:《公共卫生学基础》,第四军医大学出版社2014年版,第2页。

⑥ 张娟:《慢性病管理》,华中科技大学出版社2020年版,第147页。

⑦ 魏子柠:《将中国医改进行到底》,中国协和医科大学出版社2019年版,第51页。

得到预警”,①有效防范疫情扩散。一体化的疾控机构能够充分发挥疾控机构在预警等方面的专业优势。从机构设置角度看,2022 年,“国家疾控局三定方案”正式发布。② 根据这一方案,在机构改革过程中,疾控机构的公共卫生监督职能得到确立和强化。国家疾控局的内设机构除了卫生与免疫规划司、传染病防控司等司局之外,还包括综合监督一司、综合监督二司。其中,综合监督一司主要负责对于医疗机构的监督,综合监督二司主要负责公共卫生监督工作,组织指导地方卫生监督检查,推进卫生健康综合监督。在已有疾控体制改革奠定的坚实基础上,强化疾控机构的预警、报告职能,是完善公共卫生立法的应有之义。

疾控机构的突发公共卫生事件预警权设置具有必要性。从职能设置角度看,疾控机构负责传染病疫情等的日常监测、分析,授权疾控机构进行突发公共卫生事件预警,有利于在发现疫情时,同步判定“启动预警级别”③,推动突发公共卫生事件应急管理。从时效性角度看,赋予疾控机构突发公共卫生事件预警权,有利于其在发现疫情或其他健康风险因素的第一时间,及时提醒社会成员注意,防范、最大程度地减少疫情扩散的概率。从专业技术工作的角度看,授权疾控机构发布突发公共卫生事件预警,有利于充分发挥其专业技术优势,拓展突发公共卫生事件预警主体的范围,充分调动公共卫生预警社会动员的力量。从具体的职能配置角度看,可以有两种预警职权配置方式:一是由国家疾控机构统一行使突发公共卫生事件预警权,二是在进一步推进地方疾控机构改革的基础上,由国家和地方疾控机构分别在相应的范围内发布突发公共卫生事件预警。第一种配置方式有利于提升预警的统一性,但需要的时间相对较长。相较而言,第二种配置方式更有利于提升突发公共卫生事件预警的效率,④防止传染病疫情等突发公共卫生事件的扩大。⑤ 在国家疾控局设立的基础上,通过地方疾病预防控制体制改革,赋予疾控机构预警权,国家和地方疾控局如果发现健康危害相关因素,由其内设的监测预警机构负责具体的预警工作,第一时间在相应范围内发布预警,提醒公众注意。与此同时,预警权的行使与突发公共卫生事件应急

① 《应赋予疾控中心更多信息发布话语权》,人民网,http://www.people.com.cn/n1/2020/0302/c32306-31612528.html,2021 年 10 月 12 日访问。

② 参见《国家疾控局三定方案公布　国家卫生健康委内设机构迎来调整》,中国政府网,www.gov.cn/xinwen/2022-02/17/content_5674092.htm,2022 年 5 月 18 日访问。

③ 熊旭东等主编:《实用危重病急救与进展》,中国中医药出版社 2014 年版,第 32 页。

④ 参见张永理主编:《公共危机管理》,武汉大学出版社 2015 年版,第 138 页。

⑤ 参见黄秀凤主编:《护理伦理学》,中国医药科技出版社 2016 年版,第 126 页。

程序的启动、应急措施的实施紧密相连。

以一体化的疾控机构改革为基础，在疾控机构做出预警之后，进一步明确疾控机构的处罚权十分必要。根据传染病防治法关于控制措施建议权的规定，疾病预防控制机构就相应的控制措施提出的建议，应当在采取控制措施的过程中得到贯彻，如果没有实施的，应当说明理由。在一体化的疾控机构改革基础上，突发公共卫生事件预警权的行使，以及从处罚建议权向处罚权的转变，能够从总体上强化疾控机构职能，贯彻落实疾病预防控制体制改革的要求，推动疾控机构职权配置的优化。疾控机构对突发公共卫生事件作出分析、判定之后，将相关材料直报国家，并在一定范围内开展相关的公共卫生管理工作，有利于提升突发公共卫生事件应急管理的效率。其中，报告的内容包括疾控机构发现的传染病暴发、流行情况，以及其所接到的来自医疗机构或其他途径的相关传染病信息。对于传染病疫情防控而言，充分把握黄金防控期，有效阻断病原体传播具有至关重要的意义。如果能够赋予疾控机构一定范围的执法权，将能够极大地提升疫情防控的时效性。与此同时，应从职权配置与权力运行相结合的角度出发，探索疾控机构相关立法的体系化建构路径，从根本上解决当前疾控机构职能相对弱化等问题，应对“后疫情时代”的挑战、“对健康的需求和供给的增长”等新出现的情况。① 这也是理论界与实务界共同关注的热点和难点问题。除上述关于职权配置的论述之外，在权力运行方面，应急、疾控、医药是传染病疫情防控的重要支撑。“疫情防控不只是医药卫生问题”，而是“总体战”。② 在疾病预防控制体制改革的过程中，需要实现各项职能分而不散、统分结合，通过机构与组织立法，推进政府治理、行业治理、社会治理相协同下的公共卫生治理法治化，使疾控机构从预防控制疾病向健康促进进阶，为“全生命周期健康管理”提供立法保障。③ “公共卫生是有组织的社会实践”④，公共卫生“行政的内容是组织活动”⑤。疾控机构职能的强化，不能局限于单一领域的改革，而是需要多维度多领域综合协调加以保障。

---

① 参见杨翠迎主编：《国际社会保障动态 · 后疫情时代的民生保障》，上海人民出版社 2021 年版，第 143 页。

② 汪晓东等：《凝聚起坚不可摧的强大力量——习近平总书记关于打赢疫情防控的人民战争总体战阻击战重要论述综述》，《人民日报》2020 年 9 月 8 日，第 1 版。

③ 参见李玲：《推进全生命周期健康管理》，《人民日报》2020 年 9 月 9 日，第 17 版。

④ 李立明等主编：《中国公共卫生理论与实践》，人民卫生出版社 2015 年版，第 5 页。

⑤ 姜明安：《行政法学》，山西人民出版社 1985 年版，第 2 页。

三、理顺医疗应急司、应急处理指挥部、疾控机构之间的职责关系

医疗应急司、应急处理指挥部、疾控机构之间关系的理顺，以应急指挥权、防控措施的决策和执行权的配置为核心。国家卫健委内设机构医疗应急司，设有“医疗应急指导处”“医疗应急管理处”“医疗监督处”“公共卫生医疗管理处”等机构，负责“传染病疫情应对工作”的组织和协调，其职能包含了对于突发公共卫生事件的紧急医学救援等工作进行组织指导，推动“医疗卫生应急体系建设”，①拟订、监督实施慢性病与重大疾病防治政策规范等内容。在突发公共卫生事件应急指挥方面，医疗应急司有权组织、指导、协调医疗应急管理工作。在防控措施的决策和执行方面，卫健委医疗应急司有权进行医疗应急管理。应急处理指挥部是在应急状态下成立的指挥机构。与常规状态下的机构设置不同，应急指挥机构属于临时性的机构设置。应急处理指挥部的成立，能够统一开展突发公共卫生事件应急指挥，有利于调动和协调卫生、交通、市场监管等各个部门的力量，迅速开展突发公共卫生事件应急管理。与此同时，应急状态下临时性的机构设置与常设机构之间的关系需要理顺。从机构组成的角度看，作为临时机构的应急处理指挥部的组成由全国突发事件应急预案统一作出规定。其中，特别重大突发公共卫生事件应对工作的国家应急指挥机构，由相关国务院部门、军队部门组成；省级政府成立地方应急处理指挥部，指挥本地区“突发公共卫生事件应急处理工作”②。应急状态下临时性的机构设置与常设机构之间的关系理顺，能够避免职责交叉等问题，有利于推动应急状态与常规状态传染病疫情防控转换职能衔接。这里的常设机构不仅包括上述医疗应急司，还包括应急处置司等有权组织、指导、协调突发公共卫生事件应急管理工作的机构在内。国家疾控局内设机构应急处置司，负责传染病疫情应急处置工作，从应急预案的组织编制、应急系统建设、应急物资等方面，推动疾病预防控制，推动传染病防治关口前移，切实保护人民健康安全。经过机构改革之后，在机构职能得到明确的同时，也需要进一步理顺应急处置司与医疗应急司、应急处理指挥部之间的关系。在这一过程中，最为核心的是机构职责关系的理顺。

---

① 《医疗应急司》，国家卫健委网站，www. nhc. gov. cn/wjw/ywsj/202210/a48321451904493ab2c3d4d86b12acfe.shtml，2022 年 12 月 1 日访问。

② 王丽主编：《医学伦理学与相关法律》，河南科学技术出版社 2006 年版，第 162 页。

在应急指挥权的配置方面，机构职责关系的理顺，以正确处理传染病防治法与突发事件应对法关系，解决相关规定之间的冲突为切入点。在应急状态下，传染病防治法与突发事件应对法并行适用，需要通过解决相关规定之间的冲突，理顺医疗应急司、应急处理指挥部、疾控机构之间的职责关系。在这一方面主要有三种不同观点：一是应急状态下由作为临时性机构的应急处理指挥部统一开展应急组织、指导、协调工作，原有负责的应急管理工作的机构不独立行使应急指挥权，以集中调度传染病疫情防控物资、人员等力量，确保突发公共卫生事件应急管理的统一开展；二是主张由政府统一行使应急指挥权，防范应急指挥部承担应急指挥权可能产生的责任不明风险，以及作为临时性机构的应急处理指挥部设置所带来的衔接成本与沟通成本；三是由具体的常设机构、职能部门行使相应的应急指挥权，严格遵循职权立法的规定，开展突发公共卫生事件应急管理工作。由应急处理指挥部统一行使应急指挥权，其优点在于增强“统一组织协调”突发公共卫生事件应急处置的效能，集中调度“各方面资源和力量进行应急处置”①。但临时性的机构设置，也面临制度衔接、规范冲突与责任归属问题。从制度衔接的角度看，临时性的机构设置与常设机构之间的关系难以得到有效的协调，应急状态下的相关立法较难从权责配置方面排除常规状态的机构运行，采用二者并行方式又会影响应急指挥权的统一行使。从规范冲突的角度看，在临时机构设置下，传染病防治法关于医疗应急司负责传染病疫情应对的组织协调规定，以及突发事件应对法关于县级政府负责本地区的突发事件应对工作、国务院设立国家突发事件应急指挥机构等规定之间的冲突，无法得到有效的解决。从程序法的角度看“责任归属”问题，②突发公共卫生事件处理完毕后，临时性的应急指挥与管理机构解散，但突发公共卫生事件后的法定程序，如公共卫生事件后的涉法问题评估与救济程序，仍然在进行当中。如果在公共卫生事件后的纠纷处置程序运行中发现需要认定的法律责任，较难按照常规的责任认定程序加以解决。在应急指挥机关的规定方面，由常设机构而非临时性机构行使应急指挥权更具合理性。在常规机构行使应急指挥权的框架下，上述第二种主张和第三种主张的差异，在于由政府统一行使应急指挥权还是由具体职能部门行使相应的职权。从应急指挥的客观规律角度看，尽管世界范围内的应急指挥权归属在层级等方面存在差异，

① 薛匡勇：《重大突发事件档案应急管理研究》，上海世界图书出版公司 2017 年版，第 56 页。

② 参见［德］马克斯·韦伯：《社会学的基本概念》，胡景北译，上海人民出版社 2020 年版，第 102 页。

如“美国和德国等国的突发事件应急指挥权属于地方”，上级政府仅在地方政府“处置能力不足时”，“在应急资源上给地方政府以支援”；英国中央政府可以接管地方政府的“突发事件的应急指挥权”①，但应急指挥权一般归属于政府而非具体职能部门。在突发公共卫生事件应急管理的具体实践当中，“党委领导、政府负责、属地管理”应急指挥工作。②

在防控措施的决策和执行权方面，机构职责关系的理顺，以权限下放为主要趋势。由于基层是直接接触疫情的前线阵地，往往也是最早发现疫情的领域；但在基层防控一线，尽管现有的公共卫生管理体制强调向农村覆盖、向基层延伸，但在法律规定方面，防控措施的决策和执行权限仍有待理顺，传染病防治法与突发事件应对法之间的冲突需要得到有效的解决。例如，传染病防治法规定，地方政府、疾控机构在收到国家卫健委、省级政府发布的传染病预警之后，按照要求采取防控措施，也即在地方卫健委、疾控机构、医疗机构或社区发现不明原因疾病时，需要经过报告程序，上报给国家卫健委，再由国家统一做出防控安排。突发事件应对法规定，县级政府有权采取应急处置措施。在相关法律规定存在冲突的情况下，地方防控措施的决策和执行权亟须得到进一步的明确。防控措施的决策和执行权限下放，有利于在第一时间阻断病原体传播，把握疫情防控的最佳时机，推动传染病疫情防治尤其是地方传染病防治紧急措施的及时启动。在法治框架下提升公共卫生危机应对能力的核心，需要通过防控措施的决策和执行权限下放，赋予基层一线防控部门启动应急措施，决定并采取防控措施的权限。在具体的公共卫生法律制度设计中，应当在合理的范围内，与应急响应程序启动的权限下放相结合，防控措施的决策和执行权限下放，为基层防控一线及时调配资源展开防控奠定法律基础，为公共卫生领域社会公平正义的实现与社会权利保护提供制度支持。

第二节　全过程应急响应视角的公共卫生应急管理组织协调规则

从全过程应急响应的视角看，以跨部门联动强化公共卫生应急管理组织协调，是提升突发公共卫生事件应急管理效能的重要保证。公共卫生管

① 宋劲松：《突发事件应急指挥》，中国经济出版社2011年版，第148页。

② 参见郑德涛等主编：《社会管理与公共行政实践的创新》，中山大学出版社2012年版，第61页。

理与公共健康保障的特殊性在于，其所可能面临的危害不是单一来源，而是呈现多点源、分散化的特征，仅依靠一个部门的力量，难以对多点源扩散疫情进行全面有效的防控，难以实现全过程应急响应的目标。因此，在强化公共卫生机构职责的同时，还需在已有应急预案的立法规定的基础上，形成跨部门的公共卫生应急演练与应急预案规定，建立食品、物流、动植物检验检疫及流调的跨部门联动平台，推动公共卫生重大风险防控跨部门协作的制度耦合，使不同机构、不同部门在疫情防控中有效对接、相互联动，提升公共卫生应急管理组织协调能力。

一、跨部门联动形成公共卫生应急预案及应急演练规定

全过程应急响应从突发公共卫生事件应急预案、应急准备、监测流调、应急响应出发，系统推动疫情防控与公共健康保障进程。基于传染病疫情的扩散性特征，预防是疫情防控法律制度设计的重中之重。突发公共卫生事件应急预案与应急准备，是全过程应急响应链条当中的“前端防线”，是“预防为主”“应急管理前移思路”的重要支撑。① 从全过程应急响应的阶段与环节角度看，公共卫生应急预案及应急演练是防患未然的关键环节。全过程应急响应的各个阶段和环节，是根据传染病疫情等突发公共卫生事件的发生、发展、演变和消失的特征而设置的。在不同的阶段，所需采取的应急响应策略和措施亦存在差异；不同的公共卫生管理活动具有各自的特征，并且为下一个阶段的疫情管控奠定基础，从而形成一个完整的“公共卫生防控系统”②。在公共卫生应急预案与应急准备阶段，为监测流调与应急响应工作的开展提供系统的预案，并通过公共卫生应急演练使相关部门、组织、人员做好充分准备，一旦突发公共卫生事件发生或存在发生的高度可能性，应急力量能够迅速到位开展相关工作。监测流调与应急响应是根据应急预案推进突发公共卫生事件应急管理工作的具体过程。监测流调为应急管理工作的开展提供公共卫生信息支持。应急响应级别及所采取的相关措施依据监测流调情况确定并加以推进。全过程应急响应的不同阶段之间是紧密联系在一起的，任何一个环节的管控疏漏，都会给下一个环节造成不利影响，甚至直接影响整个突发公共卫生事件应急管理的结果。突发公共卫生事件的应急预案与应急演练充分到位，能够保障在疫情发生时部门预警研判的及时跟进，直接关系到应急响应程序的启动。因此，针对疫情防控等

① 参见洪毅主编：《中国应急管理报告 · 2017》，国家行政学院出版社 2017 年版，第 178 页。

② 邱鸿钟等主编：《应激与心理危机干预》，广东高等教育出版社 2020 年版，第 163 页。

突发公共卫生事件应急管理动态过程，需要立足全过程应急响应推动公共卫生应急预案与应急演练规定的健全和完善。

建议公共卫生行政机关、医联体、健康产品监管机构等制定跨部门应急预案，形成公共卫生应急联动格局。跨部门联动形成公共卫生应急预案，是公共卫生应急管理的组织协调规则的重要组成部分。现有立法主要对总体应急预案、部门应急预案、专项应急预案、地方应急预案、单位应急预案、联合应急预案作出规定。其中，总体应急预案是应急管理的总体规定，部门应急预案是具体职能部门的应急工作方案，专项应急预案涉及多部门职责的工作方案，地方应急预案与单位应急预案分别是特定行政区划、特定单位范围内的应急工作方案，联合应急预案主要侧重流域性、区域性突发事件的应急处置。在突发公共卫生事件专项应急预案规定的基础上，跨部门联动形成公共卫生应急预案的规定有待进一步细化。传染病病原体具有"很强的扩散性"①，局限于特定部门的应急预案较难全面推进传染病疫情防控工作。跨部门联动形成公共卫生应急预案，有利于形成协调联动的疫情防控部门合力，推动公共卫生应急管理的组织协调。在应急组织体系方面，建议在公共卫生统一立法框架下，以立足基层疫情防控一线的实际情况制定相应的应急预案为基础，统合《突发公共卫生事件应急条例》《突发事件应急预案管理办法》《国家突发公共事件总体应急预案》等相关规定，细化跨部门联动形成公共卫生应急预案的相关规定，明确部门协调衔接的具体制度，提升跨部门应急预案的针对性、可操作性。在监测、流调、预警方面，以跨部门公共卫生信息共享平台为基础，建立跨部门公共卫生应急工作预案，不仅卫生行政部门、疾控机构、医疗机构等可以登录查询或上报信息，交通、市场监管、畜牧业及养殖业管理部门等也应充分参与平台运行，在发现可能引发疫情的相关信息时，及时进行信息上传和通报，并形成跨部门的信息管理与报告预案。在"疫情的分级反应"与物资保障方面，②跨部门联动形成公共卫生应急预案，需要立足全过程应急响应的要求，从突发公共卫生事件应急管理、计划、协调、组织、应急响应过程中而实施的一系列管控活动出发，推动突发公共卫生事件的及时有效地处置，并协调部门应急预案与跨部门应急预案之间的关系，针对突发公共卫生事件应急管理的特殊性，以有效协调公共卫生相关管理部门参与应急管理活动为路径，推动疫情防控全过程管

---

① 容志等：《城市应急管理：流程、机制和方法》，复旦大学出版社 2019 年版，第 129 页。

② 参见中国健康教育中心编：《将健康融入所有政策实践——地方经验汇编》，中国环境出版集团 2020 年版，第 206 页。

理，最大限度地减少疫情事件的影响，保障人民生命健康安全。

在应急预案规定进一步细化的基础上，需要解决关于应急演练的规定相对薄弱的问题，不仅从引导角度加强应急管理的日常实战演练，推动部门内部的应急协调，而且需要完善跨部门的定期演练机制，从跨部门联动形成公共卫生应急演练规定出发，协调不同部门定期检查并定期开展必要的演习。① 在具体的应急演练规定方面，跨部门联动形成公共卫生应急演练规定，一方面，公共卫生应急演练不能局限于机构内部，而要在协调公安、消防、交通、新闻、环境监测等部门参与应急管理的同时，制定医疗机构、应急管理机构、联防联控机制的组织协调演练方案，在方舱医院建设、病区转换、院前急救、监测流调、应急管理、物资调配、人员保障等方面，作出细化的应急演练规定；另一方面，公共卫生应急演练不能停留于末端治理，而要通过制定公共卫生专项应急演练计划，在制定卫生行政部门、健康产品监管机构、检验检疫等机构的应急协调规则基础上，形成常态化的跨部门应急演练机制，从公共卫生数据和信息、疾病监测预警、食品溯源、防控追踪等方面，开展定期传染病检测应急演练、流行病学调查应急演练、部门公共卫生信息通报及应急管理协调演练，强化跨部门应急演练及相应的机构对接机制建设，推动跨部门综合协调作用的加强，以及应急管理"共同工作及合作"效能。② 与此同时，突发公共卫生事件应急管理效能的提升，不仅需要高度重视卫生行政部门对于海关、市场监督管理等部门的协调，而且要提升其统筹协调管理部门与相关组织的职能，形成严密的公共卫生防护网络。

二、建立物流与食品溯源、传染病监测的跨部门联动平台

以卫生行政部门、海关、市场监管、检验检疫等机构职能衔接，推动物流与食品溯源、传染病监测的跨部门联动，是全过程应急响应的重要环节，也是公共卫生应急管理组织协调规则的应有之义。2020 年，《公共卫生防控救治能力建设方案》发布，提出建设"分层分级分流"的传染病救治网络，③ 支持建设重大疫情救治基地。其中，最为核心的环节，是从食品、物流、动植

---

① 参见《关于印发综合医院"平疫结合"可转换病区建筑技术导则(试行)的通知》，中国政府网，http://www.gov.cn/zhengce/zhengceku/2020-08/18/content_5535492.htm，2021 年 4 月 8 日访问。

② 参见联合国经济和社会事务部编：《共同协作：可持续发展目标、整合办法与机制》，上海社会科学院信息研究所译，上海社会科学院出版社 2019 年版，第 26 页。

③ 参见《公共卫生防控救治能力建设方案》，国家发改委网站，https://www.ndrc.gov.cn/xxgk/zcfb/tz/202005/P020210708473894740914.pdf，2021 年 4 月 8 日访问。

物检验检疫、传染病监测等源头治理环节出发，切断疫情传播渠道，有效防范病原体扩散。从全过程应急响应角度看，物流与食品溯源、传染病监测的跨部门联动，是公共卫生应急管理的组织协调的重要内容。公共卫生应急管理的组织协调规则，是提升疫情防控效能的重要支撑。物流与食品溯源等工作的推进，不能依靠“单一部门的力量”①，而需要通过卫生行政、市场监管等机构的跨部门联动，展开食品溯源、物流追溯，推动传染病监测，防范病原体扩散。与具体的监督管理部门相对接，加强公共卫生组织协调联动，能够有效强化物流与食品溯源的实际效能。其中，市场监管部门负责药品监督管理、特殊食品安全监督管理，对特殊医学用途配方食品、保健食品、婴幼儿配方乳粉产品等的安全进行监管。② 卫生行政部门与市场监管部门的跨部门联动对于疫情防控病原体流调溯源具有重要意义。在具体的法律规定方面，传染病疫情防控中的物流及食品溯源、传染病监测规定具有特殊性。其一，物流、食品是病原体扩散的重要传播途径，把握住物流、食品卫生防疫，尤其是海鲜、活禽市场等的食品卫生，能够从源头上阻断传染源；其二，物流及食品溯源、传染病监测对于时效性的要求非常高，相关工作完成的时间越短、准确性越高，对于疫情防控的支持力度就越大，这就要求在食品标准、准则中，应当增加关于物流及食品信息留存的相关规定，确保食品加工、销售中的任何一个环节能够随时溯源到具体的企业或个人，从而为疫情防控和公共健康保障提供法律支持；其三，物流、食品溯源不应成为疫情防控下的特殊规定，而应成为常态化的制度设置，并将传染病监测融入常态化的物流及食品信息留存制度建设当中。

以物流与食品溯源、传染病监测跨部门联动平台的建立为基础，明确物流及食品溯源规则，推动传染病监测从事后监管向预防型立法的转变。这一转变对于提前有效防范疫情的发生、扩散具有重要意义。第一，物流及食品卫生保障的核心，不是在发现消费者健康受到侵害后才去监管和规制，而是要从源头上防范物流及食品卫生安全风险的出现，尤其是在疫情防控期间，除了关注相关物资供应是否充足之外，更要对物流及食品来源、销售市场等进行全过程排查，防范物流及食品生产、销售中健康风险的发生。一旦其中任何一个环节出现确诊病例，即要彻底查明物流及食品是如何被污染的，以及这些物品的最初来源在哪里。这一过程对于从源头上防范传染源

① 陶希东：《全球超大城市社会治理模式与经验》，上海社会科学院出版社 2021 年版，第 49 页。

② 参见《特殊食品安全监督管理司》，国家市场监督管理总局网站，https://www.samr.gov.cn/tssps/index.html，2022 年 10 月 1 日访问。

扩散非常重要。第二,传染病疫情防控中的物流及食品溯源规定,对于末端治理向源头防控的转变具有重要意义。物流及食品卫生安全风险监测、评估、处理的法律规定,旨在为所有人和所有地方提供安全和健康的食品。一旦发现相关商品加工、处理、销售、运输当中任何一个环节的确诊病例,或是相关工作人员是确诊病例的密切接触者的,一定要找到所有的感染源,才能够从根本上控制疫情蔓延,阻断病原体从物流及食品环节流入居民生活领域的渠道。而由于物流及食品领域关涉到广泛的社会消费主体。这一源头防控过程一旦有遗漏,有可能会导致疫情暴发。因此,在相关商品的原料供应、生产加工、销售流通的各个环节,均要建立起相应的数据记录与信息留存规则。以这一规定为基础,一旦出现任何一个环节的确诊状况,即可迅速地展开全过程排查,找到病原体感染的源头。在这一过程中,相关立法要跟进最新的卫生科学知识和其他有关数据,并确保相关法律规定准确反映这些知识和数据。

物流与食品溯源、传染病监测的跨部门联动平台的建立,是跨部门的"联动协同服务机制"建设的必然要求。① 在跨部门联动平台建设的过程中,可以从"生产与销售"环节出发,②强化公共卫生应急管理的组织协调规则。在生产环节,通过跨部门的公共卫生应急管理的组织协调,推动食品生产、销售环节的病原体检测及时跟进新发传染病的变化。大范围的疫情蔓延,给确保食品安全的机制提出了前所未有的挑战,而获得安全卫生的商品供给是全球消费者最关心的问题。人们对食品卫生及其在疾病传播中所起作用的认识不断深化。可以将食品溯源规定与食品卫生安全标识制度相结合,在食品外包装上增加登记号码,并规定涉及传染病防治的食品卫生认证标识符的使用须经特别授权的方式,从而使消费者可以确信所购买的商品的卫生质量和健康保障。在生产环节侧重对人畜共患传染病的病原体进行检测,在销售环节侧重所处环境受传染病的病原体污染风险的监测。销售环节与生产环节同样是公共卫生领域源头治理的重要内容。与生产环节不同,销售环节的卫生健康保障涉及物流运输问题。运输环节是生产环节与销售环节的中转阶段。在销售环节,需要形成物流及食品卫生安全风险监测、评估、处理规定。物流及食品卫生安全风险监测、评估、处理的法律规定主要包括以下三个方面的内容:一是建立公共卫生行政管理机构、检验检疫

① 参见孙金立等:《中国智慧医疗健康发展报告·2015》,北京邮电大学出版社2016年版,第131页。

② 参见张莉莉等主编:《现代物流学》,北京理工大学出版社2020年版,第174页。

机构、市场监管机构之间的“协调配合机制”，①从原有对物流安全、食品卫生、食品添加剂、农药和兽药残余物、污染物、标签和格式、分析和取样方法以及进出口检查和核证规定，扩展到传染病的病原体检测规定；二是从疫情防控的现实要求出发，将物流及食品卫生安全风险评估引入食品生产、销售和消费的过程，建立更为严格的食品卫生标准，应对疫情防控新的挑战；三是以保护消费者健康，确保物流及食品卫生安全为指引，促进物流及食品卫生安全风险的快速处置，制定、执行和协调相关的处置事务，在向消费者供应的物流、加工食品、半加工食品或原料的过程中，确保任何用于物流运输及制备食物的材料、环节，均是为了实现公共健康的法定目标所必需的，从源头上防范疫情的发生。在此基础上，制定物流与食品溯源、传染病监测的跨部门联动平台运行规则，建立传染病疫情中的物流及食品溯源机制，进一步明确突发公共卫生事件应急管理领域的物流及食品安全责任。

三、公共卫生重大风险防控跨部门协作的制度耦合与规则支持

公共卫生重大风险防控的“制度耦合”，②以“研判、评估、决策、防控协同”为主要内容。③ 公共卫生重大风险治理所涉及的机构众多，公共卫生重大风险防控跨部门协作需要稳定的规则支持与制度保障。公共卫生重大风险评估与防控是阻断公共健康危害的关键环节。以传统危险防卫向现代风险规制的法理定位转型为基础，建立中国公共卫生重大风险快速评估、双向沟通与防控协同机制，成为当前亟待完成的重要课题。随着风险社会对人类生存影响的不断加深，公共卫生重大风险防控引发社会各界的广泛关注，管理学、医学、新兴的大数据等学科对相关问题展开研究。管理学对德尔菲法等风险评估方法进行比较，组织对群体性不明原因疾病等的风险沟通，分析突发公共卫生事件风险的相关因素，评判突发公共卫生事件的风险等级。医学研究运用描述流行病学等方法，对流行病学特征展开分析，提出有针对性的防控策略。新兴的大数据等学科建构突发公共卫生事件风险决策树模

① 参见刘维芳：《辉煌 40 年：中国改革开放成就丛书 · 政治建设卷》，安徽教育出版社 2018 年版，第 279 页。

② 参见袁庆明：《新制度经济学》，复旦大学出版社 2012 年版，第 243 页。

③ 参见中共中央党史和文献研究院编：《习近平关于防范风险挑战、应对突发事件论述摘编》，中央文献出版社 2020 年版，第 159 页。

型及“风险池”，[①]运用ID3算法、疫情传播方程等，探析公共卫生重大风险防范与决策模型、新型智慧城市与疫情防控机制建设方案。在已有研究的基础上，一方面，法学视角下公共卫生重大风险评估与防控的基本规则与制度研究、总体布局与宏观角度的研究有待深化；另一方面，跨学科、跨部门的公共卫生重大风险防控协同机制建设亟待推进，围绕公共卫生领域的机构整合，把握关键环节的风险防范重点，建立新型公共卫生风险协同防控的规则体系，实现多学科、多机构、多程序、多区域、多种方法之间有效地衔接协调，提升人畜共患传染病防治效能，有利于从根源上解决重事后处置、轻事前监管等问题。如何通过公共卫生重大风险防控制度耦合的规则完善，推动公共卫生重大风险研判、评估、防控的协同，是当前公共卫生法治建设需要解决的问题。

公共卫生重大风险防控跨部门协作的制度耦合主要包括三个方面的内容。第一，针对公共卫生重大风险研判的单方决策问题，形成公共卫生风险线索报告和反馈的双向沟通机制，促进多利益主体风险辨识与协同处置。公共卫生重大风险研判、评估、决策、防控不是卫生行政一个部门的职责，也不是单方决策与单线推进能够实现的。通过不同机制间的耦合强化形成公共卫生重大风险评估与防控保护的制度合力，揭示不同类型制度互补的约束条件及规范效果，是亟待突破的难点问题。第二，针对公共卫生重大风险防控单线推进及防控程序的分散化、碎片化问题，建立公共卫生重大风险研判、评估、决策、防控协同耦合机制，推动各环节之间的有效衔接，促进卫生健康、工商管理、检验检疫等部门之间的协同，形成公共卫生重大风险管理最佳策略。在这一过程中，还需要确立公共卫生重大风险评估与防控的评价体系与准则。对公共卫生重大风险评估与防控制度效能及管控情况及时评价、总结、反馈、矫正，是有效落实公共卫生重大风险研判、评估、决策、防控协同的重要保障。从公共卫生重大风险快速评估、双向沟通与防控协同出发，将公共卫生重大风险防范落实到市场运行的全过程监测评价中，阻断人畜共患传染病的传播路径，提升公共卫生重大风险快速评估与防控的效率与科学性。这是需要突破的难点问题。第三，针对跨部门、跨领域的公共卫生组织协同调度目标，解决目标风险与次生风险、内源性风险与输入性风险的综合规制问题。其中，目标风险与次生风险相对应。在公共卫生立法领域，目标风险是影响卫生健康保障目标实现的不确定性因素，目标风险不

---

① 参见国务院发展研究中心社会部课题组：《推进分级诊疗：经验·问题·建议》，中国发展出版社2017年版，第207页。

一定是单一的，也可针对复合性风险推动“多目标风险型决策”，并实现其向“多目标确定型决策”的转化。[①] 次生风险是在推进目标风险防控过程中新出现的衍生性风险。这一衍生性风险的产生可能由目标风险衍化而来，也可能在防治目标风险过程中出现新的致险因子。内源性风险与输入性风险相对应。在疫情防控过程中，内源性风险主要表现为本土疫情，输入性风险主要表现为输入性病例。在目标风险与次生风险控制方面，要改变公共卫生风险管理忽视风险沟通的现状，通过公共卫生重大风险决策双向沟通与最佳策略选择，在控制目标风险的同时，识别由目标风险衍化或是由防治目标风险采取的措施所导致的衍生风险，及时作出公共卫生重大风险研判并采取措施防止风险扩大。在内源性风险与输入性风险防范方面，通过公共卫生重大风险防控的耦合机制建设，推动内源性风险与输入性风险分类管控，建立公共卫生重大风险分级防控机制，并在分级分区管理的基础上，推动市县乡村多区域协同防控，开展公共卫生重大风险防控的科际整合，健全行政协调机制，推进公共卫生重大风险防控的部门协同。

公共卫生重大风险防控制度耦合的规则支持，是公共卫生应急管理组织协调规则的重要组成部分。其核心在于聚合跨部门的力量，形成公共卫生重大风险快速评估、双向沟通与防控协同规范支持。在具体的内容方面，公共卫生重大风险防控制度耦合的规则支持主要包括实体法与程序法两个方面的内容。其一，在实体法方面，形成以公共卫生重大风险快速评估为先导，以风险决策双向沟通机制为保障的公共卫生重大风险评估与防控规则。目前对公共卫生重大风险防控的研究多侧重于对某一具体类型的制度构造研究，而以传统危险防卫向现代风险规制的法理定位转型为基础，同时关注公共卫生重大风险快速评估、双向沟通与防控协同机制建设及机制间有效衔接协调的规则支持相对薄弱。因此，需要以完善“重大疫情防控体制机制”为指引，[②]汇聚国家公共卫生风险管理体系合力，立足于中国制度优势向治理效能转化的时代背景，对管理学、法学、大数据分析等相关学科知识进行科际整合。其二，除实体法规定的有效推进之外，还要推动不同程序之间的功能协同互补，实现公共卫生重大风险快速评估、风险决策、风险防控等程序之间的无缝衔接。相较于公共卫生应急管理，公共卫生重大风险防范的介入时间提前至疫情尚未发生之时。在这一时期，相关部门进行公共

① 参见李华等主编：《预测与决策教程》，机械工业出版社 2019 年版，第 246 页。

② 参见《党的十九届六中全会〈决议〉学习辅导百问》编写组：《党的十九届六中全会〈决议〉学习辅导百问》，党建读物出版社、学习出版社 2021 年版，第 302 页。

卫生风险管控需要有明确、具体、细化的程序规定，以防范过度干预现象的发生。在此基础上，结合“循证卫生决策”方法，①建立公共卫生重大风险研判、评估、决策、防控协同的耦合机制与程序支持，并关注公共卫生重大风险防控评价体系的实践证成，以公共卫生重大风险分级防控机制为统领，推动公共卫生重大风险研判、评估、决策、防控协同的程序衔接。在这一过程中，推动公共卫生重大风险快速评估、双向沟通与防控协作的制度耦合。不仅从行政和数据分析层面，而且从法治系统层面构建公共卫生重大风险研判、评估、决策、防控协同的具体规则，促进公共卫生重大风险的评估、决策、防控机制的功能协调与程序衔接，建立“公共卫生风险防控法律体系”。②

第三节　全社会联防联控视角的公共卫生社会治理主体的参与规则

以公共卫生社会治理主体的参与规则凝聚疫情防控组织合力，是全社会联防联控的制度保障，也是形成严密的防疫体系的重要支撑。公共卫生社会治理法治化是公共卫生法典化的必然要求。公共卫生立法不局限于行政法，更包括对于社会主体参与疫情防控的规则设定。在这一方面，有观点主张应当用“公共健康法”替代“公共卫生法”概念，③从而突破公共卫生行政立法的局限，从更大范围保障公共健康。④ 从法理角度看，公共卫生立法本身既包括对于公共卫生行政机构的职权配置，也涵盖对于社会组织参与公共卫生治理的权利设置，可以不用概念的替代来解决既有问题，而通过对原有公共卫生立法概念的外延进行拓展和清晰界定。在此基础上，对于公共卫生治理中基层群众性自治组织、志愿服务组织、第三方检测机构、红十字会等组织，以及疫情防控中公共卫生辅助服务人员等主体的法律规定，不仅关涉患者的合法权益保障，而且对于取得“全国疫情防控的决定性胜利”具有直接的影响。⑤

---

① 参见李立明等主编：《中国公共卫生概述》，人民卫生出版社 2017 年版，第 52 页。

② 参见文宏：《加快构建新型公共卫生风险防控法律体系的思考》，《中国社会科学报》2020 年 3 月 19 日，第 6 版。

③ 参见李燕等：《公共健康法原论》，中国政法大学出版社 2014 年版，第 1 页。

④ M.Gregg Bloche, The Invention of Health Law, *California Law Review*, Vol.91, Issue 2 (March 2003), p.247.

⑤ 参见中共中央组织部、全国党的建设研究会编：《百年大党　风华正茂　庆祝中国共产党成立 100 周年党的建设历史经验研讨会论文集》（上册），党建读物出版社 2021 年版，第 72 页。

一、明确基层群众性自治组织及其公共卫生委员会的管理规范

公共卫生事件应急管理的社会参与是中国疫情防控的一项优势。其中,基层群众性自治组织具有特殊性,其并不属于行政主体,而是属于具有公共事务职能的特别法人。《中华人民共和国民法典》第96条将"基层群众性自治组织法人"定位为"特别法人",第101条明确了"居民委员会、村民委员会"的法人资格。①《城市居民委员会组织法》第3条对"居民委员会的任务"作出规定,包括"办理本居住地区居民的公共事务",协助政府或相关机关推动"公共卫生""优抚救济"等工作内容。《村民委员会组织法》第2条对村民委员会的属性、工作内容作出规定,包括"办理本村的公共事务""协助维护社会治安"等内容。② 在现有公共卫生立法框架下,公共卫生行政主体相关规定是立法的重心,但基层群众性自治组织及其公共卫生委员会的职能及管理规范相对较为薄弱。在公共卫生治理实践当中,基层群众性自治组织是推进疫情防控工作必不可少的力量,其在病原体检测、居家健康监测、隔离转运、防疫流调、征收征用等方面均发挥着重要作用。③在疫情防控过程中,由于涉及的公众、地区众多,受影响的范围广,仅依靠公共卫生行政主体的力量,较难对每一个社区、每一个村落、每一个受影响公民提供事无巨细的公共服务。在公共卫生防护网络设置过程中,公共卫生领域覆盖面广泛决定了仅仅依靠有限的行政资源,较难满足人民日益增长的健康社会需求与执法资源有限性之间的矛盾。只有以成熟定型的制度化方式,充分调动社会资源,才能解决上述矛盾,最大限度地保障公共健康,防范突发事件给人民生命健康安全带来损害。从这个意义上讲,基层群众性自治组织在公共卫生事件应急管理中的重要作用凸显。通过村委会、居委会的广泛参与,一方面,能够弥补公共卫生行政资源在疫情监管等方面的有限性;另一方面,也能够在充分调动基层防疫力量方面,为疫情防控物资保障提供支持。从一定意义上讲,疫情防控阻击战既是具有国家意义的公共卫生防疫战争,也是一场人民战争。只有社会健康防护意识提升了,才能够最大限度地阻断疫情的传播,实现对于公共卫生事件的有效应对。而如果没有基层群众性自治组织等社会力量的充分参与,不论行政主体如何从外

① 《中华人民共和国民法典》,人民出版社2020年版,第25、26页。

② 《法律工作手册》编写组:《法律工作手册》,中国民主法制出版社2019年版,第15、25页。

③ 参见广东省社会科学界联合会中国(海南)改革发展研究院联合课题组:《改革完善公共卫生治理体系——新时代推进社会治理现代化的重大任务》,《新经济》2020年第11期,第4页。

部进行监管，还是较难在源头上控制疫情的蔓延。正因为如此，传统"行政主导型"管理模式向广泛参与基础上的公私伙伴关系与合作治理的转变，成为"新公共管理运动"的核心理论主张。① 基层群众性自治组织及其公共卫生委员会的职能及相应的规则及"准则性规定"，②构成公共卫生立法的重要组成内容。

在此基础上，公共卫生委员会的具体职能、防疫配置等需要有明确的法律规定。在具体职能方面，四部门联合印发加强公共卫生委员会建设的指导意见，规定了公共卫生委员会的基本职责，包括环境卫生工作、协助公共卫生服务，如突发公共卫生事件应急预案的制定、应急演练的开展、公共卫生领域社区社会组织的培育、"重大疫情防控处置"、爱国卫生等活动的推进、"居民健康教育"等工作职能。③ 具体而言，居委会、村委会下设公共卫生委员会，但其具体的职能并不明确。《城市居民委员会组织法》第 13 条规定，居民委员会根据需要设立公共卫生等委员会。《村民委员会组织法》第 7 条规定，村民委员会根据需要设立公共卫生与计划生育等委员会。从疫情防控共实践的角度看，基层群众性自治组织公共卫生委员会的设立及其职能的明确，对于提升"社区行动"在促进健康和疾病预防与治疗方面的作用具有积极影响。④ 立足健康促进与疾病预防控制要求，在具体职能方面，建议公共卫生委员会建立所属地区公共卫生工作台账，把握每一户、每一居民的公共卫生服务需求，推动常规状态与应急状态的工作方案转换衔接，夯实任务基础，明确工作责任。在防疫配置方面，除地方公共卫生委员会配备公共卫生物资及人员之外，也可探索建议设置跨区域公共卫生委员会并推动其与区域公共卫生中心的对接。与区域医疗中心不同，区域公共卫生委员会的协调职能超越特定行政区划的边界，实现跨区域、跨部门的联络和协调，由此产生区域公共卫生委员会与地方公共卫生委员会的对接问题。

从立法内容上看，基层群众性自治组织及其公共卫生委员会的公共卫生管理规范主要包括两个方面：一是逐户排查与信息收集，在这一过程中，

① 参见王义主编：《西方新公共管理概论》，中国海洋大学出版社 2006 年版，第 26 页。

② 参见刘星：《法律是什么：20 世纪英美法理学批判阅读》，广西师范大学出版社 2019 年版，第 247 页。

③ 参见《民政部 国家卫生健康委 国家中医药局 国家疾控局关于加强村（居）民委员会公共卫生委员会建设的指导意见》，中国政府网，http://www.gov.cn/zhengce/zhengceku/2022-01/23/content_5670023.htm，2022 年 1 月 4 日访问。

④ 参见孟莉：《社区心理学》，中央广播电视大学出版社 2016 年版，第 192 页。

会涉及公民个人信息的收集、整理、处置问题，要采取合理方式保管所收集的个人信息，防止个人信息泄露或不当利用个人信息现象的发生；二是居家隔离、小区的封闭式管理等疫情防控措施的采取，在采取这些防控措施的过程中，要注意公共卫生管理方式的合法性，避免集中隔离所导致的被抚养人无人照料，或是封闭式管理导致居民生活得不到保障现象的发生。其中，最容易被忽视的是公共卫生信息与个人信息的边界问题。在这一边界确定的过程中，最容易被忽视的是基层群众性自治组织及其公共卫生委员会的"告知义务"。① 一方面，基层群众性自治组织及其公共卫生委员会的告知义务并没有明确的法律规定，目前关于公共健康领域知情同意的法律规定，集中用于医疗机构的告知义务，强调未经法定主体知情同意，不得进行任何医学或治疗活动，当患者无法表达其意愿时，除非有紧急情况或不可能，否则不得采取介入措施；另一方面，在新冠病毒感染疫情防控过程中，由于时间紧、任务重，基层群众性自治组织往往容易忽视对相对人进行相关告知并取得同意，出现了漏发防疫通知、防护指南，将隔离人员的姓名、身份证号、电话、详细门牌号张贴在小区门口，当事人很长时间后才发现自己的身份信息泄露等现象。公共卫生立法应当明确对此作出规定，严禁公布隔离人员身份证号等个人身份信息；如果基于疫情防控需要发布其相关信息，应当明确告知信息发布的目的与用途；在医疗救治的过程中，应当维护个人健康的知情同意权利，基层群众性自治组织工作人员在采取防控措施的过程中有义务将不遵循防控措施的后果和严重程度告知当事人。经过告知其行为的严重后果，如果当事人仍然拒绝履行防控措施的，基层群众性自治组织及其公共卫生委员会工作人员可以请求公安机关对其采取相应的强制措施，以确保疫情防控的顺利推进与公共秩序的维护。明确基层群众性自治组织及其公共卫生委员会在逐户排查与信息收集、居家隔离、小区的封闭式管理等疫情防控措施方面的规则，有利于解决基层群众性自治组织及其公共卫生委员会公共卫生管理权限范围不明问题。基层群众性自治组织及其公共卫生委员会的公共卫生管理范围，也即其在多大程度、多大范围内参与居家健康监测、隔离转运、防疫流调、征收征用等公共管理活动，目前没有明确的规定。基层群众性自治组织及其公共卫生委员会工作人员有权进行逐户排查、信息收集，并根据情况采取居家隔离、小区的封闭式管理等疫情防控措

① 参见陈锐主编：《卫生计生监督系统业务规范》，中国协和医科大学出版社 2016 年版，第 154 页。

施，维护疫情防控期间的"公共秩序"。[①] 与此同时，需要注意的是，基层群众性自治组织及其公共卫生委员会的公共卫生管理不能突破法律的框架，要增强法律意识，提升"工作人员法律素养"[②]，维护公共卫生管理的合法性；并且，在采取防控措施的过程中，相关工作人员有义务将不遵循防控措施的后果和严重程度告知当事人。基层群众性自治组织及其公共卫生委员会的公共管理范围的明确，对于确保疫情防控在法治轨道上展开具有重要作用。在新冠病毒感染疫情防控中，基层群众性自治组织的防控过当受到了社会的广泛关注。在这一阶段，制定基层群众性自治组织及其公共卫生委员会的公共管理规范，是保障疫情防控顺利开展，有效防范公共卫生事件后涉法问题与次生风险发生的重要举措。

从立法类型上看，基层群众性自治组织及其公共卫生委员会的公共卫生管理规范，可以分为原则性规定与灵活性规定两种类型。在原则性规定方面，确保贯彻落实依法防疫、知情同意等规定。在灵活性规定方面，由于基层防疫面临的问题较多、情形较为复杂，可以授权基层群众性自治组织及其公共卫生委员会，根据所面临的具体问题，推动疫情防控过程中公共利益与个体权利保护的平衡。在这一过程中，需要考虑特殊群体的保护问题。如果需要采取强制隔离措施的相对人是无行为能力人或限制行为能力人的唯一抚养人的，在采取强制措施的同时，要安置好被抚养人。如果强制隔离措施涉及未成年人或其他成年的被监护人，应当通知其监护人，充分保护相对人的合法权益。

二、出台志愿服务组织、红十字会等组织参与疫情防控的准则

志愿服务组织也称"志愿者组织"（voluntary organization），其"以促进公共利益为工作导向"[③]，鼓励相关主体参与公共事务。志愿服务组织具有三个方面的特征，即非营利性质、志愿性质、非政府性质，其"以促进公共利益为工作导向"[④]。红十字会属于公益性组织。其与志愿者组织之间具有紧密联系，中国红十字会的法定职责包含了"组织志愿者参与现场救护"[⑤]等内容。《中华人民共和国红十字会法》于 1993 年制定，于 2009 年、2017

① 参见李建华：《国家治理与政治伦理》，湖南大学出版社 2018 年版，第 85 页。
② 蔡文钦等：《多维视野下的社会管理创新研究》，四川大学出版社 2014 年版，第 265 页。
③ 陆士桢：《中国特色志愿服务概论》，新华出版社 2017 年版，第 41 页。
④ 张晓红：《志愿服务理论与实践》，中国青年出版社 2019 年版，第 26 页。
⑤ 池子华主编：《红十字运动研究（2019 年卷）》，合肥工业大学出版社 2019 年版，第 197 页。

年分别进行了修正与修订。其中，第2条明确规定，中国红十字会属于社会救助团体，主要从事人道主义工作；第11条对红十字会的职责作出规定，包括在突发公共卫生事件等应急状态下为受害者提供人道救助、紧急救援，组织志愿者参与现场救护，推动卫生健康与防灾避险等知识的宣传普及、应急救护培训，推进献血与人体器官捐献等工作，完成政府委托事宜等内容；第12条规定，在突发公共卫生事件等应急状态下，用于救援救助并标有红十字标志的相关人财物享有“优先通行”权。① 随着社会的发展，中国红十字会工作在不断拓展。在疫情防控过程中，志愿服务组织、红十字会等公益组织的参与，对于突发公共卫生事件应急管理的全面迅速开展具有重要意义。但目前主要侧重志愿者组织、红十字会在疫情防控慈善募捐等活动中的指引性规范文件，法律层面关于志愿服务组织、红十字会等公益组织参与防疫活动的具体准则并不完善。

从全社会联防联控角度看，志愿服务组织、红十字会等公益组织参与防疫活动的具体准则，可以分为常规状态与应急状态两个方面的内容。在常规状态下，志愿服务组织、红十字会享有参与传染病防治宣传等工作的权利；在应急状态下，包括志愿服务组织、红十字会在内的社会主体负有参与“突发公共事件的应对工作”的义务。② 在这两种情形下，志愿服务组织、红十字会参与公共卫生工作遵循什么样的准则，具体组织的参与准则设置有哪些差异，如果这些组织出现管理不规范而引发法律风险应当如何处理并不明确。在新冠病毒感染疫情防控过程中，相关公益组织在捐赠物资的分配、参与应急管理等方面，暴露出短板和不足，需要通过立法对相关组织参与疫情防控的全过程加以规范。志愿服务组织、红十字会等公益组织可接受社会捐献、防疫款物，并推进相关疫情防控捐赠物资的分配工作，参与突发公共卫生事件应对处置过程。制定志愿服务组织、红十字会等公益组织参与疫情防控的准则，能够在为疫情防控提供组织保障的同时，提升社会公信力。防疫款物接收与调配、参与防疫行为的公信力提升，又会反作用于疫情防控过程，促进社会主体积极参与防疫活动，在短时间内迅速聚合突发公共卫生事件应对处置的合力，提升疫情防控效能。制定志愿服务组织、红十字会等公益组织参与疫情防控的准则，是公共卫生立法优化的应有之义。通过细化相关组织参与疫情防控过程的规定，明确应急状态与常规状态下

① 参见《中华人民共和国红十字会法》，中国人大网，http://www.npc.gov.cn/npc/c12435/201702/5cbcc78a701b4a8dbf3bd0a6701659e2.shtml，2020年1月10日访问。

② 参见王长青：《卫生管理学》，中国中医药出版社2017年版，第176页。

相关组织活动的实施细则,①理顺法律责任,统筹志愿服务组织等社会主体参与疫情防控进程,解决相关组织参与疫情防控的法律依据问题,并形成管理部门与社会主体之间的有效沟通机制,提升突发公共卫生事件应急处置过程中社会力量的参与效能,在最短的时间内促进公共健康秩序的快速恢复。

在"接收防疫款物"、进行"捐赠物资的分配"方面,②建议区分疫情防控应急状态与常规状态,将志愿服务组织、红十字会等接受捐赠情况的公示期限,分别规定为常规状态下至少每 3 个月公布一次,应急状态下疫情防控期间每周进行公布并可规定例外情形,为高效推动疾病预防控制提供支持。从实践方面看,志愿者组织在疫情防控、灾害救助方面发挥着重要的作用,其所面临的问题主要集中在捐赠物资使用及相关信息的公开方面。而疫情防控具有与常态化的组织运行不同的特征。应急状态下的防疫对于效率价值的要求非常高,及时高效的防控措施推进,是保障人民生命安全的重要前提。在这一阶段,疫情防控中的志愿者组织相关规定,需要作出相应的调整。以《中华人民共和国慈善法》为例,其中,第 73 规定了募捐情况的定期公开制度,将公开的期间确定为至少每 3 个月公开一次。对于常规状态而言,上述规定具有合理性,但对于应急状态而言,信息公开期间的设定既不能太长,也不能太短。公开期间太长会影响疫情防控与公信力,公开期间太短可能会增加不必要的负担。同时,防疫物资流向信息公开的精细度,也直接关系到社会认同度与社会公信力的提升。针对防疫款物的接收、捐赠物资的分配情况,可以在公共卫生统一立法框架内,一方面,确定应急状态与常规状态的合理的公开期间,如规定应急状态下每周进行公布,根据疫情防控的具体情形,也可对例外情形作出规定;另一方面,细化防疫款物接收、分配、转运等"物资流向"信息公开规定,③提升其精细度。

在突发公共卫生事件应对处置方面,志愿服务组织、红十字会等公益组织在协助入户排查等工作开展的过程中,需要有明确的规范指引,依法推进疫情防控进程。在新冠病毒感染疫情防控过程中,志愿服务组织、红十字会等公益组织根据防疫需求,为防疫检查、卡点防控、疫源消杀、核酸检测、隔离点管理、心理疏导、知识宣传、转运接送,以及社区、学校、商场、火车站等场所的环境防疫,提供物资和人员支持。与常规状态不同,应急状态下"卫

---

① 参见钟南山、曾益康、陈伟伟:《我国公共卫生治理现代化的法治保障》,《法治社会》2022 年第 2 期,第 15 页。

② 参见周秉键主编:《2020 政法舆情观察》,中国民主法制出版社 2020 年版,第 237 页。

③ 参见李扬等:《中国经济体制演变研究》,华中科技大学出版社 2019 年版,第 137 页。

生医疗资源配置”面临更大的压力，①需要解决的矛盾和冲突更具有复杂性。在应急状态下，志愿服务组织、红十字会等公益组织参与突发公共卫生事件应对处置的准则，以解决人员、资源配置与人民对卫生健康的需求之间的矛盾为核心。在具体的规则设置上，一方面，在公共卫生统一立法框架下，设置公共卫生社会治理规范，需要注意志愿服务组织等参与疫情防控工作的类型较为广泛，既包括防疫检查、疫源消杀、核酸检测等内容，也包括救助、护理等方面，应当根据其所协助的主体类型，遵循相应的依法防疫要求；另一方面，志愿服务组织、红十字会等公益组织可以通过积极参与家庭护理、居家健康监测等过程，解决卫生医疗资源的有限性与人口众多背景下的公共服务压力之间的矛盾。在解决这一矛盾的过程中，需要注意的两个特殊的领域：一是医疗领域，为确保公共健康，参加护理的公益组织在公共或私人卫生机构、医疗机构中进行的活动，受到卫健委的监督，在必要的情况下，还可以通过符合公共健康维护目的的协议签订，确保志愿服务组织、红十字会等公益组织参与突发公共卫生事件应对处置的规范性；二是家庭护理领域，需要对志愿者或志愿者组织等主体的参与设置适当的准入标准，确保相关活动开展的科学性。与此同时，支持、引导公益组织参与疫情防控的立法内容，可以结合“数据赋能”②，建立志愿服务组织、红十字会等公益组织参与疫情防控的统一信息平台，形成激励与约束相结合的立法体例。

三、制定公共卫生辅助服务人员、第三方检测机构的管理规则

疫情防控中公共卫生辅助服务人员、第三方检测机构的参与，是全社会联防联控的必然要求。疫情防控中公共卫生辅助服务人员、第三方检测机构的管理规范并不健全，导致在疫情防控实践中出现了诸多问题。在新冠病毒感染疫情防控过程中，第三方检测机构在检验试剂盒的研发、病原体快速检测等方面发挥了积极作用，但也暴露出很多问题。例如，第三方检测过程中出现假阳性、假阴性、管测不管准、检测试剂过期、样本调包、采而不检、伪造检测结果、检测人员资质造假等问题。公共卫生辅助服务人员，包括公共场所卫生管理员、防疫员、消毒员的管理规范有待完善。目前关于公共卫生辅助服务人员的规定，主要集中于地方工作文件中关于组织开展职业技

① 参见《卫生计生事业科学发展与健康中国建设》编委会编：《卫生计生事业科学发展与健康中国建设》，经济日报出版社 2016 年版，第 545 页。

② ［美］劳拉・塞巴斯蒂安—科尔曼：《穿越数据的迷宫：数据管理执行指南》，汪广盛等译，机械工业出版社 2020 年版，第 80 页。

能培训的通知与技能标准,但疫情防控中公共卫生辅助服务人员的管理规范相对欠缺。现有关于公共场所卫生管理员、防疫员、消毒员的技能标准,包含理解和掌握传染病防治法、突发公共卫生事件应急条例、食品安全法、国境卫生检疫法、消毒管理办法、公共场所卫生管理条例等知识要求,但缺乏对于公共场所卫生管理员、防疫员、消毒员在应急状态下的具体管理规定。公共卫生辅助服务人员的参与,对于缓解公共卫生资源配置所面临的压力具有积极作用。制定公共卫生辅助服务人员、第三方检测机构的管理规范,对于公共卫生行为立法领域的疫源消毒规范化、核酸检测制度优化具有重要的支撑作用。具体而言,公共场所卫生管理员主要负责"公共场所的卫生管理工作"①,其相关管理规范的健全和完善,直接关系到公共场所卫生检查、管理、评估等工作的推进。防疫员是开展"突发公共卫生事件处置""病媒生物防制"、疾病防控等工作的公共卫生辅助服务人员。② 防疫员的管理及组织规范的发展和完善,对于贯彻预防为主的立法宗旨,切实推动疾病预防和控制,保障生命健康安全,维护公共卫生秩序具有重要意义。消毒员是负责病原微生物消杀的人员,主要采用消毒器械、特定的消毒方法清除和杀灭相关病原体。消毒员的相关组织和管理规范的制定和完善,对于"环境、场所、物品"的防疫消杀及效果评价、"消毒知识宣传"、"消毒设备保养"等工作的开展具有重要的支撑作用。③ 公共卫生辅助服务人员、第三方检测机构的管理规范,构成公共卫生社会治理主体的参与规则的重要内容。

在公共卫生辅助服务人员的管理规则制定方面,可以在公共卫生统一立法框架下,采用一般规定与特定环节的具体规定相结合的立法方式,细化对于公共场所卫生管理员、防疫员、消毒员管理的相关规定。在立法的过程中,不仅要作出概括性、指引性的规定,而且要结合具体的职业场景,细化对于公共卫生辅助服务人员的管理规定。这就要求在公共卫生立法过程中,明确一般规定与特定环节的具体规定范围及特征。其中,公共卫生领域的

---

① 《国家职业技能标准:公共场所卫生管理员(2021 年版)》,人力资源和社会保障部网站,http://www.mohrss.gov.cn/xxgk2020/fdzdgknr/qt/fzcwjxx/202112/W020211227599132300195.pdf,2022 年 5 月 1 日访问。

② 参见《国家职业技能标准:防疫员(征求意见稿)》,人力资源和社会保障部网站,http://www.mohrss.gov.cn/SYrlzyhshbzb/zcfg/SYzhengqiuyijian/zq_zynljss/202109/W020210928312307160129.pdf,2022 年 5 月 1 日访问。

③ 参见《国家职业技能标准:消毒员(征求意见稿)》,人力资源和社会保障部网站,http://www.mohrss.gov.cn/SYrlzyhshbzb/zcfg/SYzhengqiuyijian/202105/W020210520643800410244.docx,2022 年 5 月 1 日访问。

一般规定，是具有统领性的、适用于疫情防控等领域的总体规定；公共卫生领域特定环节的具体规定，是具有特殊性的、应当适用于公共卫生特定阶段与环节的规定。在公共卫生领域的一般规定层面，对公共卫生辅助服务人员的管理作出统一规定，通过统一规定克服立法形式的碎片化。在特定环节的具体规定层面，分别对公共场所卫生管理员、防疫员、消毒员的管理作出规定。在具体的立法过程中，以公共卫生统一立法为框架，可以在公共卫生总则中规定公共卫生辅助服务人员的法律定位，通过统一的理论指导、基本原则、功能定位的指引，避免由于公共卫生辅助服务人员的复合型构成而产生相关规定缺乏协调性等问题。同时，由于公共卫生辅助服务人员的工作领域覆盖面广，需要通过总则的一般规定与分则的专项规定相结合，形成既具有引领性，又具有具体化和全面覆盖性的规则系统。在公共卫生立法的分则中包含了重点场所、"公共场所卫生管理规定"①，以及传染病防治、卫生防疫、"疫源消毒"等内容。② 在分则的重点场所卫生管理规定部分，对公共场所卫生管理员的具体管理事项作出规定，明确在应急状态下，公共场所卫生管理员在发现疫情线索时能够采取的前期处置措施，以及其与公共卫生管理机关之间的工作对接机制。在分则部分统合突发公共卫生事件应急处置与传染病防治规定的基础上，对防疫员适用于突发事件应急管理、传染病防治、动物防疫、食品卫生等领域的规则分类进行界定，细化关于防疫员在"应急状态和常规状态"的管理规定。③ 在公共卫生统一立法中增加关于疫源消毒的规定，进一步明确消毒员的主体资质规定、"职责的细则"等内容，④推动公共卫生立法对于疫情防控疫源消毒的统一指导与具体规约，形成领域公共卫生立法与行业公共卫生立法相互支撑、相互促进的立法格局，保障疫情防控在法治的轨道上展开。

在第三方检测机构的管理规范方面，建议增加第三方检测机构的行业监管规定。第三方检测机构能够在突发公共卫生事件状况下，为公共服务范围的拓展提供支持，应当为第三方检测机构的服务工作开展提供充分保障与便利，但同时要加强对第三方检测机构行为的监管和规范。在具体的行为规范设置中，其一，应当将第三方检测机构纳入卫生健康"行业监管范

---

① 石超明主编：《卫生法学》，武汉大学出版社 2010 年版，第 69 页。

② 参见刘瑞璋等主编：《预防医学概论》，中医古籍出版社 1988 年版，第 4 页。

③ 参见薛新等主编：《疫情信息报告管理与实践》，军事医学科学出版社 2007 年版，第 146 页。

④ 参见［美］弗莱明·法伦等主编：《公共卫生管理学精要》，赵大海等译，上海人民出版社 2012 年版，第 84 页。

围”①，由专业的医疗卫生领域的行业协会监督第三方检测机构的甄选、培训、运营，确保该检测机构规范运行。第三方检测机构除遵守协会章程，遵守职业道德，保守职业秘密之外，还须遵守关于疫情防控的具体规定，履行对于检测结果的信息披露义务，并明确规定在履行相关义务时应当披露的信息类型。其二，通过立法促进第三方检测机构的运行及管理严谨规范。第三方检测机构对检测人员资质、检测试剂质量、检测结果真实性负责，一旦发现违法行为，可禁止其参与核酸检测工作，并依法追究相关人员的法律责任。在疫情防控资源紧张的状况下，第三方检测机构的参与，对于解决有限的公共卫生资源与疫情防控要求之间的矛盾具有重要作用。但与医疗机构进行的核酸检测不同，医学检验实验室属于第三方检测机构，对其进行管理的规定并不属于医事立法的范围，而是属于公共卫生立法的范围。第三方检测机构管理规范的健全和完善，是核酸检测机构监管的重点领域，也是病原检测规范化的重心所在。与此同时，可能影响健康的因素分布范围十分广泛，其中，既包括自然疫源，也包括“动物性疫源”②。第三方检测机构等具有特定专长的组织，在尽早发现疫源、有效提供疫情线索方面发挥着重要作用。在公共卫生统一立法过程中，需要从提升疫情防控的总体效果出发，在事前监管阶段严格审核第三方检测机构的资质与从事相关业务的记录情况，在事中监管阶段全过程监督第三方检测机构的采样行为、样本转运、检验检测等环节，在突发公共卫生事件后进行行业纪录和评价，确保第三方检测机构参与疫情防控的规范化、科学化。

---

① 曹平：《社会科学论丛·2013》（第3卷），广西人民出版社2013年版，第480页。

② ［英］大卫·海曼：《传染病控制手册》，冯子健等译，中国协和医科大学出版社2008年版，第361页。

第六章　公共卫生行为与措施立法

公共卫生行为与措施立法是公共卫生领域实体法的核心内容。针对新发传染病、疑似新发传染病等的预防措施不明确，以及突发公共卫生事件报告、流调溯源、隔离管控、检测救治、疫源消毒、公共卫生产品与公共卫生服务规定有待健全和完善等问题，公共卫生行为与措施立法的系统完善主要从预防措施、应急措施、保障措施三个部分展开，具体可以分为十二个方面的内容。通过立法明确规定新发传染病、疑似新发传染病等的预防措施，建立疫情防控下重点群体、重点行业的强制免疫申报制度，推动突发公共卫生事件应急管理及传染病防治体系优化，强化应急状态向常规状态转换中的公共卫生产品等供给保障，为“科学精准防控”提供规范支持与保障。①

第一节　预防措施：增设重点场所、重点领域、重点行业防疫特殊规定

预防措施是健康风险预防原则的具体化。预防措施的采取，是从源头上防范疫情发生的重要举措。通过立法对群体预防与个体防护措施作出规定，一方面，要在法治的框架内最大限度地“降低疫情发生的可能性”②；另一方面，需要遵循比例原则的要求，确保防疫措施的合理性、正当性。

一、以比例原则为基础规定新发传染病、疑似新发传染病预防措施

新发传染病防治措施需要具有特殊性。从本质上看，新发传染病防治措施是预防型立法路径在具体规则中的体现。针对新发传染病、疑似新发传染病的预防措施设置具有特殊性。从传染病防治措施的角度看，对于新发传染病、疑似新发传染病的预防措施设置，直接关系到隔离管控、封闭管

① 参见《中共中央政治局常务委员会召开会议　听取新冠肺炎疫情防控工作汇报　研究部署进一步优化防控工作的二十条措施　中共中央总书记习近平主持会议》，新华网，http://www.news.cn/politics/leaders/2022-11/10/c_1129118595.htm，2022 年 11 月 10 日访问。

② 林玫等主编：《实用突发急性传染病疫情调查处置技术》，广西科学技术出版社 2019 年版，第 140 页。

控等应急措施在这一阶段的适用是否超出法定的限度，是否符合比例原则的要求，以及对于轨迹数据的收集、判断、处理、使用等行为，是否具有适当性、正当性、必要性。从传染病防治科学的角度看，对于新发传染病的研判，通常是在其已造成“病原体的传播”的情况下，①根据相似性的新病例的病理性特征，分析其传播规律与致病机理，确定需要采取的防疫措施。对于疑似新发传染病的研判，以其与再发传染病具有相似性但不完全相同的病理表征为依据，对新发传染病可能暴发的概率进行预测。从卫生法学理论的角度看，不管是新发传染病，还是疑似新发传染病，当“零号病人”出现时往往致病机理并不明确。② 这也就决定了预防措施是基于概率性预测而做出的。例如，短时间内在同一时空或具有行程轨迹交错等关联情形下，出现了不止一例病例，而且这些病例的症状具有相似性，在这种情况下，需要采取预防性措施，尽可能地降低疫情暴发概率。在这一背景下，针对尚不明确致病机理的“存疑”情形所采取的预防措施，需要有明确的法律依据与法律边界。

以“存疑从有”原则为指导，如果发现新发传染病或疑似新发传染病现象，应当采取适当的预防措施，但相应的措施必须适当、适度。新发传染病与再发传染病防治遵循不同的原则，在规则设置上，究竟是甄别设置不同的规则，还是统一适用应急措施，抑或在每一项应急措施下以“两条线的立法模式”分别对新发传染病与再发传染病防治作出不同的规定，③是公共卫生立法需要解决的问题。有学者指出，“法定传染病规制模式”“无法妥善化解新发传染病”危害，应当实行“新发传染病单独归类规制”。④ 新发传染病防治应当有专项规定的支持，也即新发传染病与再发传染病防治的应对措施应当分别加以规定。与此同时，但新发传染病可能向再发传染病转化。随着新发传染病病原体、致病机理、免疫途径研究的推进，应对新发传染病的有效举措日益清晰和规范，对其所采用的应急措施，则与再发传染病防治没有太大的差异，相应的防疫措施归入突发公共卫生事件应急措施的范围。在新发传染病致病机理等不明的情况下，甚至是在疑似新发传染病发生时，通过专门的预防措施规定，实现降低传染病暴发概率的目标。

---

① 参见阚飙：《传染性疾病与精准预防》，上海交通大学出版社 2020 年版，第 57 页。

② 参见张伯礼、刘清泉主编：《新冠肺炎中西医诊疗》，湖北科学技术出版社 2020 年版，第 254 页。

③ 参见金强：《法学热点问题研究》，巴蜀书社 2007 年版，第 274 页。

④ 陈云良：《新发传染病单独归类规制研究》，《法律科学》（西北政法大学学报）2021 年第 6 期，第 3 页。

在具体的预防措施设置方面，主要从新发传染病与疑似新发传染病的认定、监测、防范三个方面，落实预防型公共卫生立法的要求。在新发传染病、疑似新发传染病的认定方面，可以在公共卫生统一立法的总体规定基础上，拓展地方立法覆盖范围，授权地方认定新发传染病。授权地方认定及防治新发传染病，有利于提高防范公共卫生危机的效能。新发传染病是未列入法定传染病目录的新型病原体所诱发的疾病。通常情况下，新发传染病是第一时间在地方而非国家层面被发现的。相应地，如果严格要求必须在国家层面推动新发传染病的防治，不完全符合疫情防控的客观实际。授权地方认定新发传染病，能够为迅速调动一线防控资源，及时调配人员，在第一时间采取有效的防控措施，提供法律依据。在具体的立法实践当中，对于新发传染病认定的授权性规定需要进一步细化。通过明确的法律规定，对地方认定新发传染病的程序、标准、限制作出规定，为有效防范疫情蔓延提供制度支持。公共卫生立法授权地方认定新发传染病，一方面，可以解决新发传染病较难以列举方式进行规定的棘手问题；另一方面，能够解决尚未纳入传染病防治法范围的不明原因疾病防控问题。在新发传染病、疑似新发传染病的监测方面，结合口岸传染病防控与"监测传染病"防治要求，[①]有效对接动物疫病监测、灾后疫情监测、"食源性疾病监测"系统，[②]在物流与食品溯源、传染病监测的跨部门联动平台建设基础上，综合研判多维度多领域的疫源信息，提升新发传染病、疑似新发传染病监测与预判的精准度，推动传染病防治关口前移。在新发传染病、疑似新发传染病的应对与防范方面，区分常规状态与应急状态，明确公共卫生主体能够采取的法定措施。[③] 在常规状态下，新发传染病、疑似新发传染病防范措施的采取以不能排除合理怀疑为前提，以公共卫生预警信息发布为前提。在这一时期，可以授权公共卫生机构开展相关病例的轨迹数据分析等措施，但封闭管控等应急措施的使用需要受到严格的限制。在应急状态下，新发传染病、疑似新发传染病的防范措施可以适当拓展，结合管控措施有效推进群体预防与个体防护。

与此同时，应以比例原则为基础，明确针对新发传染病、疑似新发传染病的预防措施的适用规则，实现公共利益与个体利益保护的协调平衡。通过比例原则在公共卫生领域适用规则的制定，一方面，防范公共卫生措施超

---

① 参见陈国元等：《预防医学实验教程》，湖北科学技术出版社 2016 年版，第 272 页。

② 参见国际食品保护协会：《食源性疾病调查程序》，刘弘等译，第二军医大学出版社 2014 年版，第 1 页。

③ 参见韩大元、莫于川主编：《应急法制论——突发事件应对机制的法律问题研究》，法律出版社 2005 年版，第 1 页。

出边界导致过度管控，避免"撒大网捕小鱼"的预防模式；①另一方面，在保障预防措施的实施符合公共卫生行政执法的规范化要求的同时，强化针对新发传染病、疑似新发传染病的预防措施适用，切实防范疫情扩散风险。过度管控与比例适当要求相冲突的原因，在于比例原则的适用准则并不明确，适度与过度之间的界限不清晰。与程序法领域预防措施的合比例性审查相结合，在实体法方面明确公共卫生领域比例原则的适用准则，是确保预防措施适当性的重要举措。具体而言，其一，以公共健康保障与个体权益克减相平衡为指引，推动"因疫情限缩公民权利的审查"②，细化对于比例原则在新发传染病、疑似新发传染病防控中的适用规定。在推进预防措施的过程中，通过稳定的比例原则适用机制建设，避免损益不均衡现象的产生。其二，加强预防措施实施主体的比例权衡的意识。相关主体在适用比例原则作出决定时，应当慎重进行论证，立足实际情况展开比例权衡。在采取预防措施的全过程，要充分顾及对相对人造成损害的范围大小、程度强弱，切实保护相对人的财产权、知情权、隐私权等合法权益。其三，非必要不得实施处罚，确保预防措施具有必要性。如果能以行政指导方式实现防疫目的，可以不采用行政处罚方式，从根本上防止以罚代教，确保所采取措施的正当性、必要性。其四，预防措施的适用，要以尊重群众、争取群众的理解和配合为导向，比例原则适用不能涉及人格尊严等不可克减的权利内容，避免在防疫中引发次生矛盾和"群体性风险"。③

二、发布农贸市场等重点场所、灾害等重点领域的防疫守则

以"健康入万策"为指导，对重点场所、重点领域的预防措施作出规定，是抓住重点推进疫情防控源头治理，从根源上阻断病原体传播的重要环节。把握住这一环节，需要通过防疫特殊规定，加强对于农贸市场等重点场所、灾害等重点领域的疫病预防。在新冠病毒感染疫情防控过程中，出现重点场所、重点领域严控难现象。对于养老院、海鲜市场等人员聚集区域，如果按照一般场所进行管控，较难实现严防聚集性疫情的目标。重点场所防控标准不明，防控措施参差不齐，不利于阻断疫情扩散。重点领域的疫情防控责任未实现"下沉"，学生出入校管理、码头口岸检验检疫、棋牌室等娱乐场

① 参见王荣杰主编：《中华医学理论与临床》（第二册），中国医药科技出版社1996年版，第826页。

② 关保英：《疫情应对中行政规范性文件审查研究》，《东方法学》2020年第6期，第77页。

③ 参见国务院发展研究中心公共管理与人力资源研究所"我国社会治理创新发展研究"课题组：《我国社会治理的制度与实践创新》，中国发展出版社2018年版，第138页。

所管控、临时安置点公共秩序与防疫秩序管理、养老院运行、市场环境通风和消杀等方面存在漏洞,缺乏对于重点场所、重点领域的重点防控措施落实的监督,不利于落实重点场所和重点领域特殊的防疫及保护要求。重点场所、重点领域须严防严控,疫情防护措施须升级。

在公共卫生立法当中,重点场所的特征在于"人员聚集性"①,从而极大地增加包括病毒、衣原体、支原体等在内的病原体扩散概率。根据"传染病传播模型","传染病的传播机制"主要包括"垂直传染""接触传染""媒介传染"等方式。② 这些传染方式以相关主体"暴露于致病环境"为主要途径,③其中既有初次短期暴露于致病环境而导致感染,也有反复暴露于致病环境而感染的情形。具体到不同的病例,结合其自身的免疫状况与"人群易感性"会有不同的表征。④ 因此,具有人员聚集性的相关场所,应当纳入具有高度致病可能性的重点场所监管范围。根据这一规律,重点场所既然包括具有"人畜共患传染病"传播可能性的农贸市场,尤其是海鲜、活禽销售区域,也包括可能通过"人传人"途径造成疫情扩散的养老机构、大型集会、教育机构、居民楼等。

在重点场所的预防措施设置方面,建议增加海鲜、活禽市场等农贸市场,以及养老机构、大型集会、教育机构等的健康风险管理能力评估与"卫生信息披露"制度。⑤ 在公共场所卫生管理规定与已有重点场所分类的基础上,在公共卫生立法框架下,增加养老院、海鲜市场、大型集会场所、使用公用厨房和公用卫生间的老旧小区五类重点场所,建立重点场所专门防疫人员对接和负责制度。通过网格化管理夯实预防措施的实施基础,将重点场所、重点人群疫情管控责任,分片区进行落实,相关管理主体要真正了解学生外出情况、养老院运行状况、消费品来源和流向、居住地人员流动状况等,建立分级管理台账。农贸市场健康风险管理能力评估与卫生信息披露制度建设,以人畜共患传染病防治为核心。其中,海鲜、活禽市场是人畜传染病的重要传染源,除了购买食用之外,也有动物饲养所引发的"鹦鹉热"等现象出现。⑥ 在市场领域,除了已经被列入检验检疫名录的致病性污染

---

① 向子云等主编:《新冠肺炎影像诊断与鉴别诊断》,暨南大学出版社 2020 年版,第 7 页。

② 张路霞等:《健康医疗大数据的管理与应用》,上海交通大学出版社 2020 年版,第 291 页。

③ 参见王浩彦主编:《实用临床呼吸病学》,科学技术文献出版社 2012 年版,第 123 页。

④ 参见何剑峰、罗会明主编:《急性传染病疫情应急处理》,中山大学出版社 2008 年版,第 3 页。

⑤ 参见陈文玲:《中国医药卫生体制改革报告》(下册),中国经济出版社 2015 年版,第 258 页。

⑥ 参见熊方武等主编:《中国临床药物大辞典 · 化学药卷》(上册),中国医药科技出版社 2018 年版,第 602 页。

物残留、生物毒素等危害健康的物质之外，还极易出现动物宿主所携带的新型病原体引发疫情暴发的现象，已知的大规模传染病几乎都可以找到动物宿主或中间宿主这一传播源头。因此，对于海鲜、活禽市场等重点场所的预防措施需要与“食品卫生的法律责任”专项规定相结合，①形成防范病原体传播的制度合力。在食品安全法关于违反国家食品生产经营许可、食品添加剂规定、食品中致病性农药残留等方面的责任规定基础上，增加海鲜、活禽市场食品卫生责任的专项规定。与此同时，对于原有食品标准中的有害物质，只有在含量超出食品安全标准时，才需要承担违反国家食品标准的法律责任。但对于传染病的病原体而言，其对于人体及公共健康造成的危害，不是由含量所决定的，而是只要有病原体的出现，其快速的复制能力会使其短时间内大量繁殖，从而造成疫情的大规模暴发。与预防措施不同，海鲜、活禽市场的食品卫生责任规定，以病原体检测为依据，确保及时对海鲜、活禽市场出售的食品进行检测。养殖海鲜、活禽的企业，未按照规定建立食品卫生安全管理体系或未有效推动该体系运行，导致养殖、配送等环节病原体扩散的，应当及时召回相关产品。海鲜、活禽市场经营者，明知所出售食品存在接触病原体风险，而未履行报告、申请检测义务，擅自加工、销售的，依法移送司法机关作出处理。针对养老机构、大型集会、教育机构的预防措施方面，还可以在上述制度的基础上，结合已有的行业监管制度，细化对于预防措施的规定。养老机构、教育机构、大型集会，如展销会、集中交易市场的开办者、柜台出租者，应当在取得卫生防疫许可的基础上，制定具体的预防方案，如果发现相关方案并不能够有效防范疫情扩散高度风险，可以要求其修改或限制其运营活动。

在灾害、探险、生物恐袭等重点领域的卫生风险预防措施设置方面，公共卫生立法可以针对传统风险与新兴公共卫生风险，创制重点领域或一定范围内的主体必须一体遵行的防疫守则，以风险预防为原则，推动公共卫生立法与灾害救助等规定的协调，为全面系统防控公共卫生风险提供法律支持。公共卫生立法不仅是应对生活生产领域传染性与非传染性疾病的重要保障，而且是防范灾害等特殊领域引发公共卫生事件的规则支持，是全过程全方位保障公共健康的一体化立法。公共卫生立法中的重点领域主要可以分为灾害、探险、生物恐袭等方面。除了灾害、探险等重点领域之外，应急状态下的重点领域还包括基于生物武器等的使用而导致的疫情暴发。这些领

① 参见孙文：《社会转型期公共政策执行力的系统分析：基于我国食品安全政策的实证研究》，武汉大学出版社 2017 年版，第 135 页。

域的共同特点在于如果不采取相应的预防措施，存在引发公共卫生事件发生的较大可能性。重点领域的主要特征与重点场所并不完全相同。重点领域当中也存在因人员密集而增大传染病传播概率的情形，但多是由于环境卫生因素而导致“病原体侵入人体”。[①] 其中，既包括由于自然灾害等应急状态而新产生的环境卫生因素，也包括原本已经存在于洞穴等野外环境的病原体。由于人迹罕至，通常情况下野外环境的病原体存在于动物宿主等范围，也有可能导致人体健康损害的真菌等“植物病原体”，[②]但随着野外探险等活动的兴起，洞穴中存在的病原体导致探险者肺部感染、肺部钙化等现象出现。重点领域特殊疫情防护措施规定，是有效防范公共卫生风险的重要应对规则。具体而言，针对灾害要结合“灾后人群公共卫生学评估”，推动“公共卫生干预”及监测等预防性措施；[③]针对野外探险等活动的增多，推动专项“防疫指导”、出现不明原因疾病时的预防应对等规定；[④]针对生物恐袭等特殊情形，出台相关预防措施与突发公共卫生事件应急管理的对接制度规定，对于灾害、探险、生物恐袭等潜在的可能发生的公共卫生突发性事件，细化防范突发公共卫生事件发生的管理规定，明确重点领域公共卫生状况评估、预判的特殊性，将对于灾害、探险、生物恐袭等重点领域的卫生风险应对能力作为核查、监督、管理的法定要求。

三、建立疫情防控下重点群体、重点行业的强制免疫申报制度

本部分的重点群体、重点行业界定以人群接触为标准，具体有两项标准：一是人员流动性强，二是具有人员聚集性特征。从这两个标准出发，重点群体主要指学生等感染高风险人群，重点行业包括医疗疾控、港口作业、大型商超、船舶运输、航空空乘、城市公共交通等在内。在公共卫生立法框架下，针对重点群体、重点行业的预防措施，与重点场所、重点领域的相关规定并不完全相同。重点群体、重点行业的预防措施更侧重对于人员的管理，重点场所、重点领域的相关规定偏重对于物、环境的监测管理，从而在总体

---

① 参见马文元等主编：《护理学辞典》，吉林科学技术出版社 1991 年版，第 192 页。

② 参见［英］柯林 · K.坎贝尔等：《病原真菌鉴定》，邹先彪等译，上海科学技术出版社 2019 年版，第 125 页。

③ 参见黄国伟等主编：《突发公共卫生事件应对与处置》，北京大学医学出版社 2016 版，第 47—48 页。

④ 参见魏礼群主编：《当代中国社会大事典 · 1978—2015》（第 3 卷），华文出版社 2018 年版，第 580 页。

的立法规定上形成对于人、物、环境的系统监管制度，达到全方位、立体化保障公共健康的立法目的。相较于物与环境的卫生监管，对于人员本身的公共卫生监督管理主要包括两个方面的内容：一是人员流动监管，二是人员“健康状况监测评估”①。对于学生等感染高风险人群，以及医疗疾控、港口作业、大型商超、船舶运输、航空空乘、城市公共交通等重点行业而言，人员流动监管以国境卫生检疫为主要内容，在国内防疫实践中，尤其是常规状态下通常不实施限制人员流动等方式推进。对于人员健康状况的监测是重点群体、重点行业预防措施立法的重中之重。从这个意义上讲，针对重点群体、重点行业的预防措施，主要以“健康申报”为核心。② 健康申报是风险预防的重要举措。目前关于重点群体、重点行业的强制免疫申报制度规定有待进一步完善，解决仅通过工作文件或政策加以推进所存在的问题，通过在公共卫生统一立法中明确重点群体、重点行业的强制免疫申报义务，为公共健康保障提供更为有力的规范支撑。目前的强制性健康申报制度规定可以分为两个方面的内容。第一是应急状态下的强制性免疫申报，主要是划定高风险区域内居住的居民有申报检测情况及健康状况的义务。第二是常规状态下的强制性免疫申报，根据病原体在本地传播状况，地方疾控机构有权将针对特定种类病原体的健康登记作为临时措施，对于没有医疗记录的人，在健康登记簿或健康证明中进行记录。其中，第二项内容主要是针对重点群体、重点行业等特定情形，也是重点群体、重点行业预防型公共卫生立法的核心内容。

建立疫情防控下重点群体、重点行业的强制免疫申报制度，需要区分再发传染病与新发传染病防治所面临的不同问题，结合疫苗管理法、疫苗接种立法，从源头上降低学生等感染高风险人群，医疗疾控、港口作业、大型商超、船舶运输、航空空乘、城市公共交通等重点行业人员感染率，防范借由人员流动性而造成大范围感染的现象。强制免疫申报以疫苗接种为基础。目前的疫苗接种以一类疫苗、二类疫苗的类型划分为基础，形成了相应的疫苗流通、疫苗接种、保障措施、异常反应预防、监督管理、法律责任规定。该条例第 2 条、第 3 条对第一类疫苗免费强制接种、第二类疫苗自愿自费接种作出规定。其中，第一类疫苗是纳入国家免疫规划的疫苗、省级政府增加的疫苗，以及由政府承担费用的群体性预防接种或应急接种的疫苗类型。第二

① 高立冬：《现代公共卫生》，科学技术文献出版社 2017 年版，第 338 页。

② 参见李俊华等主编：《新型冠状病毒感染的肺炎防控知识问答》，湖南科学技术出版社 2020 年版，第 71 页。

类疫苗是上述类型之外的疫苗，公民自愿接种第二类疫苗，并自行承担相应的费用。这一类型化的立法方式对于再发传染病防治起到了积极作用，其前提是已知的传染病病毒疫苗已经纳入第一类疫苗范围，人们通过提前接种疫苗降低感染的概率，预防再发传染病的发生、流行。对于新冠病毒感染疫情等新发传染病而言，先出现了群体性感染，再通过对于新冠病毒的致病机理、防疫方法、疫苗研发，搭建"免疫屏障"，筑起"抗疫防线"。① 对于如何推动针对新发传染病的免疫事项，出现了三种不同的观点。第一种观点主张将新冠病毒疫苗纳入国家免疫规划。《疫苗管理法》第 41 条规定，国家卫健委会同财政部拟订国家免疫规划疫苗种类，报国务院批准施行；《传染病防治法》第 15 条对预防接种制度作出规定，由国家卫健委和省级卫健委制定传染病预防接种规划；《基本医疗卫生与健康促进法》第 21 条规定了国家免疫规划中居民的接种义务与政府免费提供相应疫苗的责任。经过法定程序，将新冠病毒疫苗纳入国家免疫规划，能够推进公民强制接种，确保政府免费提供疫苗，筑起群体免疫屏障，但也面临泛化、错位、缺位数据支撑等质疑。第二种观点认为应当以自愿、知情同意为前提推进免疫接种，强调不能将所有"针对新发传染病的疫苗"都纳入强制接种的范围，②如果新发传染病病毒"传播力、致病性"日益减弱，③相关病原体影响的范围日趋缩小，则不应将相关疫苗纳入国家免疫规划的范围。基于此多地发文取消搭乘公共交通工具强制查验接种情况等疫苗强制政策。同时这一主张面临难以满足应急接种现实需求的问题。第三种观点是通过社区巡访、入户排查等方式，客观上达到强制接种疫苗的效果，但也面临违反合法性与合理性基本要求的质疑。结合已有立法进行分析，《疫苗管理法》第 47 条规定了儿童预防接种证制度；第 48 条规定"儿童入托、入学时"，相关机构"应当查验预防接种证"；第 50 条对群体性预防接种作出规定，严格禁止"擅自进行群体性预防接种"。④ 以此为基础，对于新发传染病更宜从重点群体、重点行业监管出发，推动特定群体强制免疫申报。

对于从事医疗疾控、港口作业、大型商超、船舶运输、航空空乘、城市公共交通等职业的人员，应当将疫苗接种作为必要的"职业准入条件"。⑤ 与

① 参见肖新新：《携手抗击疫情　共筑免疫屏障》，《人民日报》2022 年 2 月 14 日，第 3 版。

② 参见中华人民共和国科学技术部：《国际科学技术发展报告 · 2020》，科学技术文献出版社 2020 年版，第 92 页。

③ 参见蔡炜主编：《公共关系学》，华东理工大学出版社 2014 年版，第 212 页。

④ 参见刘建文等主编：《卫生法律法规导读》，西南交通大学出版社 2020 年版，第 58、65 页。

⑤ 参见高景芳：《职业许可论：一个法经济学的视角》，知识产权出版社 2015 年版，第 92 页。

再发传染病法定类型的群体性免疫申报不同，针对新发传染病，适宜从重点群体、重点行业强制免疫申报出发，以对应重点群体、重点行业的强制性审查，推进预防措施的贯彻落实。这一立法转变的本质，是通过对特定人员附加相应的义务规定，以保障公共健康的实现，防范大范围疫情的暴发。在公共卫生立法框架下，建立疫情防控下重点群体、重点行业的强制免疫申报制度，具有正当性与合理性。在具体的立法实践当中，强制免疫申报的配套制度设置主要有两种情形：一种是通过国家提供针对特定群体的免费疫苗接种，实现提升国民健康水平的目标；另一种即通过强制性法律条款设定法律义务，由当事人自行进行疫苗接种，也可两种方式相结合共同实现维护公共健康的目的。重点群体、重点行业是人员密度大、人员流动性强的领域，一旦出现感染病例，随着人员交往、就餐、流动等过程的密切接触，就会在短时间内造成大规模传播。相应的预防措施规定与公共健康保护原则紧密相连，以防范健康风险为原则，推动包括疫苗接种在内的公共卫生管理活动，协调相关公共卫生管理工作，采取预防措施有效防范公共卫生风险。

第二节　应急措施：突发公共卫生事件应急管理及传染病防治体系优化

应急措施是应急状态下需要采取的法定措施。“应急状态”是指需要“采取特殊的应急措施”，以应对“突发性的现实危机”，或是可能发生的较大空间或较长时间内威胁公共健康的危机，从而“恢复正常秩序的特殊状态”。[①] 针对应急状态突发公共卫生事件报告制度规定相对较为分散，管控区域划定的法律依据不明，流调溯源、检测救治、疫源消毒相关规定不完善等问题，在公共卫生统一立法框架下，协同推进突发公共卫生事件应急管理及传染病防治体系优化。在具体的优化路径选择上，主要从疫情报告、疫区划定、隔离管控、流调溯源、检测救治、疫源消毒等应急管理环节出发，整合并完善公共卫生事件报告制度，明确疫点、疫区、“三区”、低中高风险区域的关系，推进强制隔离、封闭管理、闭环管理等措施的法定化，确保流调信息最小化、个人信息脱敏与使用权限严控。以及应急状态下传染病与非传染性疾病救治的协同，推动消毒方案、主体资质、消杀行为的具体规则设置。

① 许杜娟主编：《药学服务实务》，中国医药科技出版社2016年版，第239页。

一、疫情报告：健全公共卫生事件直报、层报、自动速报制度体系

针对突发公共卫生事件报告制度规定相对较为分散的问题，整合并完善已有的报告制度，在公共卫生统一立法框架下对疫情报告主体、报告义务、报告行为规范作出系统化的规定，以层报与直报制度为脉络，区分常规状态与应急状态，推动疫情报告制度体系建设及优化，解决传染病防治法及其实施办法等单行法规定之间的矛盾和冲突，是公共卫生立法的重点内容。从单行法规定的角度看，传染病防治法及其实施办法、突发事件应对法、国境卫生检疫法等规定中均包含疫情报告等内容，疫情报告的主体广泛涵盖卫生行政机关、疾控机构、医疗机构、采供血机构、国境卫生检疫机关、医疗保健机构、卫生防疫机构、居委会、村委会、专业机构、监测网点、受到灾害或公共卫生事件影响的单位、突发事件监测机构、交通工具营运单位、植物检疫机构、动物防疫监督机构、经营者等主体，以及传染病管理检查员、个体行医人员、来自国外的船舶或航空器的负责人、口岸有关单位或交通工具负责人等自然人。在不同的“单行法规定”当中，①涉及不同的疫情报告主体、行为及相关义务规定。在公共卫生统一立法框架下，疫情报告规定的整合成为立法修改与完善的必然要求。具体而言，以层级、阶段、人员为线索，以体系化的方式对突发公共卫生事件层报制度作出规定。在层级方面，公共卫生“层报制度”遵循属地管理原则，②在常规状态报告阶段，如果有关组织或个人发现传染病、疑似传染病线索，应当就近向疾控机构或医疗机构报告。其中，港口、铁路、机场疾控机构及国境卫生检疫机关，应向国境口岸所在地疾控机构或所在地相关卫健委报告甲类传染病和疑似传染病等情况。疾控机构、医疗机构、采供血机构按照相关规范性文件的规定进行疫情报告，疾控机构应当向所在地卫健委进行报告，当地卫健委应当将相关信息报告当地人民政府、上级卫健委和国家卫健委，依次履行层报义务。在应急状态下，有关组织或个人在发现突发公共卫生事件相关线索时，应向所在地县级政府及相关部门进行报告。其中，口岸有关单位等，应当向国境卫生检疫机关报告，出入境检验检疫机构、突发事件监测机构、医疗卫生机构等应当向县级卫健委报告，当地卫健委向本级政府、上级卫健委和国家卫健委报告，

---

① 参见应松年：《从依法行政到建设法治政府：应松年文选》，中国政法大学出版社2017年版，第309页。

② 参见尚金凯主编：《医疗法律实务》，东北大学出版社2016年版，第171页。

符合法定情形时县级政府应向地级市政府或上一级政府报告，地级市政府向省级政府报告，省级政府向国家卫健委报告，国家卫健委应当向国务院报告可能造成重大社会影响的突发公共卫生事件。

针对已有规定较少涉及疫情防控直报制度的问题，在已有制度基础上，一方面，直报权配置应当在公共卫生统一立法中得到确立；另一方面，以医疗系统与“网络直报”等系统的对接为基础，①“在不同层级公共卫生机构中共享信息”②，并增加个人、社会组织通过直报系统反映疫情信息的规定，并明确相应的免责、奖励条款，解决公共卫生信息收集单一化问题。与公共卫生事件层报系统设置相区别，直报系统的信息收集直接到达国家疾控中心或国家卫健委。这在一定程度上有利于国家正确作出研判，不放过任何一条疫情线索。在这一方面，公共卫生信息直报系统的运行，不仅要把机构直报信息作为疫情防控的主要信息来源，而且要把专家、职业人员、公民提供的信息，吸纳进公共卫生社会信息收集的渠道内，破解单一信息来源导致判断的片面性。从这个意义上讲，疫情信息收集方面广开言路，在一定程度上，是做出正确疫情研判的重要前提。在此基础上，对于广泛收集社会信息过程中的责任认定应当有明确的法律规定，以保障直报系统的良好运行。建议在网络直报系统中设置实名制认证平台，居民可以通过身份证、港澳通行证、回乡证等身份信息，实名登录网络直报系统，并提交相关的信息，写明所在区域和发现相关公共卫生线索的具体地址，进行异常健康信息资料传输，可以附上图片、视频等。之所以设置实名认证，是要防止信息混乱导致负向效应的出现，并且，要防范网络安全问题对公共卫生管理产生的影响。对于公共卫生线索报告信息，相关部门应当及时进行调查采样，评估采取个人和集体预防措施的紧迫性，并在必要时启动应急程序，并查明公共卫生风险暴露的来源。建议增加公共卫生报告制度规定中的善意免责条款。如果是行为人恶意上报虚假疫情信息的，应当追究相应的法律责任；如果行为人并没有恶意的，可以免责；如果行为人上报疫情信息，对公共卫生事件应急管理产生了积极影响的，应当予以奖励，以促进相关主体进行公共卫生报告，保障公共卫生报告制度的实效性。

与全民健康信息平台建设相结合，建立公共卫生领域的自动触发报告制度，并与公共卫生直报与层报系统相统合，是完善疫情报告制度的重要途

---

① 参见胡晓江等主编：《国家基本公共卫生服务健康管理与实践手册》，东南大学出版社2020年版，第44页。

② ［美］丽莎·M.李等主编：《公共卫生监测：理论与实践》，顾沈兵等译，复旦大学出版社2018年版，第227页。

径。目前的“自动速报”制度主要应用于地震监测领域，“中国地震背景场探测项目”“可在2分钟左右完成自动速报”，①比人工速报的平均用时约少5分钟。针对直报系统收到疟疾、禽流感、流感、黑热病、不明原因疾病等信息量大的状况，建议设置自动预警功能，并在全国统一病历系统应当设置传染风险勾选项，提升突发公共卫生事件应急响应效率。医疗机构“执行首诊负责制”，“及时报告法定传染病”，采供血机构报告“艾滋病检测结果为阳性病例”情况。② 对于医疗机构、卫生行政机构、采供血机构工作人员，在发现不明原因但具有有关传染疾病表征的线索，但在现有技术条件下难以排除合理怀疑的，可以向本级卫生行政部门报告，由卫生主管部门组织协调检验检疫部门与技术研究人员进行检验，对于包括确定排除风险情形在内的结论及时进行反馈，也可以通过网络直报系统，直接进行相关信息的提交。在此基础上，形成公共卫生报告制度体系，直报、层报、自动速报制度的有机结合，形成严密的疫情报告网络。以理顺直报与层报之间的关系，强化自动速报的效能为基础，推进制度协同，对接、激活国家疫情防控报告系统的强大功能和作用。

二、疫区划定：疫点疫区、“三区”、低中高风险区的立法协调

针对管控区域划定的法律依据不明的问题，主要有两种解决方案：一是统一疫点疫区划分规定，将“三区”、低中高风险区域划定归入疫点、疫区类型，明确根据单一疫源地、区域疫源地的范围及采取的法定措施；二是在已有关于疫点疫区的规定基础上，通过立法修改，增加“三区”、低中高风险区域划定的规定。这两种观点的共同点在于强调管控区域划定需要有明确的法律依据，解决规范性文件的管控区域划定“缺乏上位法依据”的问题。③从立法层级的角度看，下位法的规定需要有明确的上位法依据，规范性文件或者工作文件的内容不能违反相关法律的规定。在新冠病毒感染疫情防控过程中，还出现了静态管理、区域静默等现象，对于疫情影响范围及管控区域的划定亟待有统一、明确的法律依据，以便在相关区域内采取管控等措施有法可依。在立法方式选择上，第一种解决方案的优势在于有利于统一管控区域的划分标准，通过单一、明确的划分方法，将管控区域的划定限定在

---

① 祝明等：《防灾减灾救灾新格局》，国家行政学院出版社2018年版，第84页。

② 《传染病信息报告管理规范》，中国疾病预防控制中心网站，https://www.chinacdc.cn/jkzt/crb/xcrxjb/201810/t20181017_195160.html，2019年2月4日访问。

③ 参见杨建崇：《现代法律适用问题研究》，吉林人民出版社2019年版，第75页。

法治的框架下,避免多标准划定管控区域导致“实践乱象”。① 但单一划分方法的适用,也可能出现管控区域划分的规定不能满足现实的疫情防控要求等问题。第二种解决方案是针对新冠病毒感染疫情防控实践做法,将经过实践检验的行之有效的“三区”、低中高风险区域划定方法,纳入公共卫生立法的范围,对经过实践检验的新的管控区域划定方式进行法律确认,从而弥补现有的公共卫生立法短板,实现公共卫生立法的持续更新和优化。相较于第一种方案,第二种解决方案的划分方法更为多元,较为有利于解决立法与疫情防控实践需求之间的冲突。但也面临有待解决的问题:一是不同划分方法之间的关系问题,采用多种划分方法进行管控区域划分,在疫情防控实践当中,应当采用哪一标准,疫点疫区、“三区”、低中高风险区等不同划分方法之间如何实现立法协调,直接关系到公共卫生立法的“实践可操作性”。② 二是现有不同立法之间的冲突问题。传染病防治法规定由疾控机构提出划定疫点、疫区的建议,县级以上人民政府可进行疫区宣布,如果是跨行政区划的疫区由国务院决定并进行疫区宣布。与传染病防治法不同,突发事件应对法中管控区域划定以宣布有关地区进入预警期为标志,如果突发公共卫生事件即将发生或发生可能性增大,县级以上人民政府应当决定并宣布有关地区进入预警期,宣布进入预警期之后采取相应的法定措施。因此,在采用第二种方案解决管控区域划定法律依据不明问题的过程中,还需要解决现有立法冲突问题。

建议以传染病防治法与突发公共卫生事件应急管理相关规定的立法统筹为路径,在公共卫生统一立法框架下,明确规定疫点疫区、“三区”、低中高风险区划定的主体,不同划分方法之间的关系,以及其所对应的法定防控措施,从根本上解决疫情防控区域划定缺乏上位法依据、工作标准不一、强制措施法定边界不明、以静默代替管控、静态管理与管控一刀切等问题。其一,在公共卫生立法中,明确管控区域划定是在相应区域内采取特定疫情防控措施的法定前提,以管控区域划定为基础,相关部门可以对管控区域实施封闭式管理,对区域内的人员、财物采取检疫隔离等防控措施。其二,理顺传染病防治法与突发事件应对法关于管控区域划定的规范冲突,以管控区域划定为前提,县级以上政府启动突发公共卫生事件应急管理预案,推动宣布有关地区进入预警期与管控区域划定的相关立法协调,例如在做出突发

---

① 参见李俊晔:《法律的道路》,人民法院出版社 2019 年版,第 223 页。

② 参见孟群主编:《中华医学百科全书 · 医学教育学》,中国协和医科大学出版社 2018 年版,第 77 页。

公共卫生事件预警的情况下，相应的区域应当纳入管控区域的范围。通过统一的立法规定，协调不同立法之间的规定，实现立法效能的最大化。其三，明确疫点疫区、“三区”、低中高风险区划定的主体，应当是县级以上人民政府，与预警权限下放相结合，管控区域划定归属于地方政府有利于基层防控一线及时启动应急程序，在第一时间阻断疫情传播，将损害降到最低。其四，明确不同划分方法之间的关系。疫点疫区、“三区”、低中高风险区划定的标准，是病原体的影响范围、扩散趋势、传播规律。如果病原体的影响范围小，并无明显的扩散趋势，也不存在大规模传播的危险，在这种情况下，仅需进行疫点宣告。反之，特定病原体的影响范围越大，扩散趋势越明显，造成“大规模传染性疾病”的概率越高，①依次需要进行疫区宣布、“三区”、低中高风险区划定。相较而言，其中疫区宣布涉及的范围相对小，在没有“社会面”新增的情况下，②不需要进行管控区、防范区或低风险区域等划定，实现经济社会发展与疫情防控的协调平衡。

在此基础上，明确规定管控区域的划定与宣布规则，疾控机构在发现甲类或部分乙类传染病疫情，或是可能导致相关类型传染病疫情暴发的情况时，有权做出预警，同时根据其所发现的病理性特征与造成传播的状况，提出针对特定范围划定疫点疫区、“三区”、低中高风险区的建议。县级以上人民政府根据对于病原体影响范围、扩散趋势、传播规律的研判，依照相应的划定方法，进行管控区域的划定及宣布，并依法采取相应的防控措施。防控措施的采取是根据具体情形进行适用的，并不是疫点疫区、“三区”、低中高风险区划定的认定与宣布，就必须在所涉及的区域范围内进行全面封控，也可以通过限制人员流动等方式，推动疫情防控工作。如果涉及跨行政区域的管控区划定，应当由国务院作出决定。其中，疫点内的封控措施由县级政府决定，对于疫区尤其是“三区”、低中高风险区的封控措施，应当将实施细则报国家卫健委决定。与此同时，这一适用规则不仅对于突发传染病防治适用，而且可以适用于存在扩散趋势的其他突发公共卫生事件领域，尤其是对于灾害、探险、生物恐袭等重点领域出现次生风险的情形下，管控区域认定与宣布同样具有重要作用，由此形成应对突发公共卫生事件的系统规范支撑。

---

① 参见孙宝志主编：《临床医学导论》，高等教育出版社 2003 年版，第 13 页。

② 参见刘苏雅等：《7 项措施抓细端午假期社区（村）疫情防控》，《北京日报》2022 年 6 月 4 日，第 2 版。

三、隔离管控:强制隔离、封闭管理、闭环管理等措施的法定化

针对隔离措施适用规定的局限性,建议将隔离管控措施的适用范围进行适度的扩展,增加关于新发传染病隔离管控的“酌定裁量”与审核规定。① 已有隔离管控规定缺少新发传染病防治领域的相关规定,并且,传染病防治法、传染病防治法实施办法关于隔离措施适用范围的规定存在冲突。同时,突发事件应对法隔离措施,仅适用于社会安全事件应急处置领域,并没有规定突发公共卫生事件应急管理过程中所需采取的隔离治疗措施。在这一背景下,疫情防控实践中隔离措施的适用规定需要解决合法性与合理性两个方面的问题。

针对合法性问题,增加关于新发传染病隔离管控审核规定,明确对于新发传染病的隔离管控措施适用边界。按照传染病防治法的规定,只有属于法定的再发传染病范围,且属于其中的甲类传染病类型,才能够适用隔离管控的相关规定,而对于新发传染病、不明原因疾病与“异常健康事件”②,隔离措施的实施虽有必要但无法律的依据,从而可以引发法律问题。针对这一问题,《传染病防治法》第 3 条还规定了国家卫健委决定乙类、丙类传染病类型的调整。在实践中,针对新发传染病需要采取隔离措施的情形,主要通过“乙类甲管”的规定加以推进。由此,也引发了第二个方面的问题,也即,在现有的立法框架下,并没有关于新发传染病、不明原因疾病与异常健康事件隔离管控的酌定裁量与审核规定。以新冠病毒感染疫情为例,新冠病毒感染最初主要表现为肺炎,但“未达到烈性传染病”的甲类传染病防治规定,因此列入乙类传染病的范围。但由于传染病防治法规定隔离管控措施仅适用于甲类传染病防治过程中,因此“作为一种新发传染病”,对于新冠肺炎疫情采取了“乙类甲管”的防控措施,“依法以病例的隔离治疗”等防控措施的实施,“有效控制疫情扩散”。③ 但从合法性角度看,针对新发传染病、不明原因疾病与异常健康事件的隔离防控措施规定,应当在公共卫生统一立法框架下,通过立法的修改和完善,为疫情防控实践提供明确的法律依据。

针对合理性问题,可以将隔离管控的适用范围拓展至甲类及部分乙类、丙类传染病防治领域,解决《传染病防治法》《传染病防治法实施办法》关于

① 参见陈伯礼等:《行政法与行政诉讼法》,武汉大学出版社 2011 年版,第 421 页。

② 国务院研究室编写组:《2020 政策热点面对面》,中国言实出版社 2020 年版,第 215 页。

③ 吴超主编:《新型冠状病毒感染的肺炎防护手册》,江苏凤凰科学技术出版社 2020 年版,第 31 页。

隔离措施适用范围的规定存在冲突问题。在这一方面，现有传染病防治法规定的隔离措施，仅适用于甲类传染病，由县级以上人民政府或医疗机构，对甲类传染病病人及病原携带者，采取隔离治疗措施。与传染病防治法不同，《传染病防治法实施办法》将隔离措施的适用范围拓展至甲类及部分乙类、丙类传染病防治领域。相较而言，立足疫情防控的现实需求，隔离管控措施的适用范围不应限于烈性传染病，对于不采取隔离措施可能导致大规模感染的部分乙类、丙类传染病，也应当有相应的规定。在此基础上，通过细化隔离管控措施在甲类及部分乙类、丙类传染病，以及异常健康事件与不明原因疾病防治中的实施细则，既实现疫情防控的目标，也防范过度管控等现象的出现。

建议对居家隔离等"限制人身自由"的疫情防控措施进行规定，①解决封闭管理、居家隔离等疫情防控措施规定不明问题。第一，居家隔离、闭环管理等疫情防控措施的适用，必须经过法定机关的审批。由于居家隔离、集中收治、闭环管理等疫情防控措施，存在限制人身自由的情形，因此，这些防控措施的采取必须有法定的审批机关。但在这一方面，有观点主张疫情防控特殊时期，为防范疫情扩散而采取的强制措施，如果需要经批准才能够实施，那么会延误疫情防控工作的推进，并且，审批程序通常需要经过一段时间才能够完成，更增加了疫情扩散的风险。事实上，这一事由并不能够成为省略审批环节的正当基础，这一问题可以在疫情期间通过转变审批方式，缩短审批时限加以解决。结合应急指挥权限从临时性机构向常设机构的转变，并由政府行使，在突发公共卫生事件应急处置实践当中，需要采取限制人身自由的强制措施的，可以由应急指挥主体统一协调，按照疫情防控部署，推动多部门快速反应、联合执法，提升防控效率。第二，明确强制隔离、封闭管理、健康监测、闭环管理等管控措施之间的关系。在新冠病毒感染疫情防控过程中，针对疫情防控形势，出现了集中隔离与健康监测、封闭管理、闭环管理等多样化的管控措施。这些管控措施在为疫情防控战役胜利提供保障的同时，也带来新的立法问题。解决这些法律问题，一方面，需要通过立法对相关管控措施类型进行规定；另一方面，还要明确不同管控措施之间的关系。例如，封闭管理与闭环管理之间的区别，②需要在立法中加以明确。第三，居家隔离、闭环管理等疫情防控措施的采取，必须有明确的实施

① 参见刘志刚等主编：《行政诉讼法律法规、司法解释与案例汇编》，复旦大学出版社2015年版，第668页。

② 参见彭希哲等：《社会发展与社会治理的新展望》，上海人民出版社2021年版，第288页。

细则,并将这些标准及细则向社会公布。在公共卫生统一立法框架下,通过法律规定,明确上述疫情防控措施适用的范围,对于确诊患者、密切接触者等人员应当采取适当的管控措施,防范疫情的蔓延。第四,强制隔离、封闭管理、闭环管理等疫情防控措施的实施,必须接受监督,建议增加公安机关在强制隔离、闭环管理等疫情防控措施中的协调配合规定,确保行政相对人的合法权益保障。在居家隔离等防控措施实施的过程中,公安机关应当配合基层群众性自治组织,向住户送达居家隔离的通知及注意事项,并随时关注居家隔离人员的人身财产安全,以确保疫情防控的顺利开展。在采取集中医学观察形式进行传染病防治的过程中,如果出现确诊患者或疑似感染者存在妨碍传染病管理秩序等行为的,医疗机构可以要求公安机关配合展开防控工作,推动封闭式管理、居家隔离等疫情防控措施适用的规范化。

四、流调溯源:流调信息最小化、个人信息脱敏及使用权限严控

“防疫流调”是突发公共卫生事件应急管理的必要环节,①但传染病防治法、突发事件应对法并无关于防疫流调溯源的统一规定。在流调信息公开范围、转发权限等方面缺乏统一规定的情况下,在疫情防控实践当中,出现流调信息泄露、流调信息公开范围过大等问题。基层社区的疫情防控面临巨大压力,在新冠病毒感染疫情防控过程中,基层社区为应对疫情防控压力,采取公布居家隔离人姓名、身份证号等个人信息的方式,防止社区内部感染。个人隐私信息的泄露引发一系列的问题。流调溯源规定的确立,成为公共卫生领域的体系化立法着力解决的重点难点问题。流调溯源与隐私权、个人信息权益保护的冲突亟待得到解决。与此同时,流调信息涉及公共利益保护问题,而“个人信息保护法中的公共利益条款”存在“行使规则滞后等问题”②,需要在公共卫生立法框架下,对流调信息收集、使用规则作出明确的规定。

针对防疫流调溯源实践存在的问题,对流调信息公开范围、个人信息收集程序与使用权限作出明确规定,主要包括立法宗旨与具体规则两个方面的内容。其中,立法宗旨规定于公共卫生立法总则部分,以流调信息最小化这一宗旨的确立,确保流调信息及相关医疗数据利用遵循比例原则与法律

---

① 参见郭豫学等主编:《急救管理学》,甘肃科学技术出版社 2009 年版,第 70 页。

② 高志宏:《个人信息保护的公共利益考量——以应对突发公共卫生事件为视角》,《东方法学》2022 年第 3 期,第 17 页。

秩序,实现公共安全与个人隐私权保护的比例均衡。在公共卫生领域,“疫情信息公开”应当被确立为基本的法律原则,①设置公共卫生领域的信息透明度法律条款,但疫情信息公开不等同于个人信息公开。需要与健康医疗大数据管理对接,确保公共卫生信息公开的正当性,防范对于个人隐私等权利的侵害。在监管主体的设置方面,建议由疾控机构负责发展共享健康信息系统,同时地方大数据局试点已经全面展开,可以在其中分设医疗卫生数据维护办公室,明确个人健康数据的接收与储存规范,对含有以数字形式创建或复制的个人健康数据文件的效力作出规定。探索建立统一数据管理机构,其不仅为医疗数据立法发展提供机构支撑,更是为个人信息权益保障提供组织支持的重要举措,并与健康医疗数据立法相结合,形成确保流调溯源数据信息安全与管理规范的现实支撑。关于流调溯源信息的规定,也可根据具体情况扩展适用于社会机构、医疗机构、保健机构在预防、诊断、护理、残疾补偿活动中,产生、接收或储存的个人健康数据信息。

建议以个人健康信息与公共健康信息的区分为基础,在与居民健康医疗信息相关的平台对接过程中,细化对于相关信息的分类,为疫情防控过程中的信息收集与处理的规范化奠定现实基础。在具体的实践领域,现有的健康医疗数据信息平台管理,并没有针对个人健康信息与公共健康信息设置不同的访问权限,例如,在“健康码信息互认”的过程中,②相关主体信息均能够被获知或利用。这一机制难以为流调溯源信息的区分管理、信息脱敏提供支撑。健康医疗大数据管理不能仅侧重便利性与数据流通、电子健康档案等的相互融合,更要细化对于相关信息的分类,分类分级对居民健康医疗信息进行管理和保护,明确涉及个人信息的收集、处理等行为的规范与边界。这一边界的设定需要综合考量疫情防控的需要与个人权利的保护。尽管通过对个人的合法约束,能够起到有效防止疫情扩散的积极效果,但这里的约束行为,需要同时满足“基本生存权利的保障”需要,③以及在法治的框架内展开两个条件,尤其是在涉及个人信息的领域,基于疫情防控可以公布疫情相关场所、病毒流调信息,但不能够描述确诊患者、无症状感染者、密切接触者等的个人活动轨迹,以防止次生法律风险的发生。公共卫生立法中疫情防控与权益保护的法律平衡,以公共健康与个人权利保护的有机结合为路径。具体而言,在健康医疗数据信息当中,凡涉及个人隐私信息的,

① 参见王宏伟:《健全应急管理体系》,应急管理出版社 2020 年版,第 287 页。

② 参见《中国城市发展报告》编委会编:《中国城市发展报告 · 2020—2021》,中国城市出版社 2021 年版,第 106 页。

③ 参见王德高:《社会保障学》,武汉大学出版社 2018 年版,第 247 页。

一律属于个人健康信息，属于不得公开的事项。在疫情防控过程中，向社会公布的流调信息，一律隐去敏感个人信息、过往传染病“感染等病史”信息内容，①仅就关系到不特定主体公共健康防护的事项，为疫情信息公开工作的开展提供基础数据支持。

在流调信息的收集方面，应当明确规定个人信息要脱敏，形成疫情信息收集的“最小必要”规定。② 在日常生活扫码、健康信息申报过程中，收集个人信息应当坚持最小化原则。第一，将个人信息脱敏作为流调信息收集的必经环节。在疫情防控相关信息收集过程中，要对强制隔离人员、确诊病例或密切接触者的个人信息进行“脱敏”，解决疫情防控报告制度与隐私权、个人信息权益保护的冲突。第二，明确流调信息收集的范围。流调报告只截取地点等与密接排查管控有关的信息，不收集病例的籍贯、性别、年龄、身份证号、详细住址门牌号等与流调无关的信息，删除在什么时间、干了什么事情等描述性信息，真正做到“只见轨迹不见人”。第三，划定应急状态下信息收集与处理知情同意的适用范围。在一般情况下，收集、处理个人信息均应经过当事人同意。在应急状态下，经过国家卫健委授权的机构有权收集使用个人信息，其他组织未经当事人同意不得收集其个人信息。收集与处理个人信息需要明确告知目的、范围、用途，不得超出告知的范围处理或使用所收集的个人信息。

在流调信息的使用方面，第一，明确流调信息转发权限，严控流调报告经手主体，严查流调信息泄露责任。建议将有权转发流调信息的主体，限制在依法履行疫情信息报告职责的人员范围。第二，公共场所码、健康码、行程码使用权限要严控，避免滥用健康码、违法赋码等现象的出现，防疫工作相关数据信息的管理要规范、类别要细化、运行要专业。参与防疫的人员不能用原有单位的工作群开展流调工作。不能为了方便，将流调信息打包转发在各个工作群。第三，流调信息转发的用途，应当仅限于履行疫情防控职责。同时，要加强对信息转发的全链条监管，一旦发现损害当事人合法权益的现象，立即启动“责任倒查”程序，③严格追责，并进行通报。第四，删除权利要保障，要提供便利条件充分支持当事人的删除权利行使，应急状态结束

① 参见吴欣娟主编：《中华医学百科全书 · 护理学》，中国协和医科大学出版社 2016 年版，第 174 页。

② 参见[美]朱尔斯 · J.伯曼：《大数据原理与实践：复杂信息的准备、共享和分析》，张桂刚等译，机械工业出版社 2020 年版，第 161 页。

③ 参见《党的十八届四中全会〈决定〉学习辅导百问》编写组：《党的十八届四中全会〈决定〉学习辅导百问》，党建读物出版社 2014 年版，第 59 页。

后应当对公共场所码、健康码、行程码等数据进行集中删除，并向社会公布删除情况。泄露流调信息"侵犯隐私权"的行为人，[①]除须承担相应法律责任外，还应按照个人信息保护法的规定对所储存的流调信息进行删除，保障受害者的生活恢复到正常状态。防疫职权的行使，要遵循比例原则的要求，以尽可能小的损害达到公共健康保障的目的。严控流调报告经手主体，严查流调信息泄露责任。工作群管理要严格、类别要细化、运行要专业。不能使用原有的单位工作群进行流调工作，不能为了方便将信息打包转发。转发权限仅限于依法履行报告职责的人员，转发用途仅限于履行疫情防控职责，并推进全链条追责制度。

五、检测救治：应急状态下传染病与非传染性疾病救治的协同

在常规状态下，病原检测应当遵循"愿检尽检"原则，现有规定及医疗改革持续致力于解决疾病救治需求与资源有限性之间的矛盾和冲突。相较之下，针对应急状态的检测救治规定有待进一步完善，一方面，对于疫情防控期间病原检测频率、效力、范围、拒检处罚的规定，需要在公共卫生法律层面加以确立；另一方面，应急状态下传染病与非传染性疾病救治的协同亟待实现，针对防疫实践中出现的非传染性疾病救治问题，应当在公共卫生统一立法框架下推动疾病救治的协同。在应急状态下，传染病防治的检测、诊断、治疗有一系列的医疗保障，但心脏病、哮喘、肾功能衰竭等非传染性疾病救治获得的医疗资源则相对有限。应急状态下，非传染性疾病救治同样需要得到充分的重视。不仅传染病防治要做到"应收尽收"，非传染性疾病救治也同样需要"应治尽治"。

在法律层面，制定应急状态下病原检测的频率、效力、范围、拒检处罚的规定，既不盲目增加核酸检测等病原检测的频率或扩大检测的范围，也避免检测滞后影响疫情防控进程的推进。病原检测是"病原学检查"的项目之一，除病原检测之外，病原学检查还包括"血清学检查"等内容，其"是确诊的依据"。[②] 从范围上看，病原检测属于疾病检测范围，疾病监测又是健康监测的内容之一。因此，从范围上讲，健康监测的覆盖面更广、涉及内容更多。在新冠病毒感染疫情防控过程中，应急状态下的病原检测主要包括抗原检测、核酸检测。与抗原检测、核酸检测等病原检测不同，抗体检测主要

---

① 参见张鸿霞等：《网络环境下隐私权的法律保护研究》，中国政法大学出版社 2013 年版，第 31 页。

② 何权瀛主编：《呼吸内科诊疗常规》，中国医药科技出版社 2020 年版，第 50 页。

是免疫应答而非对于病原体本身进行的检测。第一,在应急状态下,公共卫生立法对病原检测频率的确定,应当以合理必要为原则。在具体的立法方式上,可以在公共卫生统一立法的总则部分,明确规定病原检测应遵循合理必要原则。第二,在分则部分,对检测时间、检测范围作出规定。具体在疫点疫区、"三区"、低中高风险区域划定及法定管控措施的规定部分,区分管控区域的具体情形确定检测时间与检测频次,可以适当赋予公共卫生行政管理部门裁量权,并明确裁量标准,以满足疫情防控形势变化而产生的不同需求。两次检测之间不得少于间隔 24 小时,管控区域以外的地区、低风险区域不设置每日检测。对于有新增阳性病例的地级市,"三区"范围以外区域的常态化核酸检测间隔不得低于 48 小时,并推进常规核酸的跨区域互认,为残疾人、老年人设置专门的采样通道等措施,降低常规核酸对居民尤其是特殊群体生活的影响。第三,拒检处罚要合法适当。《行政强制法》第 1 条对行政机关依法履职作出规定;第 5 条规定,行政强制要适当。对于不参加核酸检测人员的处理,要责罚相当,防范"处罚过度"。① 在病原检测的效力方面,在应急状态下,病原检测作为进入公共场所、乘坐公共交通工具的必要条件,但不应成为非传染性疾病救治的前提,基于防疫需要进行核酸检测,在等待核酸检测结果期间,应当允许患者进入"医院缓冲区"接受及时治疗,②确保传染病病原体检测与非传染性疾病救治的有效衔接。

在此基础上,推动病原检测与环境监测制度相衔接,多方位评估,及时发现疫情线索。例如,污水检测除以环境质量参数为坐标外,还需要规定对于其中的新冠病毒、脊髓灰质炎病毒等病原体构成进行检测,提升不同领域检测制度之间的协调性,并查明病原体传播状况。突发公共卫生事件应急管理过程中,增加复工复产企业等工作单位对职业工作环境病原体监测、防控的法律规定。相关单位要安排员工在返岗前错峰进行病原检测和健康体检,对办公场所、生产车间的潜在传染风险进行排查,并展开职业病危害因素检测。员工返岗后,要定期安排在岗期间的健康检查。与此同时,单位要及时配备防疫物资,安排专人对门把手、公共场所等环境进行定时消毒,并预留一定的隔离空间,对于在进入单位时体温检测异常或上班过程中出现发热等症状的人员,安排到隔离场所,进行观察、复测,经过排查,疑似感染

① 参见[美]理查德·A.波斯纳:《法律的经济分析》,蒋兆康译,中国大百科全书出版社 1997 年版,第 309 页。

② 参见罗力:《健康服务资源空间规划理论和方法》,复旦大学出版社 2019 年版,第 90 页。

的，向所在基层社区报告，并安排核酸检测、抗原检测等，如果核酸检测显示阴性的，抗原检测呈阳性的进行复检；如果核酸检测呈阳性的，基层社区、疾控机构、医疗机构协调组织闭环管理与转运，落实基层一线的疫情防控责任。

建立应急状态下传染病与非传染性疾病救治的动态研判会商制度，协调公共卫生资源供给与社会需求之间的关系。在此基础上，通过出台应急状态下的非传染性疾病救治与社会护理规则，形成传染病与非传染病救治网络系统，公布应急状态下的诊疗场所、急救科室设置等信息，避免患者"跑断腿""求医无助"等现象发生，确保传染病及非传染性疾病诊疗服务的可及性。其一，应急状态下传染病与非传染性疾病救治过程引入"会商机制"①，村委会、居委会统计所在地区患有基础性疾病或需要买药等情况的人员，并选派代表参加会商，公共卫生行政机构、疾控机构、医疗机构等及时回应群众关注的封控、消毒、物资供应等焦点问题，提高公共卫生领域的沟通效能，及时解决疫情防控中的矛盾和问题，避免问题或损害扩大化。在这一方面，会商制度还能够发挥疏导通道的重要作用，实现公共健康与个体健康保护的法律平衡。其二，对于父母、子女被封控在不同区域，父母患病或子女年幼确需照护的，应当在疫情防控的同时，根据情况安排转运或提供社会护理。离家在外无住所人员的居家健康监测由专门隔离点负责，符合防控要求的，户籍地不得拒绝其返乡，还可推行便民的社会护理举措，莫让疫情阻挡了温情。其三，基于公共卫生社会权利保护的现实需求，公共卫生领域的相关机构在提供公共卫生服务的过程中，要立足保障社会公正，不因年龄、性别、教育程度等条件的差异而区别对待。在医疗救治过程中，要做到应收尽收，不放弃任何一个病患。在推动传染病防治的过程中，要确保聋哑人、残疾人及时接收公共卫生信息的渠道畅通，以社区或村委会为单位，由居委会、村委会工作人员负责通知到人、"落实到人"②。这些要求不仅是公共卫生执法工作的规章性要求，更应当落实到公共卫生立法当中，形成明确的法律指引。其四，明确规定传染病防控与非传染性疾病救治的协同推进要求，坚持"生命至上"原则，为应急状态下的非传染性疾病救治提供人力物力保障与制度支持。以人民为中心，在确保传染病风险防控秩序的过程中，要立足居民医疗卫生需求，形成落实卫生健康保障义务的

---

① 中国卫生和计划生育年鉴社编：《中国卫生和计划生育年鉴 · 2016 卷》，中国卫生和计划生育年鉴社 2016 年版，第 159 页。

② ［美］彼得 · 德鲁克：《认识管理》，慈玉鹏等译，机械工业出版社 2020 年版，第 407 页。

严密链条。

六、疫源消毒：消毒方案、主体资质、消杀行为的相关规则设置

针对疫源消毒规定方面的问题，在已有消毒规定奠定的良好基础上，主要从消毒方案、主体资质、消杀行为三个方面出发，推动立法的发展和完善。其一，在公共卫生统一立法框架下，明确消毒方案人性化、主体资质专业化、消杀行为科学化要求。其二，推动“法规向法律过渡”，提升相关消毒卫生要求的“权威性与稳定性”。[①] 目前的消毒相关规定主要集中于两个方面：一是生产过程的监管，如《消毒产品生产企业卫生规范》对消毒产品生产企业进行监督和管理，以保证消毒产品符合卫生标准要求；二是消毒卫生与消毒服务管理，如《消毒管理办法》，法规向法律的进阶有利于以系统化、稳定性的规定推动消毒工作的开展。从属性上看，也有主张将消毒管理纳入预防措施的范围，但从采取消毒措施的阶段来看，疫源消毒属于突发公共卫生事件应急管理的重要组成部分，其是对于突发公共卫生事件中受到污染的物品、区域等“进行消杀处理”[②]，防止疫情反扑的重要措施。尽管在功能上，疫源消毒确实有防止疫情再次发生的效果，但从采取法定措施的阶段看，将其归入应急措施更为妥当。公共卫生统一立法当中的消毒规范需要从方案、主体、行为三个方面进行规定。

消毒方案人性化。第一，消杀前要有完善的方案，并向社会公开，防范“拍脑袋”决策导致疫情防控简单化。[③] 严禁对核酸阴性居民的住宅、与传染病病原体没有关联的场所进行强制消杀。第二，充分了解住户情况与需求，根据实际情况，分类细化消毒方案。区分食品、消毒剂敏感的物品、宠物、空间，有针对性地拟定消毒方案，选择适宜的消毒用品，并提示居民尽量不存放大量的冷冻肉、无包装食品，以防消毒过程造成食源污染、物品毁损等现象。第三，严禁在住户不知情的情况下进行强制消毒，在消毒前还需要向居民告知相关注意事项。基于公共健康维护义务，建议增加人员聚集场所运营单位的强制消毒规定，公共场所运营单位应当在疾控机构指导下，出台具体的消毒方案并进行备案。针对消毒方案的备案审查主要包括强制消毒的范围、时间、主体、范围等内容。例如，在疫情防控过程中，提供医疗、辅助医疗或相关卫生服务的机构，闭环管理、转运、监测、护理等过程中所涉及

① 张民省主编：《社会保障学》，山西人民出版社 2009 年版，第 195 页。

② 阳范文等编：《医疗器械研发管理与创新创业实践》，华南理工大学出版社 2021 年版，第 28 页。

③ 参见金江军：《互联网时代的新型政府》，中共党史出版社 2017 年版，第 127 页。

的人员具有传染性，或者是相关人员被判定为密切接触者等情形而具有感染风险，有必要进行消毒。消毒范围的具体化，一方面，有利于确保相关主体履行全面消毒义务；另一方面，也能够防范“无效消毒”“过度消毒”现象的出现。①

消毒行为主体资质专业化。在疾控机构指导下，一方面，应当由具备专业资质的机构负责消杀工作，严禁街道、乡镇擅自购买、投放消毒片进行消杀；另一方面，专业机构人员确实不足的，可由经过培训的志愿者协同展开消毒工作。在对于消毒行为主体资质进行监督的方面，建议由县级以上疾控机构负责指导所在地区的消毒工作，对消毒主体资质进行审核和监管，涵盖承担医疗卫生机构、托幼机构、“出租衣物及洗涤衣物的单位和个人”、大型企业、殡仪馆、“从事致病微生物实验的单位”、公共场所，②以及与疫源相关的生活饮用水、食品、血液制品等消毒工作的主体资质审核事项，确保消毒工作的规范化开展。目前关于消毒管理机构的规定主要有两个方面：一是地级市和县级疾控机构负责组织实施消毒等工作的规定，疾控机构指导单位和个人，对于传染病病原体污染的相关物品、场所进行消毒；二是在特定情形下，县级以上卫健委可对被传染病病原体污染的水源、食品、其他相关物品进行消毒。从提升“行政效能”的角度看，采用统一机构管理的方式，更有利于工作效能的提高，促进消毒管理“计划、组织、控制等行政功能的最佳发挥”③。随着国家疾控局的成立及地方疾控机构改革的推进，由县级以上疾控机构统一管理消毒事务符合专业化、科学化的要求，解决疫源地消毒与居民财产及健康权之间的冲突。与此同时，公共卫生监督检查不能流于环境卫生形式检查，而要与病原体检测相结合，定期对公共场所的门把手、洗手间、电梯按钮及扶手等接触频率较高区域进行病原体检测。如果检测到传染病的病原体或发现感染病例的，应当要求相关场所经营者立即进行消杀，并可以对其作出行政处罚决定。在公共卫生行政管理机构进行检查的过程中，如果发现强制消毒的相关规定未得到遵守的，有权作出警告、罚款等决定，督促相关运营单位履行公共健康保护义务。

消毒行为科学化。建议以强制性规范与引导性规范设置，分别对公共健康保护与个人防护消毒作出规定，最大限度地减小病原体扩散的可能性。

---

① 参见曹佳主编：《军事预防医学》，中国协和医科大学出版社 2019 年版，第 307 页。

② 参见康万军等主编：《医院感染与传染病防控法律法规标准规范汇编》，山东大学出版社 2019 年版，第 3 页。

③ 王嵩山等主编：《中国政府公务百科全书》，中共中央党校出版社 1994 年版，第 259 页。

在强制性规范设置方面，要将疫源地消毒总则规范的核心内容上升为法律规定，强化对于消毒行为的引导、规范和保障。第一，严禁对人体进行喷洒消毒。室内有居民时不得进行消杀，严禁为防止疫情扩散而采取损害人体健康的消毒措施。第二，禁止使用弥雾机、无人机等对室外空气、外环境进行大规模消毒，严防“消毒误区”①。第三，有多种消毒方式可供选择的，应选择最有利于保护财产及健康权的方式进行消杀。在引导性规范设置方面，针对个人防护消毒，设置引导性规范的基础是维护公共健康的个人义务。作为自己健康的“第一责任人”②，个人防护消毒对于防范个体感染与保护公共健康均具有重要意义。这一引导性规范可与公共场所的广播等宣传途径相结合，增强社会公众的健康防护意识。例如，如果出现不适症状，居民进入地铁、公交等公共场所时，自觉佩戴口罩，这对于阻断病原体传播具有十分重要的意义，尤其是在疫情出现时，这一行为习惯能够有效地防止疫情的大规模暴发。与此同时，引导性规范设置还可以与消费习惯的改变及消费领域的消毒规定相结合。例如，针对人畜共患传染病防治，可以通过发布相应清单等方式，列明在哪些领域存在着导致病原体通过人畜传播渠道对公共健康造成威胁的情形，由此，促进公共卫生行政管理机构依据清单有针对性地引导消费领域的防护消毒，并为防止传染病暴发而采取相应的防控措施。人类已知的很多病原体都是经人畜接触而传播并引发疫情。2020年，第十三届全国人大常委会第十六次会议通过“全面禁止非法野生动物交易”的决定，③明确规定只要属于野生动物保护法等明令禁止范围的野生动物种类，一律实施交易禁止。除了对于珍贵、濒危、有重要科学生态价值的动物保护立法之外，日常生活当中的海鲜、活禽市场也应当成为消毒相关立法的重点领域，并且，通过与公共卫生立法当中重点领域部分的内部衔接，实现公共卫生立法的体系化、系统化。在公共卫生立法从以疾病救治为中心，向公共健康促进为核心转变的背景下，公共健康保护领域的消毒强行性规范，与个人防护消毒的引导性规范均不可或缺，并且，随着社会发展水平的提升，可以推动其中的引导性规范向强行性规范的转化。

---

① 马宏博主编：《人畜共患疾病》，中国中医药出版社2006年版，第45页。

② 何得桂：《健康中国读本》，知识产权出版社2020年版，第234页。

③ 参见《全国人民代表大会常务委员会关于全面禁止非法野生动物交易、革除滥食野生动物陋习、切实保障人民群众生命健康安全的决定》，http://www.npc.gov.cn/npc/c30834/202002/c56b129850aa42acb584cf01ebb68ea4.shtml，2020年5月1日访问。

第三节　保障措施：增加应急状态向常规状态转换阶段供给保障制度规定

现有“公共卫生保障措施”的规定，[①]主要集中于《传染病防治法》第七章共6条保障措施规定、《突发事件应对法》第18条和第49条规定。保障措施规定并不健全，覆盖范围有限，不能够满足应急状态向常规状态转换过程中的公共卫生管理需求。建议扩大保障措施的立法范围，以公共卫生保障措施统一规定，推进统筹公共卫生产品、公共卫生服务、公共卫生教育等方面的统合式立法，形成统一的防疫物资供应保障制度，为充分调动疫情防控力量提供立法支持。

一、公共卫生产品：建立公共供给与健康产品市场化供给衔接制度

针对应急状态向常规状态转换阶段医疗卫生资源的需求与公共卫生产品供给间的突出矛盾，通过在公共卫生立法当中，增加应急状态向常规状态转换阶段公共卫生产品的供给规定，推动公共卫生产品供给与市场化供给路径相协同，以及重点群体保障与申报制度的有机结合，解决社会需求与资源有限之间的矛盾和冲突。供需矛盾的调节，是应对药物哄抢、健康相关产品价格攀升或医疗挤兑等问题的根本之策。从立法范围角度看，公共卫生立法对于保障措施的覆盖范围可以更加全面，避免重应急、轻常态现象的出现。已有关于应急状态下的药品供应、疫苗审批等规定，对于“完善应急医疗物资储备”具有重要作用。[②] 例如，《传染病防治法》第49条对传染病暴发时医疗器械和药品的充足生产、供应作出规定。《疫苗管理法》针对疫情防控的现实需求建立疫苗优先审批制度，第20条还规定针对特别重大突发公共卫生事件等紧急情况，可进行紧急使用授权。在应急状态下，尤其是在新发传染病出现时，针对新发传染病防治的紧迫需求，以“药品强制许可模式”“知识产权豁免模式”或者“反药品专利模式”，[③]推动对于新研发的“疫苗、快速检测试剂和药物”的快速审批，是立法的重

① 参见中共中央文献研究室编：《十七大以来重要文献选编》（下册），中央文献出版社2013年版，第75页。

② 参见《持续做好应急医疗物资储备　完善保障体系和工作机制》，《人民日报》2020年4月3日，第4版。

③ 万勇：《公共健康危机的知识产权法应对》，《中国法学》2022年第5期，第44页。

要内容。[①] 相较而言，应急状态向常规状态转换阶段的公共卫生产品供给规定有待得到确立和强化。与应急状态下以集中、统一、全额保障的方式供给公共卫生产品不同，在应急状态向常规状态转换阶段，市场和社会是防疫物品、药品、健康监测相关产品运营的主导领域。在市场和社会运行领域，由医疗卫生资源的需求与“资源本身的有限性”之间的矛盾所决定，[②]在感染率增长的情况下，极易出现哄抢、囤积而导致供给不均衡，或是防疫相关物品价格攀升等现象，增加了医疗卫生救治的困难和压力。从立法内容上看，除药品供应保障之外，特殊医疗食品等的产品监管，应当纳入立法范围，为新增感染病例的治疗、监测和恢复提供制度保障。

在立法内容上，可以“引入市场机制和社群机制”[③]，建立公共卫生产品供给与健康产品市场化供给的衔接制度。公共供给与“公共产品市场化供给”之间“公私合作新关系的制度衔接”，[④]是解决应急状态向常规状态转换中公共卫生产品供给保障问题的重要支撑。在公共供给方面，主要通过统一的、全额保障的方式提供公共卫生产品，需要形成相应的统一防疫物资供应保障制度，增加对于应急状态向常规状态转换阶段的公共供给规定，以应对重点群体、重点行业、重点领域出现的供需不平衡问题，保障公共领域的顺利运转。在市场化供给方面，建议加强健康产品的分销监管。健康产品分销环节对个体或公共健康有直接的影响。与生产环节需要经过预先审查不同，分销环节的卫生健康问题更具有隐蔽性。在实践当中，分销环节基本由企业自由决定，供需关系由市场进行调节。但对于应急状态向常规状态的转换阶段，如果不进行合理、适度的干预，较难解决供需之间的矛盾和冲突。健康产品的分销监管主要包括两个方面的内容：一是以保障供给为目的，对于社会急需的健康产品进行分销监管，防止囤积等现象的出现；二是以健康监测为目的，避免分销过程中出现病原体感染，把握健康产品流转环节，避免给公共健康带来危害。应急状态向常规状态转换阶段的健康产品分销，不仅需要相应的引导、规范，更需要激励、保障措施的支持。通过激励保障措施的实施，能够在“公法制度的威权力量”与激励保障措施之间实

① 参见《分析新冠肺炎疫情形势 部署从严抓好疫情防控工作》，《中国青年报》2022 年 3 月 18 日，第 1 版。

② 参见张永良主编：《经济学基础》，北京理工大学出版社 2018 年版，第 3 页。

③ 顾昕：《“健康中国”战略中基本卫生保健的治理创新》，《中国社会科学》2019 年第 12 期，第 121 页。

④ 刘大洪主编：《经济发展中的法治与效益研究（2015—2016）》，湖北人民出版社 2018 年版，第 221、229 页。

现平衡,[①]既实现健康监测的目的,也为供需平衡提供现实的支撑。与此同时,建议增加特殊医疗食品监督管理规定。应急状态向常规状态转换阶段的特殊医疗食品受到社会广泛关注。健康产品监管不仅包括对药品、疫苗、健康监测设备、医疗器械等监督管理,还应当包含对人体健康有影响的“特殊医疗食品处理”要求。[②] 特殊医疗食品是指专门处理或配制以满足患者需要的特殊食品。一方面,特殊医疗食品应当遵循相应的使用规程,专门用于特殊医疗目的;另一方面,只有在医疗机构内使用的药店以及经行政机关批准的法人才能零售这些物品。通过对特殊医疗食品的严格监管,防范健康侵害现象的发生。

在具体的立法方式上,在公共卫生统一立法分则当中,一方面,专章设置保障措施规定,并增强保障措施规定的覆盖面与系统性,通过公共卫生产品供给规定的健全和完善,使保障措施规定全面覆盖不同阶段、不同领域、不同群体的医疗卫生资源需求;另一方面,在保障措施规定当中,增加针对应急状态向常规状态转换阶段面临的特殊问题,结合国家基本药物制度与国家免疫规划疫苗接种制度,专项规定应对医药产品“供应短缺”的法定措施等内容,[③]促进公共供给与健康产品市场化供给的制度衔接,其主要通过两个方面实现。第一,以短缺医药产品的供应与流通保障、电商及社区供药系统完善、快速审查授权等制度为基础,推动公共卫生产品供给与健康产品市场化供给的有效衔接。党的十九大强调要健全药品供应保障制度,预防控制重大疾病。公共卫生产品供给与健康产品市场化供给的衔接,以应对医药产品供应短缺的法定措施为核心。第二,通过重点群体保障与申报制度相结合,以居住地为范围,基层群众性自治组织要详细掌握辖区重点群体对于医药产品的需求,同时,通过个体申报登记,为患者的监测、检测、治疗提供充分的物质保障,避免仅关注高风险人群而难以解决无法购买到相关药品的群体所面临的问题。建议制定群体、区域分级管理规定,加强对特殊领域的医疗卫生需求的保障措施规定。在充分满足社会需求的同时,还有两个特殊领域需要关注。其一,从人口健康的角度看,还需要立足应急状态向常规状态的转换阶段的特殊性,针对儿童专用药品等领域制定专门的管理准则。结合公共卫生风险研判,如果结果显示不能够排除存在健康风险

---

① 参见[法]狄骥:《公法的变迁》,徐砥平译,商务印书馆 1933 年版,第 3 页。

② 参见中华人民共和国国家质量监督检验检疫总局:《中国技术性贸易措施年度报告(2017)》,中国质检出版社 2017 年版,第 121 页。

③ 参见彭司励主编:《中国药学年鉴 · 2017》(第 33 卷),中国医药科技出版社 2018 年版,第 240 页。

的合理怀疑时,公共卫生行政管理机构有权对引发该健康风险的因素采取强制措施,并向社会公开相关健康产品状况,视情况可以决定采取终身禁入制度。其二,通过公共卫生产品调配制度的健全和完善,推动常见病、少见病、罕见病防治的动态衔接。2020 年,《药品注册管理办法》将"防治罕见病"的相关药品"纳入优先审评审批程序"。① 在完善快速审核制度的同时,公共卫生产品调配制度对于公共供给与健康产品市场化供给的有效衔接具有重要作用。以统一的国家公共卫生应急物资储备体系建设为基础,形成健康产品供给及监督管理与公共卫生产品调配的统一规定,是公共卫生立法保障措施的重要组成内容。

二、公共卫生服务:整合并强化妇幼保健等领域的卫生服务规定

在应急状态向常规状态转换阶段,公共卫生服务领域面临的主要问题是管控方式调整之后可能引发的"公共卫生服务的配置"问题。② 针对这一问题,一方面,在公共卫生统一立法框架下,整合分散于疾病防控、精神卫生、院前急救、妇幼保健、出生缺陷防治、老年人卫生保健、患者健康管理、健康教育、公民健康素养促进、重大疾病及危害因素监测、职业病防治、地方病防治、食品安全、卫生应急等领域的公共卫生服务规定;另一方面,以重点群体、重点领域、重点行业相关规定的完善为脉络,推动"公共卫生服务与医疗服务高效协同"③,提升"慢性病防控循证能力"④。建议在公共卫生法律层面,增加青少年健康保障、早期医疗、精神障碍患者的自愿医疗与强制医疗规定,为特殊群体的公共卫生服务保障提供规范支持。其中,整合并不等同于规范的简单叠加,而是以疾病防治与健康促进为脉络,以健康促进与重症防治为原则,以居家自我照护、重点机构健康管理、重点人群健康监测、重症高风险人员救治、医疗救治资源区域协同、分类分级健康服务、用药指导等方面为切入点,完善重点群体、重点领域的卫生健康服务规定,并系统推进公共卫生服务规定的整合与完善。

建议增加青少年健康保障服务专项规定,并推动公共卫生立法与民法典在未成年人健康保护方面的衔接。青少年的年龄划分有三种方法:一是

① 熊建:《罕见病防治创出中国模式》,《人民日报海外版》2022 年 1 月 4 日,第 9 版。

② 参见张光鹏主编:《卫生人才队伍建设与实践》,党建读物出版社 2016 年版,第 139 页。

③ 梁言品:《发展公共卫生,防疾病于未发》,《人民日报》2020 年 5 月 7 日,第 5 版。

④ 刘鑫等:《国内外慢性病防控从业者循证能力提升方案》,《中国卫生资源》2021 年第 2 期,第 161 页。

"12—18 岁"①,二是 14 周岁至 25 周岁,三是"14 周岁—35 周岁"②。从公共健康保障的群体特殊性角度看,本部分采用第一种划分方法。12 周岁至 18 周岁这一年龄阶段具有特殊性。青少年处于迅速成长的阶段,能够在一定范围内辨识和控制自己的行为,但其"身心的脆弱程度显而易见"③,需要结合未成年人保护的特殊规定,强化对于青少年健康保障的规范支持。从立法内容角度看,青少年的健康保障并不能够归属于母婴保健的范围。青少年健康保障专项规定主要包括两个方面的内容:一是在提供公共卫生服务的过程中,预防、检测、诊断、治疗、护理等措施的采取,必须首先征得未成年人的同意,并且,未成年人接受治疗过程中必须有成年人陪伴。如果未成年人明确反对与监护人协商,并且,要求对其健康状况予以保密,但为保护未成年人健康必须进行相应的治疗或干预等紧急情况,医疗卫生机构可以不征得监护人同意,采取必要的检测或治疗措施。二是教育机构应当建立青少年健康保护机制。在这一保护机制运行期间,如果发现青少年的健康状况需要适当的照料,应当及时与未成年人的监护人取得联系,在监护人尚未指定的情况下,教育机构有责任履行照料责任,必要时帮助照顾未成年人的家庭作出其他安排。

建议增加疾病预防服务与早期医疗制度,实现公共健康维护领域从重救轻防到预防为主的转变。疾病预防服务与早期医疗制度的适用主要包含两个领域。第一,儿童健康诊断、健康监测等公共卫生服务,不仅包括生理性疾病的防治,还包括"对立违逆障碍""分离焦虑障碍""应激障碍""适应障碍"等心理健康状况监测。④ 在怀疑、发现或报告儿童可能出现健康受损的情况下,特别是在体检期间,应向父母通报可能发生的损害的性质。为防止或减少这种健康损害出现的概率,儿童可在专门的早期治疗中心接受照料。这种照料应当以门诊治疗的形式开展,其中包括向家庭或被托管人提供咨询和资助。与此同时,在出生登记时,应当向每一名儿童的监护人免费发放一份健康记录,在其中记录与儿童健康有关的所有重要调查结果。任何人不得因为职务行为之外的原因要求提供该资料,任何人因其职务而要

---

① 中日技术合作家庭保健项目专家组:《家庭保健服务手册 · 儿童 · 青少年分册》,中国人口出版社 2015 年版,第 242 页。

② 姚建龙主编:《中长期青年发展规划解读与研究》,中国政法大学出版社 2018 年版,第 205 页。

③ 徐汝玲主编:《外国教育史资料》,教育科学出版社 1995 年版,第 302 页。

④ 参见[美]乔艾伦 · 帕特森等:《家庭治疗技术》,王雨吟译,中国轻工业出版社 2020 年版,第 144 页。

求查阅其中所载的资料，均须保密。第二，在职业病防治领域，将针对病原体的防控制度与公害防治结合起来，推动早期医疗制度在“环境流行病”防治等领域的贯彻落实。① 一方面，跟进社会发展变化，及时完成新出现或新发现的有毒物质普查，并在已有关于化学物质的审查规制的规定及其健康安全属性表现的调查结论基础上，以系统、准确、有针对性的数据信息为预防公共健康损害提供支持；另一方面，进一步健全职业病防治领域的强制性检查制度，这一制度主要为预防健康损害而建立，重点行业的职工必须接受预防检查，并可以享受相应的健康和社会预防措施。针对强制性检查，在公共卫生立法中可以进一步明确规定检查的次数、项目、年龄及健康证明的出具，并与健康医疗档案相对接，对重点行业、重点领域进行流行病学监测，如果在监测过程中发现传染病暴发或健康异常事件发生等可能性，应立即向卫生行政部门报告，并在其权限范围内采取一切适当措施来处理这一情况。在尊重医疗保密的情况下，公共卫生信息系统与医疗档案、药学档案，可以被用于开展病理分析与疾病调查，通过立法之间的有效衔接，在相关主体明确同意的前提下，可以创建共享健康医疗档案的标识符，以在公共卫生专业人员之间交换信息，从而帮助预防和检测身体、心理、感官健康损害的发生。

以自愿医疗与强制医疗制度为基础，进一步明确精神障碍患者的公共卫生服务规定。针对疫情防控期间隔离管控的特殊环境，为不同情形下的精神障碍患者护理奠定规范基础。建议在精神障碍患者的自愿医疗部分增加观察期与知情同意事项规定。在个人状况允许的情况下，应当优先考虑“自愿医疗方式”②，应当经过精神障碍患者本人同意实施精神病治疗。在这一状况下，精神障碍患者享有与因其他原因接受治疗的病人相同的权利。除紧急情况外，未经本人同意或在适当情况下未经其法定代理人同意，不得强制进行精神病治疗。任何接受精神病治疗的人或其家属都有权接受精神病院之外的医疗卫生机构提供的卫生健康服务。在精神障碍患者的自愿医疗制度实施过程中，接受治疗的方式包括在精神卫生法规定的机构中以住院的形式进行治疗，或是接受相关机构提供的家庭护理服务等。对于“严重精神障碍患者”，③具有采取强制医疗措施的必要性和紧迫性。建议在精神障碍患者的强制医疗部分增加紧急情况下的强制治疗规定与所需遵循的

① Lawrence M. Ward, Lead Poisoning: Environmental Epidemic, *Maryland Bar Journal*, Vol. 24, Issue 3, 1991, p.15.

② 马弘：《严重精神障碍社区防治工作指南》，中华医学电子音像出版社 2018 年版，第 13 页。

③ 参见刘向欣、穆叶色尔·艾则孜主编：《突发公共卫生事件社区人群心理防护手册》，世界图书出版广东有限公司 2020 年版，第 25 页。

基本原则。只有在严格遵守道德和伦理标准的情况下,才能执行强制医疗规定。例如,对于违反治安管理规定或刑法规定的精神障碍患者,应当由医疗机构紧急治疗,该医疗机构在适合其健康状况的范围内,可以安排将其转移到社区康复机构进行恢复治疗。在强制医疗的过程中,对精神障碍患者个人自由的限制必须根据其精神状况和健康状况加以调整,符合必要性和相称性标准。在任何情况下,个人的尊严都必须得到尊重。

三、单列规定:公共卫生教育与公共卫生设施规定的细化和具体化

针对公共卫生教育与公共卫生设施相关规定存在的问题,在立法的内容上,需要将概括性的公共卫生教育及设施相关规定转化为具体化、可行性的规则。在立法的方式上,针对公共卫生教育与公共卫生设施的引导性规范,需要与强制性规范相结合,推动约束与激励规则的有效衔接。"命令和控制""干预阶梯"等措施,①是已有公共卫生立法的核心。在加强公共卫生教育,推动公共卫生设施建设的过程中,仅依靠强制性规范,较难调动社会参与的积极性。因此,公共卫生教育与公共卫生设施引导性规范与强制性规范的有机协调,成为解决应急状态向常规状态转换阶段涉疫宣传"信息混杂",②推动应急设施空间布局优化、平战两用改造及缓冲区设置的规范基础。在立法的要求上,需要以细化、具体化、具有可行性与可操作性的规则,为公共卫生教育与公共卫生设施优化提供规范保障。以公共卫生教育为例,在现有立法领域,《基本医疗卫生与健康促进法》第 4 条规定,国家建立健康教育制度;第 35 条规定,基层医疗卫生机构提供健康教育等基本医疗卫生服务,医院提供健康教育等医疗卫生服务,专业公共卫生机构提供疾病预防控制和健康教育等公共卫生服务;第 67 条规定,各级政府应建立健康知识信息发布制度,新闻媒体应开展健康知识公益宣传,并确保相关知识的科学、准确;第 68 条规定,健康教育纳入国民教育体系,学校应当普及健康知识、急救知识等。《突发事件应对法》第 30 条规定,应急知识教育应当纳入学校教学内容。其中,关于健康教育内容的规定需要进一步细化落实为具体的行为规则。在这一方面,网络直播营销活动监管领域的部门规范性文件指出,"未经审查"不得进行涉及医药、保健食品、医疗器械等的直

① ［英］约翰·科根等:《公共卫生法:伦理、治理与规制》,宋华琳等译,译林出版社 2021 年版,第 112—114 页。

② 参见武装:《大数据时代的网络舆情分析》,北京理工大学出版社 2018 年版,第 95 页。

播宣传。[①]《中华人民共和国广告法》对大众传播媒介发布的广告作出限制，第20条禁止在大众媒介上发布声称全部或部分替代母乳的食品等广告。第40条禁止在“针对未成年人的大众传播媒介”发布医药品、医疗器械等广告。相关广告审查管理办法对不得发布广告的特定药品等内容进行列举式规定。[②] 但这三项规定均未对自媒体平台不涉及广告宣传的对用户发布信息作出规定。较难在实践中对于涉及药品、特殊医学用途配方食品等的自媒体信息进行全面审核和有效规约。一方面，需要在公共卫生立法中，专章规定公共卫生教育与公共卫生设施建设内容；另一方面，相关专项规定需要细化、具体化，全面覆盖自媒体等新兴领域的规则要求。

在公共卫生教育相关规定方面，建议增设自媒体平台涉及公共健康内容的发布规则。从立法目标的角度看，公共卫生服务立法需要为初级卫生保健、公共卫生教育等活动的开展提供法律支持。其中，公共卫生教育应当与“初级卫生保健”等基本公共卫生服务一样有明确的规范化运行准则，[③]并在健康促进立法层面，与疾病防治立法形成相互衔接协调的立法体系。从立法实践的角度看，现有立法主要对于提供健康教育的主体责任作出规定，关于公共卫生教育、爱国卫生运动等方面的组织与机构立法已相对较为完善，但在行为与措施立法方面，对于公共卫生教育的内容需要有具体的规范指导，尤其是在自媒体平台信息传播范围日益扩大的背景下，健康教育信息的发布及内容审核应当有明确的法律规定。具体而言，在公共卫生统一立法框架下，需要明确自媒体平台等涉及防疫内容的文字、图片、视频等信息发布及审核规则，加大对于防疫手册、个人防护指南、防疫健康饮食指南等教育、引导措施的宣传力度。在具体的立法路径方面，可以从国家立法层面，形成统合公共卫生教育领域的地方公共团体规范、行政机关内部规范、行业自律规则等规范内容的引领性规则，推动防疫指南在日常生活和工作中的贯彻落实，提升和强化相关引导性规范的实施力度，通过强制性规范防止多种药物混着吃效果好、戴口罩导致肺结节、消毒剂浓度越高越好等信息流传，确保应急状态向常规状态转换阶段不同秩序之间的平稳过渡。

---

① 参见《市场监管总局关于加强网络直播营销活动监管的指导意见》，中国政府网，http://www.gov.cn/gongbao/content/2021/content_5582646.htm，2021年10月1日访问。

② 参见《药品、医疗器械、保健食品、特殊医学用途配方食品广告审查管理暂行办法》，中国政府网，http://www.gov.cn/gongbao/content/2020/content_5488918.htm，2020年1月10日访问。

③ 参见肖鹏主编：《卫生法学》，华南理工大学出版社2021年版，第123页。

在公共卫生设施相关规定方面，建议将公共建筑设施防疫设计纳入传染病防治规划。公共卫生设施规定涵盖了三个领域：一是传染病防治领域，其中的传染病救治规定包括传染病医院设置、方舱医院建设、缓冲病房管理、医疗机构改造及建筑设施要求等内容；二是突发公共卫生事件应急管理领域，应急储备包括人员、场所、设施、设备、技术、药品、器械、其他工具及物资储备；三是职业病危害防治领域，其中包含职业病的前期预防、项目申报、防护设施规定。在新冠病毒感染疫情防控过程中，出台了应急救治设施及建筑技术规范、医学隔离观察临时设施设计规范等文件规定，从“技术性标准”方面对公共卫生设施作出规定。① 与技术性规范调整人与物之间的关系不同，法律规范调整的是人与人之间的社会关系。在法律规范方面，需要在公共卫生统一立法中对公共卫生设施作出专项规定。在此基础上，整合公共卫生中心、重大疫情救治基地、紧急医学救援基地、中医疫病防治基地建设规定，推动公共卫生设施相关规定的优化。具体而言，其一，在硬件方面，明确公共建筑不仅需要满足消防、防灾等要求，而且要预留防疫改造通道；不仅“将卫生健康问题纳入城市规划策略”，而且将公共建筑设施防疫设计纳入传染病防治规划，相关场所的管理者与运营者应当采取措施，优化“应急防疫救治设施接口和空间”布局，“预留交通和基础设施接入条件”。② 同时，定点医院、方舱医院的规划设计，还要避免“非典定点医院”“完全被弃置”等现象的出现。③ 在常规状态下定点医院、方舱医院可以作为医疗救治场所，在应急状态下转换为集中隔离救治场所，提升公共卫生设施的利用效能。其二，在软件方面，明确规定以“平疫结合”为导向，医疗卫生机构应当设置可转换病区、医护缓冲区、后备诊疗区，安装隔离门，配备新风系统、正负压装置、过滤装置等，“必要时迅速调整功能布局”，满足突发公共卫生事件应对需求。④ 其三，在预案方面，结合公共场所等重点场所、重点领域管理规定，相关主体应当制定专项预案，保障应急状态下的非传染性疾病救治，不仅要对疫情防控作出系统部署，而且要对卫生设施保障等内容作出规定，确保患者能够在第一时间接受紧急治疗，及时对接疫情防控要

① 参见[美]米尔伊安·R.达玛什卡：《司法和国家权力的多种面孔：比较视野中的法律程序》，郑戈译，中国政法大学出版社2004年版，第31页。

② 高体健：《加强城市应急防疫规划建设》，中国工业新闻网，www.cinn.cn/gongjing/202005/t20200528_229252.html，2021年1月10日访问。

③ 参见张珊珊：《应对突发公共卫生事件的医疗建筑设计》，哈尔滨工业大学出版社2019年版，第91页。

④ 参见洪恒飞等：《运行模式快速切换　“平疫结合”病房有效节约资源》，《科技日报》2022年9月7日，第5版。

求安排转换病区等事务。其四,在职业病防治领域,出台化工企业的职业病防护设施、特殊群体相关公共设施等的卫生健康规定。对于违反职业病防治准则的单位,公共卫生行政管理机构有权要求其对相关设施进行改善,设立专门的健康致险因子名单,如果相关设施建设存在卫生健康领域的重大风险时,公共卫生行政管理机构有权联合相关部门作出处理。

第七章　公共卫生程序与标准立法

《法治政府建设实施纲要（2021—2025年）》有22处关于程序制度的内容，涵盖行政程序法律制度、政府治理程序化、程序法定化，以及完善"突发事件应急响应处置程序"，健全突发事件应急管理过程中的征用、补偿等法律制度，加强"突发事件监测预警""应急响应"等机制建设内容。① 通过公共卫生程序与标准立法，设置常态化的公共卫生风险监管、评估、预防法定程序，突发公共卫生事件应急处置及比例审查程序，以及公共卫生事件后的涉法问题评估与救济程序，成为公共卫生立法的重要议题。

第一节　常态化的公共卫生风险监管与评估程序设置

常态化的公共卫生风险监管与评估程序设置，遵循"健康优先发展"原则，将人民生命健康保障作为经济社会发展的重要基础和前提，将不明原因疾病、异常健康事件的筛查与防控作为重要的预防程序，将人畜共患传染病风险监测作为市场准入的必要程序，将健康影响评估程序作为重点项目、食品安全、公共场所运营的必备条件。

一、出台不明原因疾病、异常健康事件的筛查与防控规程

不明原因疾病、异常健康事件的筛查与防控规程，是与新发传染病防治、公共卫生风险防范措施相对应的"预防程序"设置。② 目前的预防程序设置主要集中于医护人员及医学试验人员的防护方面，如"SARS病区医护人员的预防程序"包含穿隔离衣、喷雾消毒、戴手套和口罩等多个步骤。③ 但对于新发、突发的传染性疾病，尤其是不明原因疾病、异常健康事件的预防程序设置相对欠缺。不明原因疾病、异常健康事件的预防程序设置，建立在公共卫生风险监测的基础上，也即在传染病疫情尚未暴发时，通过采取预

---

①　参见《中共中央　国务院印发〈法治政府建设实施纲要（2021—2025年）〉》，中国政府网，http://www.gov.cn/zhengce/2021-08/11/content_5630802.htm，2021年10月1日访问。

②　参见刁连东等：《疫苗应用与安全问答》，中国医药科技出版社2017年版，第438页。

③　参见李建基等：《SARS诊断治疗临床实践》，军事医学科学出版社2003年版，第139页。

防措施，防范疫情的发生。从法律原理角度看，公共卫生风险监测与评估，不能等到疫情发生才进行，而需要实现常态化，以具有稳定性的制度设计，确保公共卫生风险监测程序的有效、持续、常态运转，将法律介入疫情防控的时间，从疫情发生后的救济，转变到发现存在疫情风险，也即在发现可能引发疫情的不明原因疾病、异常健康事件时，以公共卫生风险研判为依据，采取预防性的风险管控措施。公共卫生风险防控的难点在于，如果采取介入措施的时间过早可能造成法益损害，如果介入时间过晚又会错失风险管控的最佳时机。从立法实践的角度看，不明原因疾病、异常健康事件预防程序设置具有正当性。《突发事件应对法》第 20 条规定，应当对容易引发公共卫生事件的危险源等进行风险评估，并采取相应的防范措施。从立法理论的角度看，不明原因疾病、异常健康事件预防程序设置是公共卫生立法体系化、系统化的必由之路。公共卫生立法体系化的核心任务是提升传染病防治能力。在传染病防治过程中，传染病的预防措施及相应的程序设置是公共卫生立法的重要内容，是从重救轻防向"预防为主"的立法转型的必然趋势。① 因此，出台不明原因疾病、异常健康事件的筛查与防控规程具有必要性和正当性。

不明原因疾病、异常健康事件的筛查与防控规程设置的前提有两项：一是，增加风险预防条款，在公共卫生立法总则中明确公共卫生风险预防原则；二是公共卫生立法中增加不明原因疾病的防治条款。在第一个方面，增加风险预防原则，设置不明原因疾病出现到纳入传染病管理期间的预防程序，解决从新发、突发传染病无法纳入传染病管理而错失黄金防控期的问题。这是传染病防治从重救轻防到预防为主转变的基础性条款设置，以解决不明原因疾病、异常健康事件预防程序设置缺乏基本法律原则的支撑与明确的法律依据问题。风险预防条款适用的法定条件，即出现急性症状感染等异常健康事件，如攻击人体免疫机能的细菌、病毒等病原体感染，属于需要履行上述规定的报告程序所涵盖的疾病清单范围的，可以适用相应的预防程序。不论异常健康事件、不明原因疾病的传染特征、传播途径在何种程度上得到确定，只要不能够排除疫情暴发的合理怀疑，即应允许公共卫生行政管理机构启动预防程序，降低疫情发生的概率。在第二个方面，建议在公共卫生统一立法框架下，以传染病防治法征求意见稿增加不明原因疾病相关规定为基础，增加兜底性条款与不明原因疾病的筛查、预防程序规定。

① 参见《坚持预防为主 改革完善疾病预防控制体系——论学习贯彻习近平总书记在专家学者座谈会上重要讲话》，《人民日报》2020 年 6 月 5 日，第 1 版。

其中,不明原因疾病的筛查、预防程序规定,为公共卫生领域的新发传染病防治提供法律依据。兜底性条款包括两个方面:一是未列入法定传染病目录,但危害达到了法定传染病严重程度的,应当根据传染病的危害程度采取相应的防控措施;二是根据实际情况,将长期未出现、“再次暴发”可能性较小的原有法定传染病类型从目录上删除。①

在具体的预防程序设置方面,以新发传染病“存疑从有”与公共卫生风险预防原则为指引,对于不明原因疾病、异常健康事件,要及时展开筛查,并以应收尽收为原则,启动相应的预防程序。其一,在不能够排除疫情暴发的合理怀疑时,启动传染病的预防、筛查程序。在筛查过程中,如果发现需要地方、国家或国际紧急行动的疾病案件的,要与突发公共卫生事件应急管理程序相衔接,履行相应的报告义务,通报该不明原因疾病病例的临床学表征,解决应急通知与传染病防治法的传染病分类及应对措施规定的冲突。其二,医疗卫生机构及其工作人员,在传染病的预防、筛查、救治过程中,如果发现不明原因疾病所涉及病原体的特性、“抗感染性”概况与常见病不同,②感染地点或发生情况显示存在潜在的公共卫生风险,有关的感染是以合并病例的形式发生的,或者有关的感染导致死亡的情形出现,可以在该疾病被纳入传染病管理之前,采取医学观察等预防措施。其三,对于不能排除引发疫情可能性的不明原因疾病、异常健康事件,相关机构及人员应立即履行公共卫生报告程序。在纳入传染病管理前采取预防程序的报告,应当评估对该患者采取个人和集体预防措施的紧迫性,报告人必须向其提供执行调查和干预措施所需的一切资料,包括病人的身份和地址,但不能够将个人身份信息向社会公开。报告过程中要预留调查和干预所需的时间,如果其他专业人员的干预对于实施个人和集体预防措施是必不可少的,则可以同时向相关机构或专家传递该病例及防控信息。如果所述的病例或异常健康情况,经证实存在引发疫情暴发的合理怀疑的,应当启动调查,以查明污染或暴露的来源。报告要求实名制进行,并提交已经掌握的流行病学监测数据,报告中要求提交的信息具体包括报告人的姓名、职业、所在地区的详细地址,流行病学监测资料,以及关于相似病例的医疗信息、医疗档案。与此同时,在纳入传染病管理前推进预防程序的报告中,医疗机构必须填写临床、生物和社会人口的相关数据,将报告送交卫健委、疾控机构。在这一过

---

① 参见[澳]彼得·C.多尔蒂:《流行病》,聂绍发等译,华中科技大学出版社2020年版,第152页。

② 参见彭司勋主编:《中国医学年鉴·2010》,第二军医大学出版社2010年版,第276页。

程中，同时需要注意患者的信息保护和基本生活保障。根据病原体在本地传播状况，地方疾控机构有权将特定种类病原体的健康登记作为临时措施，对于没有医疗记录的人，在健康登记簿或健康证明中进行记录。不明原因疾病、异常健康事件的筛查与防控规程的适用，需要及时跟进疫情防控的要求，并可以明确相应的传染病预防法律责任，推动预防型公共卫生立法的发展。

二、将人畜共患传染病风险监管设置为市场准入的必要程序

人畜共患传染病风险监管是贯彻公共卫生风险预防原则的具体制度设计，是动物疫源监测、食源性疾病防治的重要制度支持。相较于自然疫源而言，“动物疫源疫病”的比率相对更高。在实践当中，动物疫源疫病防治主要从林业部门、兽医主管部门的“重大动物疫情的监测”“陆生野生动物疫源疫病的监测”展开。① 从市场准入到市场退出全过程监管角度的动物疫源疫病防治规定相对较为薄弱，从而出现两种情况，从事宠物、海鲜、活禽等经营的主体，要么重事前审批、轻事中事后监管，只要获得卫生许可即可进行经营；要么为防范疫情禁止其经营。在客观上，这两种状况不利于实现经济社会发展与疫情防控的协同推进。与此同时，风险监管制度设计主要应用于金融、医药产品质量管理等领域，如何从法律制度设计上，加强对于市场准入环节的监管，并实现与动物疫源疫病风险监测程序的有效对接，同时，又能够满足人们日常生活对于宠物、海鲜、活禽等市场经营的需求，是完善公共卫生立法过程中应当考虑的问题。公共卫生风险监管程序设置的核心，是推进“分区分级精准防控”②，抓住人畜共患传染病的市场规制，对海鲜、活禽交易市场等区域进行公共卫生风险重点防控。

将人畜共患传染病风险监管作为“市场准入的监管”必要程序，③其本质是在维护公共健康的法律实践过程中，降低和避免具有不确定性的公共卫生风险所带来的不利后果，形成以预先防范疫情发生为核心的法律制度设计。第一，在市场准入阶段，应当从重大新发突发传染病、动植物疫情风险防控出发，严格市场准入，推动人畜共患传染病的源头治理，重视公共卫生风险的“源头追溯”，④形成相互协调、相互衔接的立法协同格局，推动人

---

① 参见纪爱英主编：《动物疫病防控手册》，中国农业大学出版社 2018 年版，第 200 页。

② 习近平：《论把握新发展阶段、贯彻新发展理念、构建新发展格局》，中央文献出版社 2021 年版，第 339 页。

③ 参见刘金福等主编：《食品质量与安全管理》，中国农业大学出版社 2016 年版，第 86 页。

④ 参见张守文：《食品安全治理新格局》，国家行政学院出版社 2018 年版，第 103 页。

畜共患传染病的市场规制，从根本上解决公共卫生风险管制程序空置问题，从源头上预防和控制可能危害公共健康的市场活动。第二，在风险监管的过程中，经营者的进货渠道和经营方式都应当成为公共卫生风险防控的考量因素，针对活禽交易等易感区域的重点防控措施，形成分级分类的风险管理细则，如经营环境的全面清理与消杀、公共卫生风险状况审查、存货与废品处置等风险管理规定，为从疫情监测向生物安全风险的市场源头治理的转变提供程序支持。第三，与市场规制法律制度，以及物流、食品溯源制度相衔接，从卫生立法与特殊市场监管制度的有效衔接出发，及时发现社会领域的异常健康事件，提升疫情防控整体性与预防程序的实际效能。在此基础上，将食品卫生安全风险评估引入食品生产、销售和消费的过程，建立更为严格的食品卫生标准，促进食品卫生安全风险的快速处置，海鲜、活禽市场未按照规定建立食品卫生安全管理体系或未有效推动该体系运行，导致养殖、配送等环节病原体扩散的，应当及时召回、销毁相关产品，并停止经营。与此同时，建议食品生产、销售环节的病原体检测及时跟进新发传染病的变化，在法律框架下，公共健康维护的法律制度设计由损害、危险阶段提前至风险阶段，由外在环境保护逐步回归人本身的健康保护，强调对于关涉人体健康的不确定性风险，需要加强风险防范，审慎作出决策和处理，以保护消费者健康，降低疫情扩散风险，从源头上防范卫生健康领域的重大风险。

在法定程序设置方面，人畜共患传染病风险监管需要结合“公共卫生风险沟通”程序，①提升风险识别与预判的精准度。公共卫生风险沟通是提升公共卫生风险监管科学性的必经程序。与建立在确定性事实基础上的事后救济制度不同，公共卫生风险管理与防控是针对不确定的风险进行的事前防控。因此，需要引入风险沟通程序增加公共卫生风险研判的确定性。公共卫生风险沟通程序是针对风险研判结论展开的，也即针对以公共卫生安全阈值与盖然性标准为基础的风险研判结论，需要通过利益相关方对研判结论的充分沟通，得出尽可能准确的判断，才能够作为公共卫生风险决策的依据。在这一阶段，公共卫生风险沟通成为降低风险发生可能性的有效措施，也是面对未知的决策过程中的必经程序。与公共卫生机构与组织立法领域重大风险防控跨部门协作的制度耦合相对应，通过风险治理过程中多主体之间的沟通与协商，围绕公共卫生风险识别、研判及可采取的预防措

① 参见中国科学技术协会主编：《2009—2010公共卫生与预防医学学科发展报告》，中国科学技术出版社2010年版，第39页。

施进行充分的协商、沟通，展开公共卫生风险监管机构与社会公众的对话，推动共识沟通和“危机沟通”有机协调，①确保预防措施的采取与合法权益保护之间的平衡，降低或减少公共卫生风险实际发生的概率。

在具体的立法方式上，可以通过“准用性规则”设置，促进人畜共患传染病风险监管程序设置融入食品安全法等公共卫生立法范围，并与市场监管法律制度有效衔接，形成处置“不规范市场行为”的制度合力。② 准用性规则是针对不同单行法之间需要参照适用的事项作出的规定。在公共卫生立法领域，由于其涉及的法律关系十分复杂，立法内容覆盖面非常广，仅仅依靠单行法律规定，难以在市场源头监管上形成疫情防控的整体合力。因此，公共卫生立法的准用性事项规定，成为保障公共卫生立法效能，实现对公共卫生风险进行快速识别、及时预防、有效应对的重要前提。通过公共卫生立法准用性事项的规定，一方面，能够为公共卫生行政管理机构、市场监管机构的联合执法提供法律依据；另一方面，通过内在的规范结构支撑，在公共卫生立法与市场监管立法之间建立起内在的协调与衔接机制。这一立法协调状态会形成对法律实践的指引作用，引导公共卫生领域形成常态化的源头防控机制，避免公共卫生行政管理机构进行了公共卫生风险研判之后，不能在市场管理过程中得到落实的问题。从市场源头监管出发，将公共健康维护的理念贯穿到市场监管、公共卫生管理的全过程，从这个意义上讲，公共卫生立法的准用性规则，对于疫情防控的有效开展及常态化的公共卫生管理具有不可替代的重要意义。与此同时，还要注意传染病尤其是新发传染病防治对于效率要求的特殊性，公共健康与公共卫生风险研判的结果不仅要落实到市场监管过程中，而且要保证高效性。在公共卫生风险研判中一旦发现致险因子，市场监管机构就要第一时间采取相应措施，防范病原体扩散导致不可逆转的损害。

三、设置医药、公共场所管理等重点领域的健康影响评估程序

与重点场所、重点领域、重点行业等的防疫规定相对应，在程序法方面，建立医药、公共场所等重点领域和行业的健康影响评估程序，是预防型“程序法律制度”的重要内容。③ 健康影响评估程序的设置具有法律依据。《基

---

① 参见[美]朗格林等：《风险沟通：环境、安全和健康风险沟通指南》，黄河等译，中国传媒大学出版社 2016 年版，第 120 页。

② 参见孙效敏：《食品安全监管法律制度研究》，同济大学出版社 2019 年版，第 209 页。

③ 参见薛刚凌：《改革开放 40 年法律制度变迁 · 行政法卷》，厦门大学出版社 2019 年版，第 262 页。

本医疗卫生与健康促进法》第 6 条规定，政府应当建立健康影响评估制度；第 71 条规定，建立疾病和健康危险因素影响评估法律制度。在此基础上，需要具有可操作性的程序法律制度为健康影响评估的落实提供支持和保障。与作为建设项目审查条件的环境影响评价不同，健康影响评价立足行为对健康可能发生的影响，从健康至上出发，将公共健康保护贯彻落实到经济社会发展的各个方面的重要举措。与此同时，由于健康影响评估程序设置作为一种新增的“介入性措施”①，会涉及对相关法益的一定程度的约束和限制。因此，应当明确程序适用的范围和边界。健康影响评估程序并不是针对所有行业、所有领域进行适用。在公共卫生立法领域，健康影响评估程序的适用，主要立足医药、公共场所等重点领域和行业监管，避免适用上的泛化对社会领域的过度干预。有观点认为健康影响评价并不具有必要性，通过环境影响评价即可以避免建设项目对于人体健康的不利影响。事实上，这一观点忽视了一个问题，现有的环境影响评价制度主要侧重外部的环境污染是否超出了环境容量，如果污染物的排放量没有超过法定的标准，即可以顺利地推进建设项目。从这个角度上看，环境影响评价实质上以污染防治为重要目标，通过设定明确的排放标准，实行污染物总量控制。其中，具体的环境标准为排污企业设置明确的行为规则、指标、技术规范，可以用来作为是否授予行政许可、排污行为是否合法、是否认定为污染环境行为的依据。但从人本身的健康角度看，影响健康的因素远不止工业污染物这一个方面的要素。与此同时，外在的环境对于健康的影响也不能够用超标或不超标来进行判定。就传染病防治领域而言，只要环境当中存在能够引发传染病的病原体，不论其数量达到多少，均会引起公共健康损害。在这种情况下，不能用环境影响评价代替健康影响评价。在公共健康维护过程中，应当以健康安全理念为指导，形成健康影响评估体系，全面提升健康影响评价对健康风险的防控效能。

从健康影响评估程序的功能上看，与“同时性评价”或“回顾性评价”不同，健康影响评估程序设置属于“前瞻性的影响评价”，在预防阶段排除可能危害公共健康的因素，因此“是保护健康最有效的阶段”②。一方面，通过健康影响评估程序设置，完成从医疗卫生部门的疾病救治向多部门联合促进健康的进阶；另一方面，实现了法律制度设计从外在的环境因素评价，转

① 陈华兴主编：《马克思主义理论研究》（第 7 册），浙江工商大学出版社 2014 年版，第 245 页。

② ［英］马丁·伯利：《健康影响评价理论与实践》，徐鹤等译，中国环境科学出版社 2017 年版，第 78 页。

变为对内在的人本身健康状况的评估。在具体的制度设计上,健康影响评估程序主要从医药、公共场所等重点领域和行业展开。

其中,医药领域的健康影响评估程序设置,主要集中于院感预防程序,以及特定药物及医疗机构特殊门诊的监测与报告程序设置。在院感预防程序设置方面,健康影响评估是阻断公共健康危害的关键环节。医疗卫生机构院内感染是疫情防控的重要领域。由于医药领域直接与患者接触,相应的健康影响评估程序主要从预防方案、健康影响调查两个方面展开,审核相应的机构是否具有卫生健康领域的重大风险防控能力,综合健康影响调查中的各项信息、参数、指标,进行筛查、甄别,推动公共卫生管理的关口前移。在预防方案方面,院感防控不仅要在突发公共卫生事件应急管理过程中作为重点,而且在常规状态下同样要推进健康影响评估的"常态化运转",①防范新型病原体所可能导致的传染病疫情。在健康影响调查方面,如果医疗卫生机构短时间内集中出现疑似新发传染病病例,以健康影响评估报告为依据,推动预防措施的开展,防范传染病疫情的暴发。在特定药物及医疗机构特殊门诊的监测与报告程序设置方面,可以开展特定药品的流向监测与特殊门诊的合并病例监测,结合对于新型病原体、新物质健康影响的评估,推动预防程序的适用。目前对于药品的监测主要包括两个方面:一是突发公共卫生事件应急管理过程中的发热药品等的登记规定,二是药品质量监管领域针对药品不良反应的"可疑就报"规定。在常规状态下,通过对特定药物及医疗机构特殊门诊的监测,能够预先发现可能存在的健康危险乃至其流行病学特征。明确健康影响调查与健康影响评价制度的程序要求,对于保障公共健康具有重要意义。

建议将健康影响评估状况纳入公共场所运营的审查范围,加强包括节日在内的公共场所集体活动的健康影响评估。与应急状态下停办线下集体活动的方式不同,常规状态下的公共场所集体活动卫生安全保障,可以通过健康影响评估报告及更详细的评估标准规定,将防范疫情蔓延的"管控能力"作为公共场所运营的必要条件。② 健康影响评估报告包括组织活动的自然人或法人的身份和联系方式,活动的目的、日期、时间和地点,预期人数与主要人员构成,为保障公共卫生安全管理而采取的措施,以及能够证明活动状况的其他资料。在大型集会中,除需要消防等部门参与以保证公共秩

① 参见方伟岗等主编:《中国医疗联合体建设与健康扶贫蓝皮书》,科学技术文献出版社 2018 年版,第 330 页。

② 参见徐信贵:《食品安全风险警示制度研究》,武汉大学出版社 2019 年版,第 207 页。

序外，还应当有公共卫生行政管理机构的全程跟进，负责大型集会的公共健康管理，对参加人员、日期、地点、时间、影响范围等进行评估。在发现疫情线索时，有权采取相应的预防措施。但由于健康影响评估属于一种盖然性的预测和研判，因此可以设置相应的默示认可法定程序，也即在集会主办方进行申报后 60 日内，如果没有收到公共卫生行政管理机构基于合理怀疑而要求中止该项集会活动的通知，则构成对申请的接受。除此之外，可以设置职业健康报告系统，对于"工作场所的暴露"因素的健康影响进行监测，[①]并展开职业病危害因素检测，形成企业与安监部门、公共卫生行政管理机构联合实施的预防、检测等紧急行动；与市场准入、运营、退出全过程监管相结合，推动违反疫情防范与职业卫生保障义务的法律责任制度适用，积极推动职业卫生监督、健康影响评估与安全保障活动。

第二节　突发公共卫生事件应急处置与比例审查程序设置

突发公共卫生事件应急处置及比例审查程序设置，是保障应急措施的适用最大程度地保护相对人合法权益的规范基础。《突发事件应对法》第 11 条规定，在应对突发事件过程中，如果存在多种选择的，应当选择最大程度地保护"相对人权益"的措施。[②] 坚持依法防疫不仅要从实体法方面明确疫情防控强制措施的法律依据，而且要从"程序、救济等层面加以完善"[③]。健全突发公共卫生事件预警程序及四级应急预案适用程序、防疫措施的比例审查程序、疫情防控征用的程序性规定，是依法防疫的重要"程序性制度"保障。[④]

一、健全突发公共卫生事件预警及四级应急预案适用程序

建议明确规定公共卫生事件预警程序，解决突发公共卫生事件预警实施程序有待细化问题。在预警的主体方面，由于基层防控一线最能够第一时间获得相关疫情信息，因此，从实体法视角看，公共卫生事件的预警权限

---

① 参见［美］丹尼尔·A.克劳尔等：《化工过程安全基本原理与应用》，赵东风译，中国石油大学出版社 2017 年版，第 47 页。

② 参见张晗：《行政诉讼法律适用冲突研究》，上海人民出版社 2019 年版，第 138 页。

③ 高秦伟：《传染病防控中的隔离措施》，《中外法学》2020 年第 3 期，第 631 页。

④ 参见杨俊一主编：《依法治国的理论与实践创新研究》，上海社会科学院出版社 2015 年版，第 99 页。

应当下放，由县级以上人民政府根据本地区的疫情状况发布预警信息，并呈报国家卫健委备案。从程序法视角看，如果县级政府接到公共卫生线索报告，应当展开调查、采样、排查，发现存在公共卫生事件或疫情扩散的风险的，决定对本行政区划内生活的居民发出预警，提醒公众注意在日常的消费、通勤、就医等过程中做好防护。与此同时，需要将相关预警的理由、时间、范围、影响等情况形成报告，及时报告地市一级政府，地市一级政府可组织专家调查组展开调查、筛查，并摸清楚公共卫生事件的发生和扩散情况，并逐级报告省级人民政府，由省级政府层报给国务院。在这一过程中，相关部门可以决定采取临时措施，以防范疫情的扩散。如果上一级人民政府，认为下级人民政府作出的预警决定存在错误，或者是发现了其他违法情形的，可以要求予以纠正。

在此基础上，建议明确突发公共卫生事件的预警标准，突发公共卫生事件预警标准在本质上是“基于概率性预测”，以“及时发布预警”为导向，使公众及时做好防护，有效防范公共卫生风险。① 通过明确预警标准，解决《突发公共卫生事件应急条例》与《基本医疗卫生与健康促进法》的预警条款冲突，以及缺乏统一的公共卫生事件预警程序设定问题。其一，突发公共卫生事件预警不仅是法定职权，更是一项法定义务，而其履行应当下放至基层防控一线，由县级以上人民政府根据本地区的疫情状况发布预警信息，并呈报国家卫健委备案；其二，突发公共卫生事件的预警标准及疫区划定标准应当是统一的，这一统一的标准为国家卫健委的备案审查奠定了基础；其三，突发公共卫生事件的预警程序设定，由感染人数、影响范围、危害程度、潜在风险所决定，如果出现一定数量的感染人数、影响范围呈现扩散趋势等情形之一的，即可发布预警信息，进行疫区宣告，并同时启动突发公共卫生事件应急管理程序。在公共卫生事件预警程序实施过程中，“疫源搜索”是一项必不可少的环节；②其直接关系到疫情防控的实际效果。以公共卫生风险预防原则为指引，不管上述程序进行到哪一个阶段，状况如何，只要县级以上人民政府作出预警决定，需要同时展开疫源搜索。疫源搜索的方式有很多，如对于公共卫生线索报告人员进行走访，医疗机构、检验检疫机构对相关病例样本进行分析，对患者的生活、居住、消费、工作场所进行采样，查清病毒流调信息，对于存在高风险因素的海鲜、活禽交易市场的商户，周

① 参见解志勇：《公共卫生预警原则和机制建构研究》，《中国法学》2021年第5期，第224页。

② 参见李兰娟主编：《医防整合——医疗机构公共卫生工作理论与实践》，浙江科学技术出版社2007年版，第306页。

边的住户进行筛查等。但在作出疫源判断时,要综合上述渠道获取的信息,准确进行定位,对疫情进行研判并提出相应的应急方案。在这一方面,预警更多体现为责任和义务,预警信息如果能够更早被居民知晓,即有可能数倍地降低病原体传播的速度,建立起维护公共健康的“隔离防护网”。① 从这个意义上讲,公共卫生事件预警程序设置,是织密织牢隔离防护网的第一步,只有这第一步走好了,才能够为人民生命安全提供全面、系统的保障。不仅要健全公共卫生事件预警程序,更要切实推动这一程序的有效实施,为疫情防控提供强有力的程序保障。

建议增加突发公共卫生事件四级应急预案的适用程序规定,解决《国家突发公共卫生事件应急预案》仅规定特别重大(Ⅰ级)事件的适用范围,以及《突发事件应对法》与《传染病防治法》的公共卫生事件应急预案规定冲突问题。《国家突发公共卫生事件应急预案》根据“危害程度、涉及范围”对特别重大(Ⅰ级)事件的适用作出规定,②如果 2 个以上的省份出现肺鼠疫、肺炭疽疫情,或是该类疫情出现在大、中城市并有扩散趋势;出现传染性非典型肺炎、高致病性禽流感感染者,该类疫情有扩散趋势;不明原因疾病涉及多个省份并有扩散趋势;出现新发传染病或之前未传入我国的传染性疾病,并有扩散趋势,或是已消灭但重新流行的传染病;烈性病毒株、菌株丢失等特别重大突发公共卫生事件。以这一规定为基础,细化突发公共卫生事件四级应急预案的适用程序。这一程序细化的重心在于,对没有证据证明人传人的情况下,贯彻公共卫生风险预防原则的应急预案程序设置;其核心在于权限下放,夯实基层一线防控责任。突发公共卫生事件的预警程序设置不应局限于部门规章,而应当在立法中明确加以规定。这一规定同时应当包括卫生系统在特殊情况下的反应机制的内容和方式,制定地区动员计划和机构白皮书的内容和程序,以应对特殊的健康状况。突发公共卫生事件预警、报告、准备、处理过程要贯彻统一的标准,加强突发公共卫生事件应急防控中的“上下联动”。③ 与此同时,在突发公共卫生事件应急管理过程中,应急预案的适用程序规定不仅要考虑公共健康受到威胁的状况,而且要根据输入型疫情状况,来调整地方的具体实施过程,推进具体的协调或安置工作。

在程序设置方面,区分情形分别对四级应急预案的适用作出规定。

---

① 参见庞国明等主编:《基层医师急诊急救指南》,中国医药科技出版社 2013 年版,第 3 页。

② 参见沈洪兵主编:《战“疫”必胜:科学防治新型冠状病毒感染问答》,江苏凤凰科学技术出版社 2020 年版,第 51 页。

③ 参见郑频频等主编:《健康促进理论与实践》,复旦大学出版社 2011 年版,第 290 页。

第一，在同一县级行政区划，如果2周内连续出现“不明原因疾病或异常健康事件”，①或县级卫健委认定的其他四级突发公共卫生事件，应当启动一般突发公共卫生事件（Ⅳ级）应急预案。同时，对于列入法定传染病目录的病原体引发的再发传染病，应当根据具体传染病类型确定相应的适用标准。在上述情形下，医疗机构对相关患者进行医学观察，并立即向县级卫健委报告，由县级卫健委组织疾控机构、检验检疫部门展开调查，协调相关部门进行现场摸排处理，包括对患者生活、消费场所等的排查，定位风险点，并向上一级公共卫生行政管理机构报告。第二，如果2个以上区县出现不明原因疾病或异常健康事件，或地市级卫健委认定的其他三级突发公共卫生事件，应当启动较大突发公共卫生事件（Ⅲ级）应急预案。地市一级卫健委应当组织专业人员展开调查，协调相关部门进行全面摸排处理，对密切接触者进行隔离观察，对患者生活、消费场所进行采样、消毒，并进行流行病学调查，形成相应的调查报告。第三，如果2个以上地级市出现不明原因疾病或异常健康事件，或省级卫健委认定的其他二级突发公共卫生事件，应当启动重大突发公共卫生事件（Ⅱ级）应急预案，统筹安排各地展开疫情防控工作，系统推进物资调配、疫区控制、隔离救治、核酸检测等应对措施，调动一切力量，最大限度地保障人民生命健康。

二、建立封控单元划定、隔离管控等防疫措施的比例审查程序

封控单元划定、隔离管控等防疫措施的比例审查程序设置，以适当性、均衡性、必要性为基本要求，具体包含禁止不当联结、法益相称、最少侵害三个方面的要求。② 其中，禁止不当联结要求职权行使与公共目的相关联，行使职权的手段和方式与其依据的理由之间存在必然联系，体现了比例原则适用的适当性要求。例如，为防范病原体传播，对确诊病例、无症状感染者的住宅进行科学消毒，科学的消毒措施与防疫目的之间具有实质关联性，因而具有适当性。但如果不当扩大消杀范围，对未涉疫的区域进行大规模消杀，手段与目的之间则不存在必然联系，因而违反禁止不当联结原则的要求。法益相称要求为实现公共目的而对相对人权益造成的损害，不能够超过所保护的公共利益限度。例如，为保护公共健康，开展流行病学调查，公布流调信息。合理公布流调信息的行为，没有造成超出所保护公共利益限

① 参见《人民至上：来自两会的声音》编写组编：《人民至上：来自两会的声音》，中国言实出版社2020年版，第10页。

② 参见马怀德主编：《行政法与行政诉讼法学案例教程》，知识产权出版社2014年版，第15页。

度的损害，相对人应当配合信息采集、如实进行告知。但如果公布的流调信息包含个人隐私内容，侵犯相对人隐私权，给相对人带来超出行政目的的损害，则违反法益相称原则的要求。最少侵害要求在多种方案中，选择“损害最小的方案”①，该最终所选方案因损害最小而不具有可替代性，因此也被称为不可替代性原则、最温和方式原则。与管控区域划定、隔离管控、检测救治等实体性规定相对应，建立封控单元划定、隔离管控等防疫措施的比例审查程序，推动封控范围划定精准化、隔离管控适度化。在管控区域划定及采取应急措施的过程中，要牢固树立损益权衡思维，尽可能地选择对个体损害较小的方式实现公共管理目的。

封控单元划定的比例审查程序，主要从管控区域划定精准化、封控单元最小化两个方面展开。在管控区域划定精准化方面，要以独立的生活空间、物理分隔为标准，在划定“三区”范围时，将单元划细、划准，保障应急通道畅通，避免“一刀切”式的区域化封控。疫情防控既要依法实施，也要做精做细。依法防疫既要从严，也要从细抓落实。《新型冠状病毒肺炎防控方案（第九版）》对中高风险区划定标准进行修订。例如，“病例和无症状感染者居住地”，活动频繁且疫情传播风险较高等区域，“以居住小区（村）为单位”，“划为高风险区”；②如个别病例和无症状感染者在相关区域的疫情传播风险较低，密切接触者已及时管控，经研判可不划定风险区。在疫点疫区、“三区”、低中高风险区划定的立法协调基础上，第一，不对与疫情无直接关联的区域采取封控措施。第二，确保主干道及应急通道畅通，不得采取挖断道路、封死家门等方式进行封控。第三，以独立的生活空间、物理分隔为标准划定“三区”范围。封控单元要划细、划准。在疫情防控期间，一般以涉疫单元楼为单位采取封控措施，尽量不封闭整个小区。如果涉及无症状感染者等传播力较小等情形，可以住户为单位进行居家健康监测。以降低疫情对经济社会发展影响为指导，防范区的企业、医院门诊如果没有疫情传播风险，并且有条件采取闭环管理措施、符合“三区两通道”等要求，③经疫情防控部门批准后可以继续运营。

隔离管控等防疫措施的比例审查程序设置，主要针对车辆管控过度、人员管控失当、隔离点设置及管理不科学三个方面的问题展开。隔离管控要

---

① 陈光主编：《宪法与行政法学》，北京邮电大学出版社 2016 年版，第 290 页。

② 《关于印发新型冠状病毒肺炎防控方案（第九版）的通知》，国家卫健委网站，www.nhc.gov.cn/cms-search/downFiles/504a946af7e744fb9ad7eb1e0f1f9923.pdf，2022 年 7 月 1 日访问。

③ 参见张小康等主编：《新型冠状病毒肺炎防控工作手册》，江西科学技术出版社 2020 年版，第 10 页。

适度，推动车辆及人员管控标准化、隔离点设置及管理科学化。（1）车辆管控标准化。在应急状态下，要避免疫情防控层层加码现象的出现。其一，禁止在与疫情没有关联的地方随意设卡或截停运输车辆，只在与涉疫地区接壤的道路设置防疫检查站点。相关车辆如果符合通行要求，应立即快速放行，不得以任何理由违法阻拦通行。对于符合要求的车辆，不得要求其再次进行落地检，不得擅自加码执行防疫措施。其二，对于依规定需要进行“落地检”的情形，采取“抗原检测”与“核酸检测”相结合的方式，[①]抗原检测阴性直接予以放行，不得以等待核酸检测结果为由扣车，并且为运输疫情防控、民生保障物资的车辆设置专用通道，保供保通保畅。（2）居民管理灵活化。第一，严禁对外来人员进行强制劝返，或在高铁、机场等通道将所有到达乘客闭环转运至方舱，不得强制符合要求的人员重复提供核酸检测证明，不得限制其自由流动。第二，对于防范区内的居民，在履行出门申报、出示健康绿码和核酸检测阴性证明的情况下，不得对其在防范区内的采购、锻炼等活动进行限制。第三，不得对返工人员、医护人员、返乡学生等群体采取歧视性措施。（3）隔离点设置及管理科学化。其一，隔离点设置专业化。严格按照规定落实隔离点设置及管理，隔离点远离人口密集区域，口岸城市境外人员须在专用隔离场所接受隔离监测。隔离点“三区两通道”要进行专业化改造，通过当地卫生行政部门健康影响评估后，才能投入使用，以解决隔离点“小、散、乱”，隔离点选址、设施设备不符合“集中医学观察点”设置要求等问题，[②]确保通风系统、通行区域、物质配送等行为符合相关设置标准及管理技术指引的规定。其二，交叉感染要严防。加强对隔离点垃圾无害化处理的管控，逐步推进下水道消杀设施的配置。隔离点工作人员通过培训测试后才能参与隔离工作，加强对隔离点工作人员违规操作、隔离者串门等现象的监管，明确相应违法行为需要承担的法律责任，切实防范隔离点交叉感染现象的出现。其三，隔离管控须提速。健康监测组与隔离转运工作组要无缝对接，初筛阳性上报的同时，要向受检者告知居家隔离规定，并在社区等生活区域发布提示，确保严格落实疫情防控要求，降低“社区感染”的概率。[③]

---

① 参见《临床路径治疗药物释义》专家组编：《临床路径治疗药物释义 · 感染性疾病分册》（上册），中国协和医科大学出版社 2019 年版，第 334 页。

② 参见汪文新等主编：《新冠肺炎突发疫情的社区防控 · 实践指南》，江苏大学出版社 2020 年版，第 95 页。

③ 参见宋秀明主编：《肺炎诊断与治疗》，上海科学技术文献出版社 2020 年版，第 63 页。

三、增设防疫征用决策、征用协商、征用补偿的程序法规定

《传染病防治法》第 45 条规定，传染病暴发、流行时，政府有权进行临时征用并依法给予补偿，如果能够返还相关财物的，应当及时返还。《突发事件应对法》第 52 条规定，必要时政府可以征用应急救援所需物资。在此基础上，具体的征用决策、征用程序、征用补偿需要有程序性规定的支持。从立法价值的角度看，公共卫生领域征收征用等程序性规定设置，是平衡财产征用与财产权保障的规范依据。① 从立法技术的角度看，仅有概括性规定，而无具体的法律规定，不利于立法在实践中的贯彻落实。从这个意义上讲，征用规定不能仅停留于授权立法层面，相应的配套规定需要在职权立法方面进行细化。与职权立法不同，授权立法模式下并不详细规定关于特定事项的具体规则，而是通过授权给特定机关的方式进行立法，或者是仅列举规定所应当包含的事项，但具体事项如何规定，则授权特定机关自行决定。该特定机关在授权的基础上，有权就该事项如何具体推进作出详细的规定，只要这一决定事项不违反法律的强制性规定即可。从本质上看，授权立法是以授权的方式将决定权赋予了特定机关。相应地，该特定机关职权的行使、边界、限制等方面并没有详细的法律依据，而只有概括式的授权。就征用规定而言，授权立法在立法中通过对特定主体的授权，将具体确定征用制度运行规则的权限交由特定机关，具体的征用职权的行使、限制、边界均由特定机关自主决定。在直接关系到财产权利的防疫征用立法方面，仅有概括式规定，而无具体的职权规则的立法方式，不利于疫情防控过程中依法推进征用措施。制定征用等具体领域的细化规则，有效指导疫情防控具体工作的开展。

征用决策"程序合理化"②。第一，在征用决策作出前，应当评估征用对象是否符合要求，征用方式与防疫目的之间是否具有直接关联，防疫征用是否会导致被征用财产价值严重受损，是否存在替代方案。依照征用的"最小损失"原则，要比较不同方案的利弊，进行多方案权衡，选用对当事人造成损失最小的方案，最大程度地保护主体的合法权益。未经损益衡量不得进行征用。不得针对消耗品作出征用决定。第二，充分尊重群众意愿，未经当事人同意不得擅自征用其财产，如因疫情防控形势需要立即进行征用的，

---

① 参见张亮：《应急征用权限及其运行的法律控制——基于我国〈突发事件应对法〉第 12 条的法释义学分析》，《政治与法律》2020 年第 11 期，第 77 页。

② 张良：《公共管理学》，华东理工大学出版社 2017 年版，第 257 页。

应就征用相关事项与被征用人就物品转移等问题达成一致，避免“随意征用”对合法的财产权利造成侵害现象的出现。如高校宿舍被强制清空用于防疫征用，一些地方还发布了应急处置征用通知书，出现“暂扣征用”口罩的情形。不得以征用为名实施截留、丢弃等侵害财产权的行为，不得通过擅自清空宿舍等方式进行征用。第三，在决策的主体方面，县市级地方政府应当将疫情防控的具体要求及征用需求以报告的形式报国家和省级卫健委，由国家卫健委作出决定并统一实施，地方政府予以协调配合，提升征用决策的规范性。

征用协商程序民主化。“行政程序民主化”是“现代行政和行政法制模式”的发展趋势，也是“推进法治政府建设的必然要求”。① 其一，建立防疫征用研判协商机制，保障被征用人的听证权、陈述权、参与权，履行疫情防控征用的法律程序要求。根据《民法典》第245条规定，因疫情防控紧急需要征用财产，不仅要遵循实体法的规定，而且需要依照法律程序的规定进行征用。从属性角度看，防疫征用属于“紧急权力行使”②。紧急权力规定是推进“公共危机管理的法治化”的重要支撑，③也是疫情防控强制措施的规范依据。在公共卫生应急管理的相关规定当中，可以建立应急状态下的磋商制度。在公共卫生应急状态宣告之前，受紧急事件直接影响的地方政府针对所发现的问题及相关提案进行磋商，为行政紧急权力行使的合法性与合理性提供保障。在公共卫生统一立法框架下，明确征用机关告知义务的规定，即便是在紧急情况下也不可未经告知随意进行征用。其二，严格执行《重大行政决策程序暂行条例》，确保所有重大行政决策都严格履行合法性审查和集体讨论决定程序。涉及社会公众切身利益的征用事项，应当通过举行听证会等形式加大公众参与力度。建议根据公共卫生领域征收征用的特殊性，细化征收征用相关信息发布等程序性规定，区分常态化管理时期与疫情防控特殊时期、一般与例外情形的现实需求，在确保征用程序民主的同时，保障突发公共卫生事件应急管理过程中效率价值的实现。在这一过程中，包括场所、范围、用途、时长等征用信息，应当与捐赠物资调配、卫生储备信息发布制度相结合，提升动员公共卫生系统资源的效能，有效遏制疫情蔓延。

征用补偿程序高效化。“行政高效化就是行政高效益。”④在征用决策

① 沈亚平等：《公共行政研究》，天津人民出版社2013年版，第293页。

② 高家伟：《行政法与行政诉讼法学》，中国政法大学出版社2002年版，第12页。

③ 参见吴开松：《当代中国公共危机管理理论》，湖北教育出版社2012年版，第215页。

④ 曹沛霖：《制度的逻辑》，上海人民出版社2019年版，第212页。

程序合理化、征用协商程序民主化的基础上，征用补偿程序高效化能够保障对于相对人的补偿及时、纠纷解决及时。第一，地级市政府出台规定，明确疫情防控征用补偿标准、损失认定规则、到账的最长时限，并向社会公示。公共卫生领域的征用补偿可以制定统一的标准，并向社会公布，在按日计算补偿的基础上，可以根据地区差异进行浮动。第二，谁征用，谁负责。征用人负责在使用后，将征用财产返还给被征用人。财政部门负责组织被征用财产损失评估，及时按照标准以货币形式给予补偿，保障疫情防控期间的生产生活秩序。第三，建立疫情防控征用补偿纠纷解决机制，引入第三方评估机制，有效解决征用补偿争议，切实保障被征用人的财产权利，系统推进征用标准不明、因征用造成的损失缺乏依据、补偿纠纷解决机制尚未建立、疫情防控征用补偿时间没有统一规定等问题的解决，确保防疫征用与财产权保护的平衡。与此同时，在地域差异大的背景下，征用补偿规定的统一立法需要协调差异化问题。针对这一问题，在细化征用补偿规定的过程中，一方面，通过引入沟通程序，提升防疫征用标准设定的科学性；另一方面，贯彻前瞻性、预防性、引领性立法思维，推动对于征用相关立法的评估，通过立法“表决前评估”与“立法后评估”，①为征用立法的推进提供前瞻性的预判，提高相关规定的融贯性。《立法法》第 39 条对法律草案的制度规范可行性、可能出现的问题等的评估作出规定；第 56 条对立法规划、立法计划的论证评估作出规定；第 67 条规定，全国人大专门委员会、全国人大常委会工作机构组织立法后评估。在实践当中，除了立法机关评估之外，立法过程中还可引入专家评估作为有效的纠偏机制，形成系统化的立法意见，提高征用相关立法质量，为解决征用中的经济权益保障难题提供智力支持。

第三节　公共卫生事件后的涉法问题评估与处置程序

为“公共卫生事件后的涉法问题”处置提供规范支持具有必要性和正当性。② 从必要性角度看，公共卫生事件后的涉法问题评估与救济程序设置，是解决重事中监管、轻事后处置问题的重要举措。从正当性角度看，疫情防控结束后涉法问题具有特殊性，这些问题往往涉及不特定主体的公共

---

① 徐少华主编：《十二届人大常委会立法文件汇编》，广东人民出版社 2017 年版，第 123 页。

② 参见任颖：《从回应型到预防型的公共卫生立法》，《法制与社会发展》2020 年第 4 期，第 180 页。

利益,仅依靠私益诉讼不能全面解决相关问题。因此,应当通过涉及疫情防控强制措施等的争端解决程序、涉及公共卫生应急物资保障的纠纷处理程序,以及公共卫生事件后防疫信息相关问题的处置程序设置,防范法律风险,有效化解公共卫生领域的争端和纠纷。

一、涉及疫情防控强制措施的争端解决程序

建议增加涉及疫情防控强制措施的司法监督程序。涉及强制措施的争端主要集中在当事人违反封闭管理规定而被采取强制措施引发的争端。这在非典后涉法问题处置中已有显现。在传统的诉讼领域,涉及强制措施的争端解决可以分为涉及私权损害的民事诉讼和以行政机关为被告的行政诉讼,而在公益诉讼与基于公共利益的纠纷解决领域,尤其是疫情防控期间涉及的公共卫生强制措施的采取,所涉及的主体相对集中于患者、密切接触者、妨碍公共卫生管理秩序的行为人。涉及疫情防控强制措施争端解决程序适用的时间段也相对集中,指的是公共卫生事件后对于疫情防控特定期间内集中出现的相关案例进行处置。在这一情况下,不能局限于民事或行政性质的私益诉讼,而要从社会效应与法律效应两个方面,突出涉及疫情防控强制措施争端解决的公共利益属性。同时,还须应对短时期内产生的大量类案。在这一过程中,涉及强制措施的争端解决程序设置,从公共利益与社会稳定维护出发,形成相应的司法监督程序,对于系统监督疫情防控期间强制措施的施行,具有重要意义。在公共卫生事件后,可以通过司法监督程序,对于防疫强制措施的实施行为、程序、目标、效果进行监督和评价,如果发现并无违法情形的,及时向当事人及媒体、社会公众反馈。如果发现强制措施确有不当或存在违法情形的,依照司法程序作出处理。

在对于疫情防控强制措施的司法监督与行政监督间的关系上,由于疫情防控强制措施涉及众多主体的特殊性,应当在强制措施的司法监督程序当中,设置行政机关的同体监督、纠正与追责程序。这一程序与司法监督之间的关系,以明确其是否应当被设置为“前置程序”为核心。① 如果将行政程序设置为司法监督的前置程序,极有可能出现的是行政措施得到了纠正,但当事人由于没有获得合理的赔偿,而提起新的诉讼,从而引发新的矛盾与问题。如果将行政监督程序作为一般程序而非前置程序,在实践当中,有可

① 参见最高人民法院司法改革领导小组办公室编:《深化司法体制综合配套改革前沿法律问题研究》,人民法院出版社 2020 年版,第 220 页。

能出现因等待司法结论而延后“内部纠正”的现象。① 从客观规律的角度看，行政机关的内部纠正与追责对于在第一时间弥补行政相对人的合法权益损害具有重要作用。因此，在针对疫情防控强制措施的争端解决程序设置过程中，应当通过将行政监督设置为前置程序，为相对人的合法权益保障提供充分的制度保障和规范支持，促进行政体制内部对疫情防控强制措施相关具体行为的及时纠正。如果出现引发诉讼风险等情形的，可以引入异议申报程序促进矛盾与纠纷的及时化解。在异议申报程序建设过程中，可以通过向公共卫生行政管理机构、基层社区与村落、医疗机构、新冠病毒感染疫情志愿者及患者等发放调查问卷，以及访谈、实地调研等方式，以充分反映民意为出发点和落脚点，探析异议申报程序的优化路径，疏通反映民意的便利渠道，拓展民意表达的范围和途径。在前置程序设置基础上，以“穷尽行政救济程序”为前提，②将司法程序作为保障纠纷有效解决的最后一道防线，倒逼在执行疫情防控措施的过程中相对人的合法权益得到全面的保障，确保疫情防控措施，尤其是涉及限制人身自由的强制措施，能够为实现公共健康与个体权利保护的有机结合奠定程序法基础。

争端解决程序的具体落实，除了需要实体法方面法律责任制度设计的支撑，还需要在程序法方面设立疫情防控强制措施纠纷的闭环化解流程。疫情防控强制措施的执行与防疫流调遵循“法无授权不可为”的要求。③ 依法防疫要求采取强制措施应当严格按照法律法规实施，如果出现相关措施违反规定或无依据等情形时，需要追究相应的法律责任。从实体法的角度看，对于法律责任的规定实际上构成了争端解决程序的结果。从程序法的角度看，除了相应的责任认定之外，还需要通过完善程序法规定，以系统的争端解决程序设置，形成矛盾纠纷的闭环化解流程。首先，县级以上人民政府根据疫情防控期间的投诉及发生的“涉疫矛盾纠纷”情况，④落实到“网格化管理”的具体片区，⑤对相关矛盾纠纷及所涉及的法律风险进行研判，视情况可以组织人员进行评估，如果涉及疫情防控强制措施的行为是在依法保障公共健康的框架内实施的，应当及时向社会公布处置过程。在这一

---

① 参见杜睿哲等主编：《行政法学》，南开大学出版社 2008 年版，第 321 页。

② 参见江国华：《法治政府要论：救济法治》，武汉大学出版社 2021 年版，第 117 页。

③ 参见《新时代全面依法治国学习问答》编写组：《新时代全面依法治国学习问答》，党建读物出版社 2021 年版，第 129 页。

④ 参见最高人民检察院新闻办公室编：《2020 · 检察声音》，中国检察出版社 2021 年版，第 148 页。

⑤ 参见刘春荣：《社区治理与中国政治的边际革新》，上海人民出版社 2018 年版，第 105 页。

过程中，进行评估的人员名单，可以在咨询专家、调解员等范围内确定，可以由不在名单上的专家，根据其在有关领域的专门知识展开评估工作。评估及处置情况除了要告知利害关系人之外，还应当向社会公布相关信息，提升防疫执法的公信力。其次，可以拓宽异议、申诉的途径，考虑到疫情防控强制措施与公共健康和紧急需要紧密相连，在公共卫生事件后的涉疫纠纷处置程序设置方面，需要坚持健康优先发展原则，以提供最佳的健康保障为导向，推动涉及疫情防控强制措施的争端解决。再次，经过上述程序之后，如果发现涉及疫情防控强制措施存在问题的，应当及时展开调查，并列出各种损失项目并确定其范围。在这一背景下，如果确实给相对人造成损害的，并且，相关损害是由于违法违规行为造成的，按照行政监督或司法监督程序做出处理；如果相关措施被认为是不必要的、不相称的，则应当就超出合理范围的部分承担相应的法律责任。最后，从特征角度看，涉及疫情防控强制措施的纠纷是涉疫纠纷与医疗纠纷的结合，“属于复合纠纷”①。从针对具体主体作出规定的角度看，疫情防控强制措施主要涉及确诊患者的隔离治疗、密切接触者与次密接的闭环管理等方面。针对上述特征，相关矛盾纠纷的闭环化解流程设置，在对于主体及具体强制措施进行分类纠纷化解的同时，还可以从公共卫生立法与医事立法相衔接的角度，对于隔离治疗等过程中出现的争端及相应法律风险进行研判。其中，既包括涉及隔离治疗、闭环管理等措施本身的纠纷化解，也包括涉及告知义务履行等领域矛盾的解决。与实体法方面告知义务的设定相对应，一方面，需要在程序法上设置与之相对应的争端解决程序；另一方面，在涉疫纠纷与医疗纠纷相交织的背景下，相关组织在实施强制措施与防疫救治过程中告知义务的履行具有特殊性。应急状态下检测救治过程中的告知及征求患者意见，与常规状态下的医疗告知义务有明显的差异。对于前一种情况，传染性疾病的救治不仅关系到个体健康，而且可能影响公共健康安全。因此，应急状态下告知及征求意见的过程中，原则上不接受患者放弃治疗的意见。基于相关制度设置的特殊性，对于隔离治疗中的医疗纠纷部分，原则上不应当支持根据患者的意愿暂停或不实施救治的抗辩理由，而应当采取“行为导向”而非结果导向的认定模式，②回归程序法制度设计的本源和基本立足点，立足制度发挥作用的现实土壤，找到制度优化的最优解。

---

① 赵方杜等：《城市基层矛盾纠纷化解的社会机制研究：基于人民调解组织的考察》，华东理工大学出版社2021年版，第36页。

② 参见王郅强主编：《风险、危机与灾害：基于文化视角的解读》，中国书籍出版社2020年版，第12页。

二、公共卫生事件后防疫信息相关问题的处置程序

明确防疫信息安全是社会安全组成部分，①设置公共卫生事件后防疫信息相关问题的处置程序。《突发事件应对法》第 58 条规定，在突发事件的危害消除或得到有效的控制之后，政府停止执行应急措施，与此同时采取处置措施防范公共卫生事件等引发的衍生性安全事件等现象的出现。防疫信息安全是社会安全的重要组成部分。防疫信息安全既包括防范信息泄露的要求，也包括防止信息失真的需求。在疫情防控实践中，防疫信息相关问题主要集中于流调信息泄露方面。针对这些问题，可以设置公共卫生事件后防疫信息相关问题的处置程序。在具体的程序设置过程中，需要在公共卫生立法规划形成之后，通过公共卫生立法论证，对防疫信息相关问题形成整体预判，从体系化的防疫信息安全保障角度，为相关立法的整体优化提供智力支持，并且，跟进新的疫情防控要求，在立法推进的过程中，配套的法律解释、跟进新情况新问题进行立法优化，能够有效及时处理涉及防疫信息的现实问题。与突发公共卫生事件应急管理处置过程中面临的新发性与突发性问题不同，公共卫生事件后的防疫信息问题处置，能够在立法方面通过预先的立法计划、立法预案，针对相关问题做出预先的法律制度设计。公共卫生领域的法律解释也应与时俱进，将防疫信息等原有立法相对薄弱的领域及时地进行跟进，使法律条款设置符合疫情防控实际需要，以更好地发挥公共卫生立法的实际作用。

涉及防疫信息相关问题的处置，仅通过侵权法律制度较难系统地得到解决。从客观实际角度看，防疫信息的泄露往往是以“批量化”的形式出现的，②现有的个人信息民事纠纷在应对这一领域的问题方面存在一定的局限性。也有观点认为，为了更好地调动突发公共卫生事件应急处置力量，在公共卫生立法的过程中，应当建立侵权豁免制度，认为“侵权豁免是一种公共卫生工具”，通过豁免制度的设置，“消除有效公共卫生应对的法律障碍”，“可以完成公共卫生目标”，鼓励“帮助处在紧急状态的其他人”。③ 对于疫情防控期间的相关措施不应在公共卫生事件后予以追责，以防范影响应急措施推进的积极性。但防疫信息相关问题的特

① 参见代涛主编：《医学信息学进展(2015—2020)》，中华医学电子音像出版社 2020 年版，第 155 页。

② 参见王茜：《新媒体概论》，中国传媒大学出版社 2019 年版，第 42 页。

③ ［美］劳伦斯·高斯汀等：《公共卫生法：权力·责任·限制》，苏玉菊等译，北京大学出版社 2020 年版，第 278 页。

殊性在于，其直接关系到当事人的安全权利保障，如果任何人非法获取流调等信息，或通过大数据计算对相关人员信息进行批量处理，有可能导致合法权益侵害现象的出现，会对相对人在疫情之后的正常生活带来直接影响。因此，豁免制度在防疫信息相关问题处置中的适用并不妥当。建议增加履行疫情防控责任过程中泄露流调信息的行为责任认定。如果医疗机构、检验检疫等机构的工作人员，在传染病监测、检测、分析、流行病学调查、免疫、消毒、预防控制措施实施过程中，未隐去当事人个人身份信息，导致个人信息泄露的，视情况可以做出暂时中止其从事该职业的决定，情节严重的，依法移交司法机关处理。以此为基础，在明确突发事件应对法与传染病防治法之间的关系的基础上，对传染病防治法律责任规定进行细化，并及时推动国境卫生检疫法、传染病防治实施办法相关法律责任条款的及时修改。

增设公共卫生事件后防疫信息相关问题的处置程序，对健康码、行程码等数据处理状况予以公开，可以与评估鉴定合议程序相结合，形成完整的规则体系建设。在事后救济制度方面，流调信息泄露问题的解决，可以引入利害关系人陈述程序，将调解设置为防疫信息相关问题处置的必经程序，并与评估鉴定程序相结合，提升防疫信息安全保护的程度和水平。在现有的立法框架下，个人信息保护纠纷主要通过刑事诉讼、民事诉讼、行政诉讼解决。在此基础上，推进疫情防控领域的相应责任认定。《传染病防治法》第八章关于法律责任的规定中，第 68 条对疾控机构及相关人员的责任作出规定，如果出现未依法进行传染病监测、疫情报告、信息收集分析及调查核实、采取措施的、故意泄露传染病病人等的个人信息，需要承担法律责任；第 69 条对医疗机构及相关人员的责任作出规定，如果出现未按照规定开展医疗机构传染病防控、传染病疫情报告、医疗救护、现场救援、消毒或无害化处置、故意泄露传染病病人等的个人信息，需要承担相应的法律责任。一方面，对传染病相关信息泄露的责任规定主要针对疾控机构、医疗机构，没有广泛涵盖参与流调过程的诸多主体；另一方面，针对防疫信息问题涉及主体众多等特征，相应的处置程序设置有待进一步优化。有观点指出应当成立“反思疫情的专门调查委员会”①，从总体上系统推动疫情防控问题的有效解决。在防疫信息相关问题的解决过程中，根据疫情防控与权利保护相平衡的要求，包括流调在内的防疫信息收集、处理、使用，不应使相对

① 杨开峰等：《统筹施策：疫情之后的公共卫生之治》，中国人民大学出版社 2020 年版，第 10 页。

人面临与预期的公共健康利益保护“不相称的风险和负担”①,同时,公共卫生事件后的处置程序应与事前预防制度相衔接,在总体上形成解决相关问题的制度合力。在公共卫生统一立法框架下,应当明确防疫信息的收集与使用规则,用尽一切可以采取的措施防范流调信息滥用或泄露现象的发生,为相对人权利提供保障。以此为基础,针对出现防疫信息相关问题与纠纷的案件,将调解作为纠纷解决的前置程序,将公共卫生事件相关纠纷涉及的主体情况等通知利害关系人,充分保障利害关系人的陈述权,评估防疫信息相关处理措施所造成损害的状况,并对受害者所受损害与所采取处理措施之间的因果关系进行认定,最大限度地保障相对人合法权益。根据公共卫生事件后的防疫信息问题状况,必要时公共卫生行政管理机构组织专家小组对防疫信息的收集、处理、使用等行为进行全面核查,并向社会公布调查的结果,防范突发公共卫生事件后涉法问题引发次生社会风险。

三、涉及公共卫生物资保障的纠纷处理程序

建议设立公共卫生物资保障纷争处理的“集体程序”。② 公共卫生物资保障问题的出现,可能对公共健康利益的维护造成影响。从范围上看,公共卫生物资保障问题主要集中于“采购、运输、分配和使用方面”③。其中,公共卫生物资采购问题与财政法律制度相联系,公共卫生物资运输问题与针对车辆、人员的隔离管控措施密切相关,公共卫生物资分配、调配问题涉及健康公平的实现,公共卫生物资使用问题直接关系到疫情防控的实际效果与公共健康保护的效能。从特征上看,公共卫生物资保障纷争所涉及的主体众多,影响的地域范围广泛。因此,相应的纷争处理不应适用私益诉讼或个别利益主体的协商程序,而应建立相应的集体程序,通过公益诉讼或多利益主体之间的集体协商程序来解决。通过集体程序设置,为公共卫生事件后涉及公共卫生物资保障纷争的处理提供支持。从制度上看,公共卫生事件后的公共卫生物资保障纷争因果关系认定难度相对较大。由于疫情防控物资采购、运输、分配、使用涉及面广且具有公益属性,单一环节或多环节问题的出现,与相对人权益损害之间的因果关系难以认定,物资调配过程中出现的违法或不当行为与公共健康损害之间的因果关系,较难在法律制度层

① 国际医学科学组织理事会(CIOMS)、联合世界卫生组织(WHO):《涉及人的健康相关研究国际伦理准则·2016版》,上海交通大学出版社2019年版,第8页。

② 参见张小峰等:《高效能政府绩效评估体系》,复旦大学出版社2019年版,第144页。

③ 宋醒民等主编:《市场经济知识大全》,江西科学技术出版社1994年版,第329页。

面得到确认。在公共卫生事件后对物资保障纠纷进行处理的过程中，为了确保公共卫生物资保障纷争解决的有效性，确立集体程序具有必要性。在这一过程中，针对公共卫生物资保障纠纷因果关系认定等方面所面临的复杂问题，主要通过两个方面的路径加以解决：一是通过集体程序的确立，尤其是集体协商制度的引入，从程序法层面的制度安排与衔接机制建设，有效理清、化解纷争；二是通过概算程序的引入，严防公共卫生物资采购、运输、调配、使用环节问题的出现，并且，在公共卫生事件后的纷争处置过程中，推动原有的致害因果关系认定向危险现实化视角的转变，将公共卫生物资保障与概算等程序要求是否一致作为法律认定的标准之一。从这个意义上讲，集体程序与概算程序设置是公共卫生事件后纠纷处理程序规定的重要内容。

从内容上看，公共卫生物资保障纷争处理的集体程序设置，主要包括类案合并与集体协商。从范围上看，公共卫生物资保障纷争处理的集体程序设置，实际涉及行政程序与司法程序两个方面。在行政程序方面，由于我国尚未制定行政程序法，而统一的行政程序规定对于突发公共卫生事件后的纠纷处理有十分重要的作用。因此，建议对突发公共卫生事件后的涉法纠纷解决程序作出专项规定，明确纠纷解决的管辖、主体、步骤等集体程序规定，推动集体协商的程序化、规范化，为有效化解公共卫生物资保障纷争奠定基础。在司法程序方面，公共卫生物资保障纷争处理同样在公共利益保护的层面展开，并以公益属性为基础，推动"行政程序与司法程序"的有机结合，①推进涉及公共卫生物资保障纷争处理的具体程序设置。其中，类案合并与集体协商两个方面的内容在公共卫生物资保障纷争处理中的作用不同，类案合并主要用于公益诉讼审理程序。在这一方面，应当通过发布公告等形式，进行利害关系人信息、意向登记，根据登记情况，集中进行法庭审理，以提高公共卫生物资保障纷争处理的司法效率。集体协商主要用于协商调解程序，既可以选择第三方居间调解，也可以进行自主协商。这两个方面的程序设置之间存在关联，如在诉讼过程中，当事人选择进行诉讼调解的，法院应当先行调解；相应地，在公共卫生物资保障纷争处理集体程序设置中，应当明确二者之间的关系。与其他领域不同，公共卫生物资保障纷争涉及的主体众多，由其突出的公益属性和纠纷的复杂性所决定，集体协商优先并不会像在私益诉讼中那样在节省司法资源，促进纠纷解决方面具有优势。因此，集体协商程序不宜

① 参见胡建淼主编：《行政法学》，复旦大学出版社 2003 年版，第 322 页。

作为优先适用的程序，类案合并与集体协商程序不应当在法律规定上有优先设定，当事人可以自由选择适用其一。在这一方面，还可能出现的情形是，公益诉讼和私益诉讼的同时提起，建议程序规定中应当明确，尽管这两个程序并不存在绝对的互斥关系，[①]但司法机关有提出建议的权利，建议当事人通过集体程序解决该项纠纷，为突发公共卫生事件后涉法问题的处置提供程序法保障。

在具体的程序设置方面，涉及公共卫生应急物资保障的纠纷处理过程，可以与概算程序相结合，为公共健康保护和社会福利的实现提供物资保障。建议增加公共卫生物资保障概算程序，增设收入和支出预测表编制规定。公共卫生物资保障的来源广泛，相应的物资调配监管难度较大。在疫情防控过程中，公共预算支出、财政转移支付、财政补贴、公益资助和援助活动等领域，是公共卫生物资保障的重要来源。以公共健康维护为目标，增设概算程序，有利于对来源广泛的公共卫生物资进行监管，形成总体的计划，推进具体的预测表编制。在具体的公共卫生管理过程中，常态化的公共卫生管理严格依照收入和支出预算展开，通过财政拨付实现，如果发现该机构实际活动或其所记录的支出水平的变化，明显不符合该机构对收入和支出的预测的，该地区公共卫生行政管理机构负责人应当根据实际活动与预测活动之间的差额，或者在确定预测报表时考虑到的实际支出与预测支出之间的差额，进行相应的说明。如果该机构未就上文所述的情况达成一致的决定，但突发公共卫生事件应急管理需要执行相应款项，该地区公共卫生行政管理机构负责人应当在收支预测表中，列明变化事项。与此同时，在不妨碍公共卫生职责履行的情况下，相关组织可作为辅助机构提供服务，促进公共健康维护。疫情防控期间的开支，如果出现资金严重不足、支出记账不当、捐赠款项使用情况不明等情形的，结合“医药卫生专项审计”制度展开调查，[②]并将审计的结果通知相关机构或组织。突发疫情给公共卫生管理的物资保障带来压力。增加疫情防控期间的“收支概算”等规定，[③]有利于及时调配物资开展疫情防控。在这一情况下，在充分地保障疫情防控物资调配的同时，亦须维护公共卫生管理预决算的法定性，防范滥用疫情防控资金现象的出现。在具体的负责机构方面，结合疫情防控中实体法方面的权限下放规

① 参见杜万华主编：《最高人民法院民事诉讼法司法解释实务指南》，中国法制出版社 2015 年版，第 479 页。

② 参见审计署审计科研所编：《审计理论前沿 · 2013》，中国时代经济出版社 2014 年版，第 32 页。

③ 参见王曙光等：《维新中国：中华人民共和国经济史论》，商务印书馆 2019 年版，第 194 页。

定,以及“公共卫生领域事权与支出责任划分”①,建议由基层防控一线公共卫生行政管理机构列清概算,由公共卫生行政管理机构负责人批准收入和支出概算报表,并予以公布。如果确实需要变更的,需要说明理由,并提出收入和支出预测的新说明。概算程序设置与公益诉讼或集体程序相联系,形成程序法层面的制度合力。

① 陈雷:《传染性公共卫生领域事权与支出责任划分的法治进路》,《行政法学研究》2021 年第 2 期,第 43 页。

结语：公共卫生立法的未来展望

——公共卫生法典编纂

公共卫生立法是人民生命健康安全的重要保障。公共卫生立法的未来发展，直接关系到公共健康保障水平的提升。《基本医疗卫生与健康促进法》的颁布，开启了中国公共卫生立法的新篇章。从未来发展趋势的角度看，以公共卫生统一立法为路径，探索中国公共卫生法典编纂的法理、规律、原则、路径、体例、制度设置，是捍卫公共卫生安全的强有力支撑。

在法理基础方面，公共卫生立法的概念、构成、范畴具有独特性。从法律概念角度看，公共卫生立法与医事立法并不相同。公共卫生立法侧重不同类型疾病的预防、筛查、应急处置，医事立法主要侧重对于医疗机构、医疗卫生人员的管理。公共卫生立法与生物安全法存在交叉，但并不完全相同，公共卫生立法侧重疾病预防，生物安全立法侧重有害生物因素管理。公共卫生立法与环境资源立法的侧重点、立法目标并不相同。公共卫生立法主要侧重病原体监测，环境资源立法主要侧重污染物监测。公共卫生立法与民法典对于健康权的保护采取不同的逻辑进路。公共卫生立法强调公共健康与卫生秩序的建立和维护，民法典强调个体健康与自由权利的实现。从法律构成角度看，公共卫生立法包括传染病防治立法与突发公共卫生事件应急管理立法、特定行业公共卫生立法与特殊群体卫生保健立法、公共场所卫生立法与健康相关产品立法。从法律范畴角度看，公共卫生立法本体论范畴主要包括健康权、公共卫生管理权、参与权，以及其所对应的义务和责任。“公共卫生服务与公共卫生产品”是公共卫生立法客体范畴。卫生公平与公共卫生产品及服务的可及性是中国式现代化的重要标志，也是公共卫生立法的价值论范畴。

在历史规律方面，“法典是法律规范的高级形式”。中国公共卫生法典编纂以“中国特色”“时代特点”“人民意愿”为立足点，遵循“以实践需求指引立法方向”的编纂规律，创新性发展中华优秀传统文化，合理借鉴其他国家公共卫生法典编纂的经验。中国古代已经形成了“疑疠”报告、“疠病”隔离、“巡视疫疠”制度，以及对于“稽程”“误犯食禁”“灾异及事应奏不奏”的惩处规定。我国现存最早的一部行政法典《唐六典》，规定了医博士等职官设置，以及“巡疗”等疫病防治制度。《唐律疏议》中有关于食品卫生的规定,《唐本草》是最早的法定药典,唐律的巨大影响远远超越了国界的范围。以史为鉴,中国特色社会主义法治体系的法典化进程已经启动。以习近平法治思想为引领,在全面依法治国的进程中,公共卫生法典编纂是系统解决公共卫生领域规范冲突等问题的重要路径。在立法过程中,可以合理借鉴法国《公共卫生法典》的准用性规则设置,从公共卫生立法与民法典的衔接角度,推动个体健康与公共健康保障的有机统一。同时,以公共卫生法为名称进行统一立法的路径有一定的借鉴意义,公共卫生法的制定是公共卫生法典化的逻辑起点。在探索公共卫生立法的中国路径过程中,一方面,需要形成体系完备、内容协调的公共卫生立法格局;另一方面,可以结合"先行先试"模式,将制度创新成果在地方立法中试行,进而推动国家公共卫生立法的健全和完善。在全球化时代的公共卫生法治建设中,国际立法与国内立法之间的关系,从单向影响走向双向互动。随着《大流行病条约》(Pandemic Treaty)制定进程的启动,中国公共卫生立法的完善及法典化序幕的开启,成为阐明中国公共卫生治理模式,提升国际话语权的有力支持。

在基本原则方面,以习近平总书记关于"强化公共卫生法治保障""构建人类卫生健康共同体""以人民为中心""健康至上""防范化解卫生健康领域重大风险"重要思想为根本指引,将公共卫生领域的政策性要求,落实为具体的法律原则,明确健康优先发展的原则性要求,将预防为主原则具体化为新发传染病"存疑从有"原则,并区分新发传染病与再发传染病,设置公共卫生立法的二重原则。同时,在具体实践中,还须遵循正当程序与比例原则的要求,确保应急状态与常规状态的公共卫生管理依法有序开展。其中,健康优先发展原则,是坚持健康至上与生存权的首要人权地位的重要体现,是对于"以人民为中心,以健康为根本"重要思想的贯彻落实,更是"强化公共卫生法治保障"与"构建人类卫生健康共同体"的重要要求。新发传染病"存疑从有"原则的确立,是"防范化解卫生健康领域重大风险"的具体化。在公共卫生领域,预防是最优策略,疾病预防控制体系的改革和完善,需要通过具体的法律原则规定,强化公共卫生风险治理效能。在具体的立法实践过程中,公共卫生统一立法的总则部分明确规定公共卫生立法的基本原则,与公共卫生安全立法宗旨相结合,引导、促进、保障疾病防控与健康促进工作的开展,将公共健康保护理念贯穿到立法的全过程。

在立法路径方面,"领域法"是公共卫生立法路径的重要发展方向,预防型立法是强化公共卫生法治保障的应有之义,公共卫生统一立法是公共卫生法典化的必由之路。公共卫生这一重点立法领域呈现高度融合性特征,单独依靠一个部门的力量较难形成严密的公共卫生防护网络,单从某一个“部门法”出发进行的制度设置不足以涵盖该领域的所有立法内容。公共卫生“领域法”具有综合性特征,契合重点领域立法的现实需求与发展趋势。从回应型向预防型立法的进阶,直接关系到重点场所、重点人群、重点领域公共卫生风险防控制度优化,推动从“重救轻治”向“预防为主”转变,能够有效应对新发传染病、疑似新发传染病,极大地降低公共卫生事件发生的概率,客观上也能够节约公共卫生资源,充分保障公共健康安全。公共卫生统一立法的重心在于形成内在协调、系统完备的体系化规定,从根本上解决规范冲突问题。在法典编纂的准备阶段,公共卫生统一立法,主要以公共卫生基本法为立法形式。在条件成熟时制定“公共卫生法典”。其中,在总则部分,明确公共卫生立法的宗旨、原则、主体范围等内容。在分则部分,具体展开公共卫生组织、行为、程序三个方面的立法。

在编纂体例方面,公共卫生机构与组织立法、公共卫生行为与措施立法、公共卫生程序与标准立法,是补齐公共卫生立法短板,提升公共卫生立法效能的重要支撑。在已有立法奠定的良好基础上,分则部分对传染病防治、突发公共卫生事件应急管理、健康促进、卫生教育、卫生设施、环境卫生、食品卫生、职业卫生、精神卫生等内容作出规定。其中,公共卫生机构与组织立法,从全生命周期健康保障视角规定公共卫生机构职责及法律地位,从全过程应急响应视角确立公共卫生应急管理的组织协调规则,从全社会联防联控视角明确公共卫生社会治理主体的参与规则,解决不同立法关于公共卫生机构职权配置的规定冲突,进一步明确负责应急指挥的机构及相应职责,完善关于疾控机构职能定位与公共卫生委员会的职能规定,健全疫情防控中公共卫生辅助服务人员、第三方检测机构的管理规范。公共卫生行为与措施立法,通过预防措施、应急措施、保障措施规定,为依法防疫提供法治保障与制度支持,解决新发传染病、疑似新发传染病预防措施不明确等问题,整合突发公共卫生事件报告的相关规定,优化关于管控区域划定、隔离管控措施、流调信息公开范围及转发权限、传染病与非传染性疾病救治协同的规定,有效应对病原检测与消杀过程中出现的不合理现象,以及重应急、轻常态问题,立足应急状态向常规状态转换,健全公共卫生产品供给保障制度,以及公共卫生服务、公共卫生教育、公共卫生设施等专项规定。公共卫生程序与标准立法,通过设置常态化的公共卫生风险监管与评估程序,突发公共卫生事件应急处置与比例审查程序,以及公共卫生事件后的涉法问题评估与处置程序,解决突发公共卫生事件应急管理的实施程序不健全,封控单元的划定标准不统一,疫情防控征用的程序性规定不完善,以及重事中监管、轻事后处置等问题,推动居家隔离、闭环管理等疫情防控措施适用的规范化、程序化。

在制度设置方面,在已有传染病防治立法与突发公共卫生事件应急管理立法、特定行业公共卫生立法与特殊群体卫生保健立法、公共场所卫生立法与健康相关产品立法奠定的良好基础上,跟进疫情防控的新要求,推动公共卫生领域的法律制度发展。通过预警权等设置强化疾控机构的职能,通过跨部门联动形成公共卫生应急预案及应急演练规定,建立物流与食品溯源、传染病监测的跨部门联动平台,推动公共卫生重大风险防控跨部门协作的制度耦合,出台志愿服务组织、红十字会等组织参与疫情防控的准则,以比例原则为基础规定新发传染病、疑似新发传染病预防措施,发布农贸市场等重点场所、重点领域的防疫守则,建立疫情防控下重点群体、重点行业的强制免疫申报制度,形成公共卫生事件直报、层报、自动速报制度体系,促进疫点疫区、"三区"、低中高风险区的立法协调,推进强制隔离、封闭管理、闭环管理等措施的法定化,实现流调信息最小化、个人信息脱敏及使用权限严控,完善消毒方案、主体资质、消杀行为的相关规则设置,建立公共供给与健康产品市场化供给衔接制度,出台不明原因疾病、异常健康事件的筛查与防控规程,将人畜共患传染病风险监管设置为市场准入的必要程序,设置医药、公共场所管理等重点领域的健康影响评估程序,健全突发公共卫生事件预警及四级应急预案适用程序,建立封控单元划定、隔离管控等防疫措施的比例审查程序,增设防疫征用决策、征用协商、征用补偿的程序法规定,以及涉及疫情防控强制措施的争端解决程序、公共卫生事件后防疫信息相关问题的处置程序、涉及公共卫生应急物资保障的纠纷处理程序,将公共健康维护目标融入经济社会的各个环节和生产生活的各个方面,为强化公共卫生法治保障提供智力支持。

主要参考文献

一、著 作 类

(西周)姬旦:《周礼》,钱玄等注译,岳麓书社 2001 年版。

(战国)庄子:《庄子》,汪鹏生等注评,暨南大学出版社 2003 版。

(春秋)李聃:《道德经》,赵炜编译,三秦出版社 2018 年版。

(汉)张仲景:《金匮要略》,中国医药科技出版社 2016 年版。

(明)李中梓:《中医临床实用经典丛书》,中国医药科技出版社 2018 年版。

(明)邱浚:《慎刑宪点评》,鲁嵩岳点评,法律出版社 1998 年版。

(明)吴又可:《温疫论》,中国医药科技出版社 2019 年版。

(明)颜俊彦:《盟水斋存牍》,中国政法大学出版社 2002 年版。

(明)张景岳:《杂证谟》,中国医药科技出版社 2017 年版。

(清)毕沅:《续资治通鉴》(第 2 卷),北京燕山出版社 2008 年版。

(清)会典馆编:《乾隆朝内府抄本〈理藩院则例〉》,赵云田点校,中国藏学出版社 2006 年版。

(清)李光坡:《周礼述注》,商务印书馆 2019 年版。

(清)孙楷:《秦会要》,杨善群校补,上海古籍出版社 2004 年版。

(清)徐士銮主编:《中国古医籍整理丛书》,中国中医药出版社 2015 年版。

(清)薛允升:《唐明律合编》,法律出版社 1999 年版。

(清)俞正燮:《癸巳存稿》,辽宁教育出版社 2003 年版。

(宋)欧阳修等:《新唐书》(第 1 册),陈焕良等点校,岳麓书社 1997 年版。

(宋)苏轼:《苏轼文集编年笺注》(第 4 册),李之亮笺注,巴蜀书社 2011 年版。

(宋)王溥:《唐会要校证》(上册),牛继清校证,三秦出版社 2012 年版。

(唐)长孙无忌:《唐律疏议》,伊犁人民出版社 1999 年版。

(唐)长孙无忌等:《唐律疏议注译》,袁文兴等注译,甘肃人民出版社 2017 年版。

白寿彝总主编、王毓铨主编:《中国通史第九卷　中古时代·明时期》(上册),上海人民出版社 2015 年版。

陈伯礼等:《行政法与行政诉讼法》,武汉大学出版社 2011 年版。

陈云良主编:《卫生法学》,高等教育出版社 2019 年版。

池子华主编:《红十字运动研究(2019 年卷)》,合肥工业大学出版社 2019 年版。

达庆东等主编:《卫生法学纲要》,复旦大学出版社 2014 年版。

樊立华主编:《中华医学百科全书·卫生法学　卫生监督学》,中国协和医科大学出版社 2018 年版。

范春等:《公共卫生史》,厦门大学出版社 2021 年版。

范贤政:《实验性立法研究》,中国政法大学出版社 2018 年版。

范行准:《中国预防医学思想史》,华东医务生活社 1953 年版。

方伟岗等主编:《中国医疗联合体建设与健康扶贫蓝皮书》,科学技术文献出版社 2018 年版。

高立冬:《现代公共卫生》,科学技术文献出版社 2017 年版。

葛洪义主编:《地方法制评论》(第 3 卷),中国民主法制出版社 2018 年版。

葛志荣主编:《主要贸易国家动物检疫法律法规》,中国农业出版社 2007 年版。

龚晶:《非常规突发事件的应急恢复研究》,暨南大学出版社 2012 年版。

关保英主编:《行政程序法思想宝库》,山东人民出版社 2019 年版。

郭超主编:《四库全书精华 · 子部》(第 3 卷),中国文史出版社 1998 年版。

胡伟力:《传染病防治法制体系建设研究》,西南交通大学出版社 2021 年版。

胡夏枫:《立法与改革:1978 — 2018 年法律修改实践研究》,中国政法大学出版社 2018 年版。

胡晓江等主编:《国家基本公共卫生服务健康管理与实践手册》,东南大学出版社 2020 年版。

黄传英:《城市公共安全治理与地方实证研究》,广西人民出版社 2019 年版。

黄国伟等主编:《突发公共卫生事件应对与处置》,北京大学医学出版社 2016 版。

江平主编:《中华人民共和国法律全释》(第 7 册),中国民主法制出版社 2002 年版。

姜明安:《行政法学》,山西人民出版社 1985 年版。

刘华平主编:《中华医学百科全书 · 护理学》(第三册),中国协和医科大学出版社 2019 年版。

刘家全:《健康的革命》,军事医学科学出版社 2004 年版。

刘建军等:《国家治理现代化:新时代的治国方略》,上海人民出版社 2020 年版。

刘建文等主编:《卫生法律法规导读》,西南交通大学出版社 2020 年版。

刘星:《法律是什么:20 世纪英美法理学批判阅读》,广西师范大学出版社 2019 年版。

刘艳杰主编:《卫生法学》,中国医药科技出版社 2006 年版。

马怀德主编:《行政法与行政诉讼法学案例教程》,知识产权出版社 2014 年版。

马克昌等主编:《刑法学全书》,上海科学技术文献出版社 1993 年版。

马陆艳:《马克思恩格斯社会公平理论及其发展研究》,广东人民出版社 2018 年版。

马瑞霞等:《全面风险管理工作手册》,中国原子能出版社 2019 年版。

马文元等主编:《护理学辞典》,吉林科学技术出版社 1991 年版。

马骁主编:《中华医学百科全书 · 健康教育学》,中国协和医科大学出版社 2020 年版。

孟莉:《社区心理学》,中央广播电视大学出版社 2016 年版。

孟群主编:《中华医学百科全书·医学教育学》,中国协和医科大学出版社 2018 年版。

庞国明等主编:《基层医师急诊急救指南》,中国医药科技出版社 2013 年版。

彭司励主编:《中国药学年鉴·2017》(第 33 卷),中国医药科技出版社 2018 年版。

饶朝龙等:《中西医临床预防医学概论》,中国医药科技出版社 2019 年版。

任端平等:《新食品安全法及配套规章理解适用与案例解读》,中国民主法制出版社 2016 年版。

任颖:《环境健康风险治理研究:法理基础、类型分析与制度建设》,人民出版社 2019 年版。

容志等:《城市应急管理:流程、机制和方法》,复旦大学出版社 2019 年版。

桑国卫等主编:《关注与探索——国家医药卫生体制改革研讨会文集》,中国医药科技出版社 2005 年版。

尚红主编:《中华医学百科全书·实验诊断学》,中国协和医科大学出版社 2019 年版。

尚金凯主编:《医疗法律实务》,东北大学出版社 2016 年版。

邵永生:《医学人文》,东南大学出版社 2020 年版。

申卫星主编:《民法典与医疗卫生健康事业:规则、原理与运用》,中国政法大学出版社 2022 年版。

沈洪兵主编:《战"疫"必胜:科学防治新型冠状病毒感染问答》,江苏凤凰科学技术出版社 2020 年版。

沈家本:《历代刑法考　律令卷》,商务印书馆 2017 年版。

沈亚平等:《公共行政研究》,天津人民出版社 2013 年版。

审计署审计科研所编:《审计理论前沿·2013》,中国时代经济出版社 2014 年版。

石超明主编:《卫生法学》,武汉大学出版社 2010 年版。

石东风:《卫生法学理论与实践——相关基本问题辨析》,吉林大学出版社 2011 年版。

石海兰、菅辉勇主编:《公共卫生学基础》,第四军医大学出版社 2014 年版。

石佑启、陈咏梅:《行政体制改革及其法治化研究:以科学发展观为指引》,广东教育出版社 2013 年版。

舒德峰:《健康权新论》,济南出版社 2021 年版。

孙国华主编:《中国特色社会主义法律体系研究》,中国民主法制出版社 2009 年版。

孙金立等:《中国智慧医疗健康发展报告·2015》,北京邮电大学出版社 2016 年版。

孙文:《社会转型期公共政策执行力的系统分析:基于我国食品安全政策的实证研究》,武汉大学出版社 2017 年版。

孙笑侠:《法律对行政的控制》,光明日报出版社 2018 年版。

孙效敏:《食品安全监管法律制度研究》,同济大学出版社 2019 年版。

孙冶方:《社会主义经济论稿》,商务印书馆 2017 年版。

谭毅等主编:《中国特色社会主义理论与实践研究》,中山大学出版社 2019 年版。

汤炳正:《渊研楼屈学存稿》,华龄出版社 2013 年版。

唐攀:《非常规突发事件应急响应管理方法与技术》,暨南大学出版社 2012 年版。

唐廷猷:《中国药业史》,中国医药科技出版社 2013 年版。

唐长孺:《山居存稿》,武汉大学出版社 2013 年版。

陶希东:《全球超大城市社会治理模式与经验》,上海社会科学院出版社 2021 年版。

田侃、冯秀云主编:《卫生法学》,中国中医药出版社 2017 年版。

田侃、何宁主编:《卫生法规》,上海科学技术出版社 2017 年版。

庹继光等:《突发事件手机舆情的生成与应对》,电子科技大学出版社 2017 年版。

万明国等:《突发公共卫生事件应急管理》,中国经济出版社 2009 年版。

万婷主编:《医德与伦理》,科学技术文献出版社 2018 年版。

汪建平等主编:《中国科学技术史纲》,武汉大学出版社 2012 年版。

汪文新等主编:《新冠肺炎突发疫情的社区防控 · 实践指南》,江苏大学出版社 2020 年版。

汪习根主编:《法律理念》,武汉大学出版社 2006 年版。

王滨有等:《国内外新发传染病应对措施的评价》,黑龙江科学技术出版社 2008 年版。

王晨光:《健康法治的基石:健康权的源流、理论与制度》,北京大学出版社 2020 年版。

王宇等主编:《中国公共卫生 · 理论卷》,中国协和医科大学出版社 2013 年版。

王宇明等主编:《新发感染病》,科学技术文献出版社 2006 年版。

王长青:《卫生管理学》,中国中医药出版社 2017 年版。

王郅强主编:《风险、危机与灾害:基于文化视角的解读》,中国书籍出版社 2020 年版。

魏礼群主编:《当代中国社会大事典 · 1978 — 2015》(第 3 卷),华文出版社 2018 年版。

魏礼群主编:《中国改革与发展热点问题研究 2021》,商务印书馆 2021 年版。

魏礼群主编:《中国应急救援读本》,国家行政学院出版社 2016 年版。

魏向君等主编:《信息管理概论》,吉林文史出版社 2008 年版。

魏子柠:《将中国医改进行到底》,中国协和医科大学出版社 2019 年版。

吴超主编:《新型冠状病毒感染的肺炎防护手册》,江苏凤凰科学技术出版社 2020 年版。

吴崇其主编:《中国卫生法学》,中国协和医科大学出版社 2005 年版。

吴开松:《当代中国公共危机管理理论》,湖北教育出版社 2012 年版。

吴欣娟主编:《中华医学百科全书 · 护理学》,中国协和医科大学出版社 2016 年版。

伍岳琦等主编:《突发公共事件卫生应急管理》,中山大学出版社 2008 年版。

武斌:《瘟疫与人类文明的进程》,山东人民出版社 2020 年版。

杨杰等主编:《部分国家卫生基本法研究》,法律出版社 2017 年版。

于学忠等主编:《中华医学百科全书·急诊医学》,中国协和医科大学出版社 2018 年版。

余新忠:《清代卫生防疫机制及其近代演变》,北京师范大学出版社 2016 年版。

袁庆明:《新制度经济学》,复旦大学出版社 2012 年版。

袁政安主编:《新发及再发传染病预防与控制》,复旦大学出版社 2018 年版。

佟子林主编:《卫生法学》,中国中医药出版社 2011 年版。

张伯礼、刘清泉主编:《新冠肺炎中西医诊疗》,湖北科学技术出版社 2020 年版。

张大庆:《中国近代疾病社会史(1912—1937)》,山东教育出版社 2006 年版。

张光鹏主编:《卫生人才队伍建设与实践》,党建读物出版社 2016 年版。

张广清、周春兰主编:《突发公共卫生事件护理工作指引》,广东科技出版社 2020 年版。

张海斌主编:《全球化时代的公共卫生法治:国别区域公共卫生法治动态》,法律出版社 2022 年版。

张晗:《行政诉讼法律适用冲突研究》,上海人民出版社 2019 年版。

张际文主编:《国境卫生检疫法学理论与实践》,浙江工商大学出版社 2013 年版。

张际文主编:《中国质检工作手册　卫生检疫管理》,中国质检出版社 2012 年版。

张剑光:《中国抗疫简史》,新华出版社 2020 年版。

张守文:《食品安全治理新格局》,国家行政学院出版社 2018 年版。

张婷等:《公共设施造型开发设计》,东南大学出版社 2014 年版。

张文显:《法学基本范畴研究》,中国政法大学出版社 1993 年版。

张显伟:《行政诉讼程序性制度研究》,广西人民出版社 2013 年版。

张洪林:《中国传统法律文化》,华南理工大学出版社 2018 年版。

张鸿霞等:《网络环境下隐私权的法律保护研究》,中国政法大学出版社 2013 年版。

赵万一主编:《医事法概论:人道主义及其追求》,华中科技大学出版社 2019 年版。

赵亚双等主编:《新型冠状病毒肺炎·流行性感冒防控》,黑龙江科学技术出版社 2020 年版。

甄志亚主编:《中国医学史》,人民卫生出版社 1991 年版。

郑德涛等主编:《社会管理与公共行政实践的创新》,中山大学出版社 2012 年版。

郑频频等主编:《健康促进理论与实践》,复旦大学出版社 2011 年版。

郑雪倩、王晨光、曹艳林主编:《全民防控新冠肺炎法律导读》,研究出版社 2020 年版。

二、文 章 类

王晨光:《疫情防控法律体系优化的逻辑及展开》,《中外法学》2020 年第 3 期。

宋华琳:《权利保障视角下的基本医疗卫生立法》,《求是学刊》2020 年第 1 期。

钟南山、曾益康、陈伟伟:《我国公共卫生治理现代化的法治保障》,《法治社会》

2022 年第 2 期。

张文显:《习近平法治思想的实践逻辑、理论逻辑和历史逻辑》,《中国社会科学》2021 年第 3 期。

徐汉明:《“习近平公共卫生与健康治理理论”的核心要义及时代价值》,《法学》2020 年第 9 期。

许安标:《完善公共卫生法律体系　强化公共卫生法治保障》,《中国人大》2021 年第 9 期。

许中缘、何舒岑:《公共卫生领域大数据治理中个人信息的利用与保护》,《中南大学学报》(社会科学版)2022 年第 3 期。

薛原:《基药全额保障:新模式赋予新内涵》,《中国卫生》2017 年第 12 期。

尹口:《论卫生法的基本原则》,《中国卫生法制》2008 年第 4 期。

余新忠:《从避疫到防疫:晚清因应疫病观念的演变》,《华中师范大学学报》(人文社会科学版)2008 年第 2 期。

余新忠:《清代江南种痘事业探论》,《清史研究》2003 年第 2 期。

张亮:《应急征用权限及其运行的法律控制——基于我国〈突发事件应对法〉第 12 条的法释义学分析》,《政治与法律》2020 年第 11 期。

赵逸华等:《构建高效突发公共卫生事件预警制度的研究》,《中国卫生法制》2021 年第 6 期。

中国社会科学院医改课题组等:《医疗卫生服务:具有社会公益性的私人产品》,《中国医院院长》2008 年第 23 期。

周巍:《全球公共卫生治理中的国家责任及其伦理向度》,《河北法学》2022 年第 4 期。

史全增:《论村委会在重大公共卫生风险防控中的法治化参与路径》,《行政法学研究》2021 年第 3 期。

唐钧、李军:《健康社会学视角下的整体健康观和健康管理》,《中国社会科学》2019 年第 8 期。

万勇:《公共健康危机的知识产权法应对》,《中国法学》2022 年第 5 期。

汪建荣:《我国卫生法的概念、特征和基本原则》,《中国卫生法制》2001 年第 3 期。

王宏治:《中国古代抗疫病的法律措施》,《比较法研究》2003 年第 5 期。

王建学:《论突发公共卫生事件预警中的央地权限配置》,《当代法学》2020 年第 3 期。

王奇才:《应对突发公共卫生事件的法治原则与法理思维》,《法制与社会发展》2020 年第 3 期。

王旭:《重大传染病危机应对的行政组织法调控》,《法学》2020 年第 3 期。

魏庆坡:《〈国际卫生条例〉遵守的内在逻辑、现实困境与改革路径》,《环球法律评论》2020 年第 6 期。

夏立安:《经济和社会权利的可裁决性——从健康权展开》,《法制与社会发展》

2008 年第 2 期。

肖永平:《论推动构建人类卫生健康共同体的法治方法》,《东方法学》2022 年第 4 期。

谢晖:《论紧急状态中的国家治理》,《法律科学》(西北政法大学学报)2020 年第 5 期。

陈云良:《健康权的规范构造》,《中国法学》2019 年第 5 期。

陈云良:《新发传染病单独归类规制研究》,《法律科学》(西北政法大学学报)2021 年第 6 期。

陈云良等:《习近平的全球卫生治理观及其实践引领》,《中南大学学报》(社会科学版)2022 年第 3 期。

[美]爱德华 · P.理查兹:《作为行政法的公共卫生法》,李广德译,《法治社会》2022 年第 2 期。

曹树基:《国家与地方的公共卫生——以 1918 年山西肺鼠疫流行为中心》,《中国社会科学》2006 年第 1 期。

陈雷:《传染性公共卫生领域事权与支出责任划分的法治进路》,《行政法学研究》2021 年第 2 期。

陈煜:《论卫生基本法基本原则的构建及其立法表述》,《中华医院管理杂志》2009 年第 12 期。

董文勇:《论基础性卫生立法的定位:价值、体系及原则》,《河北法学》2015 年第 2 期。

高富平:《论医疗数据权利配置——医疗数据开放利用法律框架》,《现代法学》2020 年第 4 期。

高秦伟:《传染病防控中的隔离措施》,《中外法学》2020 年第 3 期。

高志宏:《个人信息保护的公共利益考量——以应对突发公共卫生事件为视角》,《东方法学》2022 年第 3 期。

宫宜希:《依法防控　依法治理:突发事件应对法拟全面修订》,《中国人大》2022 年第 3 期。

龚向光:《从公共卫生内涵看我国公共卫生走向》,《卫生经济研究》2003 年第 9 期。

顾昕:《“健康中国”战略中基本卫生保健的治理创新》,《中国社会科学》2019 年第 12 期。

关保英:《疫情应对中行政规范性文件审查研究》,《东方法学》2020 年第 6 期。

广东省社会科学界联合会中国(海南)改革发展研究院联合课题组:《改革完善公共卫生治理体系——新时代推进社会治理现代化的重大任务》,《新经济》2020 年第 11 期。

莫纪宏:《人大立法中的“法法衔接”问题研究》,《人大研究》2019 年第 5 期。

满洪杰:《泰国〈全民健康保障法〉及其对我国医疗保障立法的启示》,《法学论坛》2016 年第 4 期。

何渊:《智能社会的治理与风险行政法的建构与证成》,《东方法学》2019 年第 1 期。

黄蒙地:《国外地方立法概况》,《人大研究》1993 年第 3 期。

蒋悟真:《疫情防控的社会法省察》,《政治与法律》2020 年第 4 期。

解志勇:《公共卫生预警原则和机制建构研究》,《中国法学》2021 年第 5 期。

解志勇:《卫生法基本原则论要》,《比较法研究》2019 年第 3 期。

李广德:《传染病防治法调整对象的理论逻辑及其规制调适》,《政法论坛》2022 年第 2 期。

李广德:《我国公共卫生法治的理论坐标与制度构建》,《中国法学》2020 年第 5 期。

李筱永:《公共卫生法治的制度逻辑》,《医学与哲学》2021 年第 11 期。

刘剑文、胡翔:《“领域法”范式适用:方法提炼与思维模式》,《法学论坛》2018 年第 4 期。

刘鑫等:《国内外慢性病防控从业者循证能力提升方案》,《中国卫生资源》2021 年第 2 期。

任湘怡:《国际与国内:双向互动——析国际政治经济学的两种不同研究路径》,《世界经济研究》2008 年第 1 期。

任颖:《从回应型到预防型的公共卫生立法》,《法制与社会发展》2020 年第 4 期。

任颖:《中国公共卫生统合式立法的法理与策略》,《法学评论》2021 年第 3 期。

郑常卫:《德国这样应对突发公共卫生事件》,《中国人大》2020 年第 19 期。

文宏:《加快构建新型公共卫生风险防控法律体系的思考》,《中国社会科学报》2020 年 3 月 19 日,第 6 版。

孙佑海:《运用法治手段防范重大公共卫生风险》,《人民日报》2020 年 3 月 10 日,第 9 版。

施芳:《把健康嵌入城市整体规划》,《人民日报》2020 年 4 月 22 日,第 5 版。

任平:《应收尽收　应治尽治》,《人民日报》2020 年 2 月 26 日,第 4 版。

曲颂:《让疫苗成为全球公共产品,中国做到了!》,《人民日报》2021 年 8 月 1 日,第 3 版。

乔晓阳:《推动立法工作不断实现新发展》,《人民日报》2019 年 8 月 7 日,第 17 版。

马占成:《把人民健康放在优先发展战略地位　努力全方位全周期保障人民健康》,《人民日报》2018 年 8 月 21 日,第 1 版。

白剑峰等:《让人民享有公平可及的健康服务》,《人民日报》2016 年 8 月 24 日,第 1 版。

陈芳等:《〈抗击新冠肺炎疫情的中国行动〉白皮书发布》,《光明日报》2020 年 6 月 8 日,第 1 版。

陈文辉:《在国际规则制定中发出中国声音》,《人民日报》2015 年 4 月 1 日,第 7 版。

陈云良:《我国颁布首部公民健康权利保障书的重要意义》,《法制日报》2020 年 1 月 10 日,第 7 版。

陈昀:《文物见证抗疫史》,《人民日报海外版》2020 年 4 月 28 日,第 9 版。

管仲军:《人民为中心　健康是根本》,《光明日报》2017 年 9 月 26 日,第 5 版。

洪恒飞等:《运行模式快速切换　“平疫结合”病房有效节约资源》,《科技日报》2022 年 9 月 7 日,第 5 版。

黄群慧、杨虎涛:《中国式现代化道路的特质与世界意义》,《人民日报》2022 年 3 月 25 日,第 9 版。

闻言:《坚持以人民为中心的发展思想　努力让人民过上更加美好生活》,《人民日报》2017 年 10 月 11 日,第 6 版。

李玲:《推进全生命周期健康管理》,《人民日报》2020 年 9 月 9 日,第 17 版。

李文良:《把生物安全纳入国家安全体系意味着什么》,《光明日报》2020 年 3 月 2 日,第 2 版。

梁言品:《发展公共卫生,防疾病于未发》,《人民日报》2020 年 5 月 7 日,第 5 版。

刘苏雅等:《7 项措施抓细端午假期社区(村)疫情防控》,《北京日报》2022 年 6 月 4 日,第 2 版。

邱勇:《中国式现代化开辟了人类实现现代化的新道路》,《光明日报》2022 年 11 月 2 日,第 11 版。

汪习根:《生存权发展权是首要的基本人权》,《人民日报》2021 年 2 月 19 日,第 9 版。

汪晓东等:《凝聚起坚不可摧的强大力量——习近平总书记关于打赢疫情防控的人民战争总体战阻击战重要论述综述》,《人民日报》2020 年 9 月 8 日,第 1 版。

王琎:《加强公共卫生法律法规体系建设》,《光明日报》2020 年 5 月 29 日,第 7 版。

肖新新:《携手抗击疫情　共筑免疫屏障》,《人民日报》2022 年 2 月 14 日,第 3 版。

熊建:《罕见病防治创出中国模式》,《人民日报海外版》2022 年 1 月 4 日,第 9 版。

杨学博:《筑牢公共卫生安全法治防线》,《人民日报》2020 年 4 月 28 日,第 5 版。

杨彦帆等:《把保障人民健康放在优先发展的战略位置》,《人民日报》2022 年 10 月 21 日,第 7 版。

张红霞:《中国古代抗疫经验的启示》,《中国社会科学报》2021 年 4 月 22 日,第 6 版。

张晋藩、王斌通:《古代抗疫举措中彰显的民族智慧》,《光明日报》2020 年 4 月 8 日,第 15 版。

三、译 著 类

世界卫生组织欧洲区域办公室编:《21 世纪健康治理:战略与执行》,何江江等译,上海交通大学出版社 2021 年版。

[古希腊]希波克拉底:《希波克拉底文集》,赵洪钧译,中国中医药出版社 2007 年版。

[澳]彼得 · C.多尔蒂:《流行病》,聂绍发等译,华中科技大学出版社 2020 年版。

[德]马克斯·韦伯:《社会学的基本概念》,胡景北译,上海人民出版社 2020 年版。

[法]狄骥:《公法的变迁》,徐砥平译,商务印书馆 1933 年版。

[美]保罗·J.费尔德斯坦:《卫生保健经济学》,费朝晖等译,经济科学出版社 1998 年版。

[美]贝内迪克特·克莱门茨等:《医保改革的经济学分析》,王宇等译,商务印书馆 2017 年版。

[美]彼得·德鲁克:《认识管理》,慈玉鹏等译,机械工业出版社 2020 年版。

[美]丹尼尔·A.克劳尔等:《化工过程安全基本原理与应用》,赵东风译,中国石油大学出版社 2017 年版。

[美]弗莱明·法伦等主编:《公共卫生管理学精要》,赵大海等译,上海人民出版社 2012 年版。

[美]考默萨:《法律的限度:法治、权利的供给与需求》,申卫星等译,商务印书馆 2007 年版。

[美]朗格林等:《风险沟通:环境、安全和健康风险沟通指南》,黄河等译,中国传媒大学出版社 2016 年版。

[美]劳拉·塞巴斯蒂安-科尔曼:《穿越数据的迷宫:数据管理执行指南》,汪广盛等译,机械工业出版社 2020 年版。

[美]劳伦斯·高斯汀等:《公共卫生法:权力·责任·限制》,苏玉菊等译,北京大学出版社 2020 年版。

[美]理查德·A.波斯纳:《法律的经济分析》,蒋兆康译,中国大百科全书出版社 1997 年版。

[美]丽莎·M.李等主编:《公共卫生监测:理论与实践》,顾沈兵等译,复旦大学出版社 2018 年版。

[美]罗德尼·迪塔特:《微生物改变命运》,李秦川译,生活·读书·新知三联书店 2020 年版。

[美]洛伊斯·N.玛格纳:《传染病的文化史》,刘学礼译,上海人民出版社 2019 年版。

[美]梅尔曼:《以往与来者:美国卫生法学五十年》,唐超译,中国政法大学出版社 2012 年版。

[美]米尔伊安·R.达玛什卡:《司法和国家权力的多种面孔:比较视野中的法律程序》,郑戈译,中国政法大学出版社 2004 年版。

[美]诺内特、塞尔兹尼克:《转变中的法律与社会:迈向回应型法》,张志铭译,中国政法大学出版社 1994 年版。

[美]庞德:《普通法的精神》,唐前宏等译,法律出版社 2010 年版。

[美]乔艾伦·帕特森等:《家庭治疗技术》,王雨吟译,中国轻工业出版社 2020 年版。

[美]乔治·罗森:《公共卫生史》,黄沛一译,译林出版社 2021 年版。

[美]瓦尔德曼主编:《临床免疫学概论》,石雪筠等译,山东科学技术出版社 1981 年版。

[美]詹姆斯 · H.约根森等主编:《临床微生物学手册》,王辉等译,中华医学电子音像出版社 2017 年版。

[美]朱尔斯 · J.伯曼:《大数据原理与实践:复杂信息的准备、共享和分析》,张桂刚等译,机械工业出版社 2020 年版。

[日]川口盛之助:《大趋势:世界的终结与开始》,詹雪译,东方出版社 2018 年版。

[日]我妻荣等主编:《新版新法律学辞典》,董璠舆等译,中国政法大学出版社 1991 年版。

[英]大卫 · 海曼:《传染病控制手册》,冯子健等译,中国协和医科大学出版社 2008 年版。

[英]弗雷德里克 · F.卡特赖特等:《疾病改变历史》,陈仲丹译,华夏出版社有限公司 2020 年版。

[英]柯林 · K.坎贝尔等:《病原真菌鉴定》,邹先彪等译,上海科学技术出版社 2019 年版。

[英]马丁 · 伯利:《健康影响评价理论与实践》,徐鹤等译,中国环境科学出版社 2017 年版。

[英]马克 · 韦尔德:《环境损害的民事责任——欧洲和美国法律与政策比较》,张一心等译,商务印书馆 2017 年版。

[英]瑞德里等:《职业安全与健康》,江宏伟译,煤炭工业出版社 2010 年版。

[英]沃利等:《发展中国家改善公共卫生指南》,解亚红等译,北京大学出版社 2009 年版。

[英]约翰 · 科根等:《公共卫生法:伦理、治理与规制》,宋华琳等译,译林出版社 2021 年版。

[英]约瑟夫 · 拉兹:《法律体系的概念》,吴玉章译,商务印书馆 2018 年版。

四、外文著作和文章类

David P. Fidler, Lawrence O. Gostin, *Biosecurity in the Global Age: Biological Weapons, Public Health, and the Rule of Law*, Stanford University Press, 2007, p.1.

Brietta Clark ed., *Health Law: Cases, Materials and Problems*, West Academic Publishing, 2022, p.1.

John Coggon, *What Makes Health Public? A Critical Evaluation of Moral, Legal, and Political Claims in Public Health*, Cambridge University Press, 2012, p.1.

Wendy E. Parmet, *Populations, Public Health, and the Law*, Georgetown University Press, 2009, p.1.

David P. Fidler, From International Sanitary Conventions to Global Health Security: the New International Health Regulations, *Chinese Journal of International Law*, Vol.4, Issue 2,

2005,p.325.

Douglas L.McQuiston,Early Intervention Mediation,*Colorado Lawyer*,Vol.47,Issue 10,2018,p.28.

Helen L.Treanor,Health Risks and the Health Care Professional,*Health Care and Philosophy*,Vol.3,Issue 3,2000,p.251.

Lawrence M.Ward,Lead Poisoning:Environmental Epidemic,*Maryland Bar Journal*,Vol.24,Issue 3,1991,p.15.

Lawrence O.Gostin ed.,Public Health Strategies for Pandemic Influenza:Ethics and the Law,*The Journal of the American Medical Association*,2006,Vol.295,Issue14,p.123.

M.Gregg Bloche,The Invention of Health Law,*California Law Review*,Vol.91,Issue 2 (March 2003),p.247.

Mark A.Rothstein,Rethinking the Meaning of Public Health,*Journal of Law,Medicine and Ethics*,Vol.30,Issue 2,2002,p.144.

Martin Lloyd Norton,Medical Staff Law,*International Society of Barristers Quarterly*,Vol.17,Issue 4,1982,p.401.

Michael M.O.Seipel,The Social Factor:Key to Fighting Infectious Diseases,*International Social Work*,Vol.33,Issue 3,1990,p.269.

Montrece McNeill Ransom ed.,*Public Health Law:Concepts and Case Studies*,Springer Publishing Co.Inc.,2021,p.1.

The Principal-Agent Model Revisited,*American University International Law Review*,Vol.36,Issue 3,2021,p.487.

Tracey M.Bailey ed.,Healing,Not Squealing:Recent Amendments to Alberta's Health Information Act,*Health Law Review*,Vol.15,Issue 2,2007,p.12.

Virginia Corbett ed.,Characteristics and Outcomes of Ethics Consultations on a Comprehensive Cancer Center's Gastrointestinal Medical Oncology Service,*HEC Forum*,Vol.30,Issue 4,2018,p.379.

后 记

本书严格按照《国家社科后期资助评审意见》逐项对照进行了系统修改，并完成了查重、书稿校对工作。在项目推进的过程中，发表与课题紧密相关的法学核心论文1篇、南大核心集刊论文1篇、社会科学文摘转载法学核心论文1篇。全书紧扣公共卫生立法论题，导论阐述公共卫生统一立法的必要性，第一章论述公共卫生立法的基本概念与范畴，第二章阐述公共卫生立法的历史规律，第三章阐明公共卫生立法的指导思想、基本原则与路径选择，第四章分析公共卫生立法的主要问题，第五章提出公共卫生机构与组织立法建议，第六章提出公共卫生行为与措施立法建议，第七章提出公共卫生程序与标准立法建议，结语对公共卫生法典化发展趋势进行展望。为均衡分布各章节内容，并使前后章节环环相扣，在具体修改过程中，将原有章节结构、体例修改为七章内容，系统论述公共卫生立法的概念与范畴、公共卫生立法的历史与发展、中国公共卫生立法的原则与路径、公共卫生立法的主要问题、公共卫生机构与组织立法、公共卫生行为与措施立法、公共卫生程序与标准立法，并在结语部分分析和展望公共卫生法典编纂的法理、规律、原则、路径、体例、制度设置。在具体的章节内容方面，紧密围绕每一章节的总论点，设置分论内容。在第一章至第三章系统论述公共卫生立法的基础理论。在第一章围绕概念与范畴论题，阐述公共卫生立法的概念辨析、内容构成、基本范畴。在第二章围绕历史与发展论题，论述国内公共卫生立法的发展与贡献、国外公共卫生立法的主要模式及启示、国际公共卫生立法发展阶段及其与国内立法的关系。在第三章围绕原则与路径论题，阐明习近平法治思想引领公共卫生立法、公共卫生立法的基本原则、中国公共卫生立法的路径选择。在第四章对公共卫生立法的主要问题进行论述，分析公共卫生机构职权配置与社会参与问题、突发公共卫生事件应急措施相关规定有待强化、公共卫生立法存在结构问题。在第五章围绕公共卫生机构与组织立法，从全生命周期健康保障视角的公共卫生机构职责及法律地位、全过程应急响应视角的公共卫生应急管理的组织协调规则、全社会联防联控视角的公共卫生社会治理主体的参与规则，提出具体的立法建议。在第六章围绕公共卫生行为与措施立法，从预防措施、应急措施、保障措施三个方面出发，提出增设重点场所、重点领域、重点行业防疫特殊规定，增加应急状态向常规状态转换阶段供给保障制度规定建议，推动突发公共卫生事件应急管理及传染病防治体系优化。在第七章围绕公共卫生程序与标准立法，提出设置常态化的公共卫生风险监管与评估程序、突发公共卫生事件应急处置与比例审查程序、公共卫生事件后的涉法问题评估与处置程序的立法建议。在结语部分，围绕公共卫生法典编纂论题，阐述书稿七个章节设置在公共卫生法典化过程中的逻辑、作用。其中，第一章、第二章、第三章对应法典编纂的总则部分，第五章、第六章、第七章对应法典编纂的分则部分，第四章的问题分析与第五章、第六章、第七章的立法建议相对应。

在书稿撰写、项目调研的过程中，感谢石佑启书记、王晨光副会长、陈云良院长、杨桦副院长、耿卓副院长、宋华琳教授、满洪杰教授、胡晓翔教授的指导，感谢匿名评审专家提出的宝贵意见。正是在这些珍贵建议的基础上，项目研究才得以克服诸多难题，使结项成果有所进益。书稿撰写虽经历了反复斟酌与逐字修改，但仍不可避免存在疏漏，恳请专家学者指导！

任　颖

2022 年 12 月 31 日

责任编辑:张　立
封面设计:毛　淳　胡欣欣

图书在版编目(CIP)数据

中国公共卫生立法研究/任颖 著. —北京:人民出版社,2023.12
(国家社科基金后期资助项目)
ISBN 978-7-01-026212-3

Ⅰ.①中…　Ⅱ.①任…　Ⅲ.①公共卫生-卫生法-研究-中国　Ⅳ.①D922.164

中国国家版本馆 CIP 数据核字(2023)第 240706 号

中国公共卫生立法研究

ZHONGGUO GONGGONG WEISHENG LIFA YANJIU

任　颖　著

人民出版社 出版发行
(100706　北京市东城区隆福寺街 99 号)

北京中科印刷有限公司印刷　新华书店经销

2023 年 12 月第 1 版　2023 年 12 月北京第 1 次印刷
开本:710 毫米×1000 毫米 1/16　印张:16.5
字数:300 千字

ISBN 978-7-01-026212-3　定价:89.00 元

邮购地址 100706　北京市东城区隆福寺街 99 号
人民东方图书销售中心　电话 (010)65250042　65289539